墨香财经学术文库

U0656723

低碳经济下我国能源安全评价预警与时空响应研究

Research on Early Warning and Spatial-temporal Response of Energy Security Evaluation under Low-carbon Economy in China

孙永波　姜　颖　著

东北财经大学出版社
Dongbei University of Finance & Economics Press
大连

图书在版编目（CIP）数据

低碳经济下我国能源安全评价预警与时空响应研究 / 孙永波，姜颖著．—大连：
东北财经大学出版社，2023.10
（墨香财经学术文库）
ISBN 978-7-5654-4646-7

Ⅰ．低…　Ⅱ．①孙…　②姜…　Ⅲ．能源政策-研究-中国　Ⅳ．F426.2

中国国家版本馆CIP数据核字（2023）第033324号

东北财经大学出版社出版发行
大连市黑石礁尖山街217号　邮政编码　116025
网　址：http：//www.dufep.cn
读者信箱：dufep @ dufe.edu.cn
大连永盛印业有限公司印刷

幅面尺寸：170mm×240mm　字数：236千字　印张：15.75　插页：1
2023年10月第1版　2023年10月第1次印刷
责任编辑：孙　平　责任校对：吴　奂
封面设计：原　皓　版式设计：原　皓
定价：85.00元

教学支持　售后服务　联系电话：（0411）84710309

举报电话：（0411）84710523
如有印装质量问题，请联系营销部：（0411）84710711

前言

我国作为世界能源生产大国和消费大国，近年来虽经济增长不如以前强劲，但仍未摆脱能源消耗式增长。能源供应、使用、结构等安全问题凸显，在影响环境方面尤甚，已严重制约我国经济的可持续发展，阻碍了生态文明建设，影响了社会民生。能源安全问题若不能科学、合理地解决，我国的节能减排任务将难以完成，调结构、转变发展方式将难以实现，经济发展将难以为继，生态文明将难以建成，社会民生将难以改善。

“低碳经济下我国能源安全评价预警与时空响应研究”将在低碳约束下对统一我国对能源安全的认识，我国能源的开发、利用、储备等政策的制定与实施，基于能源安全的法律、法规建立及完善具有重要意义。本书旨在为我国制定能源安全政策、制定并完善能源法律法规提供借鉴和参考，还可为我国能源利用“两种资源、两个市场”，促进“一带一路”沿线国家能源合作和我国各省（自治区、直辖市）在能源安全方面的协同保障等方面提供决策依据和参考。

全书共分10章。第1章阐释了低碳经济下能源安全政策问题研究的必要性和意义；第2章界定了基于低碳经济的能源安全等相关概念，并基于新能源安全观提出了我国能源安全和协同调控所存在的问题，为进一步深入分析奠定基础；第3章在我国能源强度时空分异特征实证分析的基础上，分析了低碳经济下我国能源消费强度的影响因素，并以煤炭消费为例，度量了其对碳排放的影响，提出了降低我国能源消费强度的对策；第4章探讨了低碳经济下的能源安全测度，在GIS和数据库技术的支持下，建立了能源安全评价分析系统，分析了能源安全的影响因素与作用机理，并对能源安全、运输、生产等进行了评价；第5章剖析了低碳经济下的能源安全预警，利用神经网络与支持向量机（SVM）对未来我国石油安全问题进行预测与预警，系统分析能源未来的安全态势，并对煤炭安全进行了预警分析；第6章进行了能源储备研究，利用投入产出法分析、测度了能源价格变动对国民经济的影响，利用波动系数法以石油为例确定了能源储备量，基于Voroni进行了储备基地优化，并提出了能源储备体系建设的相关对策；第7章进行了低碳约束下能源保障的空间效应研究，利用计量经济模型对我国能源供应保障进行了空间计量实证分析；第8章进行了能源开发协同优化研究，利用动态博弈网络技术分析了能源供应策略，并利用多重目标规划、模糊目标规划等方法进行了国内外能源开发的协同优化研究；第9章针对低碳经济下如何提升我国能源供应提出策略建议；第10章针对黑龙江省低碳经济下的能源安全政策选择提出策略建议。

通过研究提出如下对策建议：

一是优化能源空间配置，提高能源使用效率。协调市场与政府的关系，发挥市场在能源空间配置中的决定性作用，科学规划，解决由能源规划造成的能源空间配置效率不高的问题，进而提高能源使用效率。

二是因地制宜，提高能源利用效率。通过优化组合能源产业结构、能源消费结构调整、技术创新、能源资源价格改革等措施，有针对性地提高能源使用效率。如对于中西部地区，引入先进适用的能源产业技术为提高能效的关键；对于东北地区，调整能源产业结构，改变能源利用方式将是当务之急；对于东南沿海地区，通过技术创新、产业升级持续保持能源利用高效。

三是优化减排方案，降低能源使用有害物排放。目前，降低能源使用有害物排放的措施主要为调整能源结构、能源技术创新和提高能源使用效率、征收碳税等市场化工具。从时限来看，短期内通过技术改变能源结构的作用不明显。要科学利用降低能源使用有害物排放的措施组合，在不同的时点上，采取社会总成本较小的减排方案，降低能源有害物排放。

四是注重产业与区域关联互动，有效解决回弹效应。在利用提高能效政策、能源价格、能源税等政策组合抑制能源回弹效应的基础上，在时间动态节点上，分析耗能产业与区域关联互动，将其作为一个整体系统，测度回弹效应，以期通过有效的政策、工具组合有效解决回弹效应问题。

五是加强低碳经济下国际区域能源安全发展协作。在区域能源合作中树立并遵循低碳理念，学习先进发达地区能源生产、开发、使用过程中的碳市场的运行，低碳技术开发、融资等经验。优化能源进口区域及运输路线。在巩固、优化现有能源进口区域及路线的基础上，深耕与俄罗斯、美国等能源大国的能源协作。建立运输安全的能源进口通道，化解能源运输风险。

六是提高我国各省（自治区、直辖市）区域能源协同保障能力。在各省（自治区、直辖市）制定能源政策时，在满足自身经济社会发展需要的同时，还要考虑对相关区域的影响。目前，制定仅限于能源保障的区域政策过于单一，宜结合国家制定的区域发展战略具体细化能源协同保障政策。

七是建立完整的能源法律体系。贯彻、落实习近平总书记提出“构建人类命运共同体”的理念，在完善我国能源法律体系过程中，不仅要体现我国能源各相关利益方的权益，也要考虑全球对能源和环境的共同需求。为建立完整的我国能源法律体系，加快《中华人民共和国能源法》的建设进程尤为重要。

八是将低碳发展理念纳入能源法律体系。为了更好地贯彻低碳发展理念，按照习近平总书记提出的以绿色低碳为方向的能源发展要求，应在即将制定的各类能源单行法中体现低碳要求。同时应加快对已有相关能源法律的修订，将低碳发展理念有效地纳入其体系。

九是应加强对清洁能源的立法。摒弃能源综合法涵盖一切的误区，按照清洁能源自身的发展规律及市场需求，制定符合清洁能源长期发展的清洁能源单行法，以更好地发挥清洁能源法对清洁能源产业甚至整个能源产业的法律功能。

本书为国家社科基金项目“低碳经济下我国能源安全政策选择与时空响应研究（项目编号13BJY059）”研究成果。在本书即将付梓之际，感谢研究团队姜颖教授的辛勤付出，感谢赵淑英教授的协助。感谢研究生高帅、耿千淇、王丽讷、王庆、徐玄、徐建、何谐、何丽霞等同学的助研工作。当然还要感谢家人的理解与支持！

本书为拓展能源安全与低碳发展研究领域提供了一个切入点，将为今后相关研究的进一步深入开展提供参考借鉴。

孙永波

2023年1月

目录

第1章　绪论

我国作为世界能源生产大国和消费大国，近年来虽经济增长不如以前强劲，但仍未摆脱能源消耗式增长模式。能源供应、使用、结构等安全问题凸显，在影响环境方面尤甚，已严重制约我国经济的可持续发展，阻碍了生态文明建设，影响了社会民生。能源安全问题若不加以科学、合理地解决，我国的节能减排目标将难以完成，调结构、转变发展方式将难以实现，经济发展将难以为继，生态文明将难以建成，社会民生将难以改善。

2020年9月，习近平主席在联合国大会宣布我国将努力争取2030年前二氧化碳排放实现达峰，2060年前实现碳中和。实现碳达峰、碳中和的“双控目标”是党和国家作出的重大战略决策。2021年9月《中共中央、国务院关于完整准确全面贯彻新发展理念做好碳达峰碳中和工作的意见》指出加快构建清洁低碳安全高效的现代能源体系，实现能源绿色低碳转型是经济社会发展全面绿色转型的关键。2022年1月《国家发展改革委、国家能源局关于完善能源绿色低碳转型体制机制和政策措施的意见》明确要处理好转型各阶段不同能源品种之间的互补、协调、替代关系，推动煤炭和新能源优化组合，并加强转型中的风险识别和管控，逐步实现清洁低碳能源对化石能源安全可靠替代。

立足以煤炭、煤电为主的基本国情，传统与可再生能源资源禀赋与负荷中心呈逆向分布的现实，我国将完成碳排放强度全球最高降幅、史上最短时间的能源革命，“十四五”作为推进“双控”目标的第一个五年规划，能源安全将面临重大变革与挑战。

1.1 研究的必要性及意义

1.1.1 研究的必要性

如果不能在低碳条件下安全有效地获取能源，经济的发展就会停滞，环境也将受到影响。因此，加强低碳条件下能源安全的时空效应等定量分析与应急协调保障机制研究是能源安全研究的必然选择。

（1）低碳经济下能源安全的时空效应分析至关重要

低碳经济下能源安全的时空效应等定量分析是探寻、揭示能源安全的作用机理，反映其动态变化规律的必要环节与途径。据此，可揭示低碳经济下影响能源安全的因素及其作用机制，分析能源安全随时空变化的规律，进而度量能源安全对经济的影响。

（2）低碳经济下能源安全评价、预警、储备等研究是相关政策制定与实施的重要基础

我国能源总量较为丰富，但人均占有量较低，能源对经济社会的支持力度正呈下降趋势。同时我国还存在部分能源自然禀赋不佳，找矿难度不断增大等问题。近年来，能源消费所带来的环境问题虽有改观，但影响仍然很大，极大地制约了我国生态文明建设。

而低碳经济下能源安全的评价、预警、储备等研究则可使我们科学认识、度量我国能源安全程度，从而为我国能源的开发、利用、储备等政策的制定与实施提供科学的决策依据。

（3）国内外现状使本研究显得尤为迫切与必要

国内外基于低碳条件下能源安全的时空效应等定量分析与应急协调保障机制研究较少，将能源安全作为一系统，在低碳经济下将能源安全的评价、预警，能源进口运输、储备、空间效应分析，“两种资源，两种市场”等作为系统的定量研究较缺乏，而将其作为系统进行定量分析与应急协调保障机制研究相结合恰恰可以全面提升能源安全研究水平，对于丰富、完善我国现阶段能源安全研究尤为必要。

（4）安全相关理论使低碳条件下能源安全研究成为可能

根据前期研究，我们已确立了能源安全研究的理论基础，即低碳经济、地缘政治、资源稀缺、经济增长与国际贸易理论。能源安全理论基础的确立，为低碳经济下能源安全研究提供了理论基石，使其研究具有可行性。

（5）包括地理信息系统在内的方法体系为本研究提供了有力的技术保障

低碳经济下能源安全研究，不仅需要理念的更新、制度的完善，而且要有科学的技术手段。理念的更新可以使人们充分关注能源安全。认识到能源安全对于人类和社会经济发展的重要性。制度的完善可以使能源安全工作在组织上和制度上得以保证。随着地理信息技术的迅猛发展，应用范围不断拓展，为能源安全的研究数据获取、评价、预警，能源运输与储备、空间效应等相关研究提供了重要的技术平台与手段。涉及能源安全研究的其他相关学科知识为低碳条件下能源安全研究提供了有效支撑。

1.1.2 研究的意义

第一，能源安全时空响应与应急协调保障机制研究，对于统一我国对能源安全的认识具有重要的意义。目前对于能源安全，在某些方面仍存在不同的看法，进而影响相关决策，以致带来负面效应，急需通过研究取得共识。

第二，能源安全时空响应与应急协调保障机制研究，对于我国能源的开发、利用、储备等政策的制定与实施具有重要的指导意义。通过空间效应研究，将有助于解决目前我国在能源开发上存在的开发不安全、利用“两种资源，两种市场”经验不足等问题；能源安全评价、预警研究有助于提高我国能源安全程度，并制定相关应急预案；储备研究将有助于我国的能源的储备量、储备点和供应范围确定更加科学、合理，以应对能源的价格变动或供应中断对我国经济的冲击。

第三，能源安全时空响应与应急协调保障机制研究，能够为我国基于能源安全的法律、法规建立及完善提供科学依据。

1.2 国内外研究动态

1.2.1 国外研究动态

关于能源安全研究，国外学者分别从能源安全含义与能源保障（E. S. Downs[1]（2000）、D. Yergin[2]（2006）、Wianwiwat[3]（2012）等）、能源消费（Jonathan E. Sinton[4]（2000）、Paul Crompton[5]（2005）、H. Akimoto[6]（2006）、F. G. Adams[7]（2008）、Larry Hughes[8]（2009）等）、能源安全责任与合作（James P. Dorian[9]（1999）、R. B. Zoellick[10]（2005）等）、能源安全政策与法律（Judith A. Cherni[11]（2007）等）、可再生能源与能源安全技术（Larson[12]（2003）等）等方面进行了研究。

关于低碳条件下的能源安全研究，较具代表性的有：Francesco Gracceva等（2014）利用系统方法评价了低碳背景下欧盟能源安全[13]；Fátima Lima等（2015）分析了巴西低碳背景下能源安全与可持续发展之间的关系[14]；Benjamin K. Sovacool（2016）从消费者认知角度研究了低碳技术、能源安全和能源政策[15]；Antonio G. M. La Viña等（2018）探寻了低碳转换中的能源安全、平等和可持续发展的关系。Kulovesi等（2020）指出欧盟为在2050年达到碳中和目标，能源政策需要从市场的渐进变化（incremental change）调整为制度的激烈转型（radical transformation）[16]。Hoppe和Miedema（2020）从公平治理角度研究了去碳化过程中对关闭煤矿的补偿问题[17]。Abraham-Dukuma（2021）研究了能源转型治理中油气企业如何进行绿色转型问题[18]。

学者们对低碳条件下能源安全的时空响应与应急协调保障机制包括能源安全的理论、评价指标体系，预警机制，能源合理储备量、储备地点与供应范围，空间效应等方面的定量分析与研究并不多。

1.2.2 国内研究动态

（1）低碳经济背景下关于能源安全的研究

在低碳经济背景下关于能源安全的研究尚不充分，较有代表性的有：贾林娟（2013）指出低碳经济成为21世纪全球经济发展的一个重要趋势，这一趋势对于经济全球化中的各国能源效率提出了严峻挑战。俄罗斯既是能源出口大国，又是能源消耗大国。高耗能在推动俄罗斯经济快速增长的同时，也带来了诸多环境问题。因此，俄罗斯须在复杂的国际和国内政治经济环境中建设性地参与应对气候变化，在节能减排、提高能效和技术创新等方面，做好向低碳经济转型的准备[19]。孟新祺（2014）分析了我国能源行业发展机遇与挑战，提出了建立健全配套的政府政策支持体系，大力调整能源行业的结构，推动新能源行业发展与创新，提倡绿色低碳的生活消费方式等我国能源行业发展创新的路径[20]。许峰（2015）研究了低碳背景下我国应如何选择能源安全战略[21]。余家豪（2017）提出了后巴黎协议时代低碳转型的新能源安全观[22]。吴巍（2022）指出我国石油、天然气对外依存度过高，“双碳”目标下保障能源安全的前提为构建我国现代能源体系，进一步提高我国能源自主供给能力[23]。

（2）能源供给与使用安全

国内专家、学者较具代表性的研究主要集中在能源供给安全与能源政策、能源消费结构与能源使用安全方面。吕钦（2013）的研究表明，能源消费结构与能源消费、经济增长之间并不表现出Granger因果关系，此外，改革开放促进了我国经济的快速增长，需采用新技术，加强节能减排；提高能源加工转换效率，以此提高能源利用效率；调整能源消费结构，开发新能源，改变传统能源消费模式[24]。梁日忠（2014）在统计分析2000—2011年上海市能源消耗数据的基础上，以Tapio脱钩弹性指标为手段，研究了上海市2001—2011年产业结构与经济增长关联状况的时间演变趋势。结果表明：2001—2011年上海市经济增长与能源消费总量间总体上处于弱脱钩状态；能源消费结构中，煤炭、石油、电力在大多数年份都处于弱脱钩状态，天然气则属于扩张负脱钩状态；产业结构中，第一、三产业都未能较好实现脱钩，第二产业以弱脱钩状态为主。在未来经济发展中，经济发达城市的产业结构和能源消费结构的改善对节能减排至关重要。能源消费除了总量控制外，产业结构的有序演进和能源结构的高效低碳演进是节能减排最基本的途径和有效方式[25]。沈镭等（2015）对我国能源生产和消费大省进行了供给安全的评价和优化研究[26]。岳宏志等（2016）等基于能源供给侧改革视角对我国能源效率进行了时空分异特征研究[27]。谢瑾等（2017）分析了“一带一路”沿线国家能源供给潜力与能源地缘政治格局[28]。赵领娣等（2108）研究了我国能源供给侧碳排放核算与空间分异格局[29]。胡德胜（2022）梳理了德、法、英能源供给结构变革与制度演进及其对我国的启示[30]。

（3）能源安全评价与预警研究

胡小平（2005）对指标体系建立与评价模型做了研究[31]。王礼茂（2002）对石油安全进行了评价[32]。而在战略性能源——石油安全定量分析与评价的研究中，葛家理、胡机豪、张宏民（2002）研究建立了综合集成的我国石油经济安全指标体系[33]，刘立涛、沈镭等（2012）建立了我国能源安全评价模型，借助因子分析、ArcGIS空间分析技术、情景分析方法，对我国能源安全时空演进特征展开了研究[34]。陈兆荣等（2013）建立了区域能源安全测度指标体系，采用熵值法确定评价指标的权重系数，科学评价了以煤炭为主体的能源消费结构决定了我国区域能源安全[35]。梁文群等（2014）认为山西省能源系统安全状况不容乐观，总体上趋于下降，在八省比较中排名居后，节能空间和潜力很大[36]。陈兆荣等（2015）利用熵权可拓模型对我国能源安全进行了评价[37]。胡剑波等（2016）利用PSR模型构建了我国能源安全评价指标体系[38]。

孙涵等利用熵权TOPSIS法对我国区域能源安全进行了安全评价及

差异分析[39]。能源地域分布的不均衡性，必然涉及进口运输安全问题。对于能源运输安全问题，研究成果并不多。王桂英[40]、白建华[41]、刘雪飞[42]、龙资雄[43]与吴彬[44]等在其学位论文中分别对石油的运输线路安全进行了研究。范秋芳利用层次分析和人工神经网络对我国石油安全进行了研究[45]。葛家理、胡机豪、张宏民、刘存柱等对石油预警进行了分析研究。史丹（2021）分析了我国一次能源的影响因素并对其进行了评价与展望[46]。

（4）能源储备研究

能源储备研究大多是从必要性的角度进行论述，或从中外能源的储备制度比较对我国的启示介入研究，或从储备立法等方面进行研究。"国际石油储备建设模式研究"课题组（2001）通过借鉴美、日、德、法的石油储备经验构建了我国石油储备的战略，提出了指导思想及相应的建议。王礼茂（2003）根据发达国家石油储备经验，提出了石油储备是防范石油危机的首要选择；要建立石油储备，必须有法律保障；政府和民间相结合，多渠道筹集储备所需资金，并初步确定了储备规模[47]。对于储备的定量化研究则比较少，付亦重（2006）采用美国普渡大学的世界贸易分析模型（GATP）并结合研究需要对原模型进行部分修改，对储备问题进行了定量分析[48]。孙天晴（2007）利用了复合泊松过程建立了战略石油储备天数的复合泊松过程的概率模型[49]。孟涛（2016）对我国能源储备制度提出了完善方法[50]。

（5）能源合作与能源安全战略研究

吴磊（2013）指出进入21世纪以来，国际能源战略形势发生了重大和深刻变化，全球能源供应持续紧张、国际油价高位运行、主要国家能源战略和政策再度调整、新能源技术革命、非常规油气资源生产和新能源产业加速发展、国际油气资源竞争愈演愈烈、世界石油新版图出现、能源地缘政治矛盾与冲突加剧以及资源民族主义重新崛起等，这些都对我国能源安全产生了重大挑战和深远影响，凸显我国对外石油依存度增速较快、"走出去"战略和对外能源合作面临着诸多困境[51]。我国应从宏观、中观和微观层次，对我国能源安全战略进行调整，既要有长远规划，也需要有针对性的措施。余建华（2014）认为中韩应在节能提效与低碳绿色能源开发、核能安全保障、共建地区油气管道网络、油气战略储备联合分享机制、地区能源合作机制建设等方面加强合作；在天然气领域，两国双边之间，以及协调推进东北亚地区多边合作机制发展，更是面临难得的机遇[52]。吴俊强、陈长瑶等（2014）认为中国-东盟自贸区能源合作前景广阔，但面临着多元矛盾突出的极大考验，结合区域发展实际，提出构建以政府为主导的南海资源联合开发合作机制，解决影响南海油气资源联合开发合作机制的问题，保障区域性海洋能源和海上战略通道的安全；建立双边“能源环卫”公信体制，保障能源安全与公共环境卫生安全相结合，协调发展；利用合作圈重叠，构建综合性能源安全管理系统，以保证能源合作的主流意识在双方的经济往来中发挥重要支撑作用，推动我国与东盟国家在经济层面更深层次的发展等见解，以期突破现有的能源体制机制格局，实现双边能源安全合作迈上更高台阶[53]。贡晓丽（2015）提出“一带一路”倡议下中俄能源合作战略[54]。刘建文等（2016）构建了中国-东盟能源合作及区域性能源安全体系[55]。方创琳等（2018）提出了“丝绸之路经济带”中亚能源合作开发对我国能源安全的保障风险及防控建议[56]。

（6）基于能源安全的法律研究

于文轩（2011）认为美国能源安全立法在理念层面特别关注经济安全、人体健康和环境保护[57]。在此基础上，美国形成了较为完善的能源安全法律体系。近年来，美国颁布的较为重要的立法包括2005年《能源政策法》、2007年《能源独立和安全法》和2009年《清洁能源与安全法》。美国能源安全立法较为及时，法律体系较为完备，法律制度可操作性较强，注重发挥市场机制的作用，立法与政策有机结合。根据美国的成熟经验，同时考虑到我国的具体国情，建议我国在进一步能源安全立法中明确指导思想，健全法律体系，完善法律制度，并加强法律实施。杨解君（2013）认为因时代发展而产生的种种能源问题，对我国能源立法提出了巨大挑战[58]。马波等（2015）探析了我国能源安全保障法律问题[59]。程荃（2016）分析了中国-欧盟能源合作的法律原则与发展趋势，并提出相应的对策建议[60]。谢卓君（2019）

分析了美国单边制裁的情形下，我国能源安全保障法律的建立与完善等相关问题[61]。

综上所述，现有关于能源安全的研究已较为深入，但在低碳条件下结合地理信息等技术进行能源安全评价、预警并进行时空效应分析，进而提升能源安全的应急协同保障能力的研究尚不深入，急需在低碳经济下充分考虑能源分布及其他决策信息所具有的时空特征的基础上，从经济、社会、环境、国家安全等多方面进行综合集成研究，定量与定性相结合，通过系统分析、模型构建、算法确定，模拟显示能源安全战略与备择方案所导致的系统演化趋势，为能源安全战略选择、方案优化提供依据。

1.3 研究的主要内容

本研究以我国及世界重要的能源赋存区域、进口所经区域为研究区，以低碳条件下区域能源安全的动态演化分析与评价为主线，以石油与煤炭为重点，以供应安全为主，运用多学科理论与方法，将社会科学与自然科学相结合、技术与经济相结合、实测数据分析与计算机模拟仿真相结合、学科交叉综合，深入研究低碳条件下能源安全、评价、预警、储备、空间效应等问题，在此基础上，提出低碳条件下促进能源安全的相关政策建议。

本研究主要从10个方面递进展开：第1章阐释了低碳经济下能源安全政策问题研究的必要性和意义；第2章界定了基于低碳经济的能源安全等相关概念，并基于新能源安全观提出了我国能源安全和协同调控所存在的问题，为进一步分析奠定基础；第3章在我国能源强度时空分异特征实证分析的基础上，分析了低碳经济下我国能源消费强度的影响因素，并以煤炭消费为例，度量了其对碳排放的影响，提出了降低我国能源消费强度的对策；第4章探讨了低碳经济下的能源安全测度，在GIS和数据库技术的支持下，建立了能源安全评价分析系统，分析了能源安全的影响因素与作用机理，并对能源安全、运输、生产等进行了评价。第5章剖析了低碳经济下的能源安全预警，利用神经网络与支持向量机（SVM）对未来我国石油安全问题进行预测与预警，系统分析能源未来的安全态势，并对煤炭安全进行了预警分析；第6章进行了能源储备研究，利用投入产出法分析、测度了能源价格变动对国民经济的影响，利用波动系数法以石油为例确定了能源储备量，基于Voroni进行了储备基地优化，并提出了能源储备体系建设的相关对策；第7章进行了低碳约束下能源保障的空间效应研究，利用计量经济模型对我国能源供应保障进行了空间计量实证分析；第8章进行了能源开发协同优化研究，利用动态博弈网络技术分析了能源供应策略，并利用多重目标规划、模糊目标规划等方法进行了国内外能源开发的协同优化研究；第9章针对低碳经济下如何提升我国能源供应提出策略建议；第10章针对黑龙江省低碳经济下的能源安全政策选择提出策略建议。

1.4 研究方法

低碳经济下能源安全时空响应与政策选择问题研究是一个多学科交叉的研究课题。

（1）文献研究法

通过知网等资源，获得相关的文献资料，对国内外相关文献进行梳理，防止重复研究，为研究提供参考。

（2）实证分析与理论分析相结合的方法

将实证分析与理论分析相结合，融合多学科的理论知识，结合能源供应、储备与利用的实际，进行能源安全的实证研究。梳理国内外关于能源时空分异特征、能源消费强度、能源消费强度影响因素等研究，发现能源消费强度的主要影响因素，并应用能源经济学理论、空间计量经济学等理论，分析能源消费强度影响因素的机理，为后面的深入研究做铺垫。

（3）地理信息技术分析法

用地理信息技术分析能源开发、利用、储备等的空间变化，揭示能源的获取、使用、储备等对经济发展的影响。

（4）空间计量分析方法

基于全局莫兰指数明确了能源消费强度存在全局空间相关性，并根据局部莫兰指数散点图明确局部省份差异性；根据数据并不是独立存在的特性，为了更好地突出空间特征，采用空间计量模型进行分析。运用空间滞后模型对我国1997—2018年30个省份（不包括西藏地区和港澳台地区）的能源消费强度影响因素进行实证分析。

第2章　低碳经济下我国能源安全所面临的问题

随着外部环境的变化与我国能源战略的调整，对能源安全的内涵也需要进一步厘清与界定。同时，我国能源安全在“双碳”目标下，也面临着一些新的急需解决的问题。

2.1　能源安全相关概念与度量标准

2.1.1　传统能源安全概念及其含义

能源安全作为一个全球化的问题，现愈发显示出其重要性。但对于能源安全问题则有不同的认识与理解。

首先，从大的层面对比，张中祥（2015）认为如果从资源的有无（Available）、资源的可获性（Accessible）和资源价格的可承受性（Affordable）来分析能源安全，则不存在能源安全问题[62]。而大部分专家学者认为我国存在能源安全问题，具体观点有所不同。第一种观点是以王礼茂等为代表的专家学者，以资源安全来引申能源安全概念，将能源安全界定为经济发展和人民生活所需的能源能持续、稳定和以合理的价格得到保障，其核心内容包括3个方面：一是充足的数量，二是稳定的供应，三是合理的价格[63]。其主体观点为以油气为主的能源安全观，采用以油气为主的能源安全观源于石油的战略地位及石油对外依存度逐年提升而面临较大的挑战。据海关总署发布的数据，2021年我国原油进口量51 297.8万吨，与2020年同期相比减少5.4%，原油对外依存度由上年度的73.6%下降至72%。这是国内原油进口量和原油对外依存度20年来首次出现下降。作为规避马六甲海峡的新建的中俄等石油运输管线的运量远未达标。同时，我国作为全球最大的石油消费国和石油的第一大进口国在国际原油市场上定价权尚需提升。第二种观点是以李廷保等为代表的能源安全煤炭主体观，认为保障国家能源安全，仍需依靠煤炭[64]。在相当长一段时期内，煤炭仍将是我国能源的主体，实现煤炭清洁高效利用，是我国能源安全的基本要求[65]。第三种观点认为，能源安全不仅是能源供应安全，还包括使用安全，还将生态环境等要求融入能源安全概念。张雷（2001）认为国家能源安全是能源供应安全和能源使用安全的有机统一，能源安全的概念定位应从供需总量平衡调整为供需总量平衡并兼顾生态环境改善。应探索以油气为主体的能源多元化、国际化模式[66]。近年来，随着对生态环境特别是低碳发展模式的重视，在能源安全内涵中生态环境的要求愈加重要，现已获得广泛接受。但不可否认的是，这种能源安全的概念与内涵存在过于泛化的问题。如在概念中提及对生态环境的要求的用词往往是环境不受影响或不被破坏，不仅界定不明确，且在实践中也很难把握与操作。

2.1.2 基于低碳经济的能源安全概念及其含义

能源安全是指一个国家或地区在碳排放约束下，遵循技术经济原理，持续、稳定、充分地获取能源，通过优化能源结构，科学、合理地利用能源，同时又使其发展赖以依存的生态环境处于可恢复阈值之内的状态。

这一概念具体包括如下含义：

第一，能源安全包括能源供应安全、能源使用安全、能源生产安全、能源结构安全、能源机制安全。

①能源供应安全。能源供应是指为满足能源需求而对各种形式能源的开发和利用，主要包括三个方面：一次能源供应即能源资源的开采；二次能源供应即一次能源的集中加工转换和输配；各种能源的进口。由此可见，能源供应来源于国内供给和国外进口。能源供应安全是指能源供应尽可能满足国家或地区生存与发展正常需求的能源供应的连续及稳定程度。

在发展低碳经济的时代背景之下，能源供应安全应该考虑到环境安全问题，即能源供应与能源消费结构应该向清洁型、低碳化方向转变。具体而言，国内供给方面，各地区应倾向于清洁型、低碳化的能源生产，如天然气、风能、太阳能等；能源进口方面，增加清洁型、低碳化能源的进口量，降低污染型、高碳含量能源的进口，如煤炭的进口，应进口更高质量的煤炭。

②能源使用安全。人类活动与生态环境相互影响、相互制约。由始至终，人类活动都将处于一定的自然环境、社会环境和人为环境中，不间断地从环境之中获取物质和能量，又将生产活动产生的废弃物排放到环境之中。与此同时，环境也时刻发生着变化，不断依据自身规律形成或转化为一定的物质与能量，反作用于人类的生存与发展。人类活动及环境作用的周而复始、循环往复将会迫使环境遭受破坏，并且这种破坏仅能缩小而无法根除。因此，若将能源使用安全限定于能源消费及能源使用完全无害于人类的生存和发展，是不现实的追求目标。我们应在实现人类发展进步的同时，使能源的消费与使用维持在环境的可承受范围之内。所以，能源使用安全是指，因能源使用与消费对人类的生存与发展造成的威胁应尽可能维持在较低水平，不能超越环境极限。

③能源生产安全。煤炭、石油、天然气等物质是经过地质时代的变迁而埋藏在地下的固态、液态和气态的化石燃料，它们的获取必然会开挖地表，破坏当地原有的生态环境，产生一系列的连带影响，这必将引

发环境安全问题。在煤炭生产过程中，还会出现瓦斯、火、冲击地压等安全生产事故。所以，能源生产安全问题也是我们所需关注和研究的。

④能源结构安全。能源结构依据能源的不同分类有不同的结构类型。例如，一次能源和二次能源的比例结构、可再生能源和不可再生能源间的比例结构等。安全的能源结构应避免能源品种的单一、对外部能源的依赖程度过高。低碳目标下，安全的能源结构需进一步提升清洁能源的占比。

⑤能源机制安全。能源机制安全是能够实现能源结构优化、维护能源安全的运行机制，尤其在低碳目标下，能源机制安全是尽早实现"碳达峰、碳中和"的必要条件。例如，需要通过能源价格机制的改革推进新能源的发展。

能源供应安全应能以合理的价格持续、稳定、充分地获取能源；能源使用安全要求在能源使用中不仅要做到节能高效，还需对环境的影响处于可恢复阈值之内的状态；能源结构安全要求能源是多元化的，而不仅仅限于石油。对于我国中长期而言，煤炭资源相对充足，而油气资源的对外依存度逐年升高的现实很难改变。因此，我国能源结构安全定位应以油气资源为主体，大力发展清洁煤炭以及新型可再生能源，提升其对能源安全的支撑、保障作用。任何强调一方的作用而忽视另一方的观点均不可取；能源机制安全指在能源供应、使用、结构等方面通过完善市场机制和能源法治体系，形成有效的能源市场结构、市场体系。

第二，能源的供应、生产、使用、结构、机制应考虑对生态环境的影响。事实上，能源的供应、使用不可避免地对环境造成影响，那种能源的供应、使用不对环境造成损害的定位是不可能的，为将生态环境保护融入能源安全的概念中，总的原则为对环境的影响应在可恢复的阈值内，由于阈值的可操作性较差，就需要将能源碳排放按指标控制，我国现已实施能源消费总量和强度双控。按照《国务院关于印发"十三五"控制温室气体排放工作方案的通知》（国发〔2016〕61号）文件精神，到2020年，能源消费总量控制在50亿吨标准煤以内，单位国内生产总值能源消费比2015年下降15%，非化石能源比重达到15%。大型发电集团单位供电二氧化碳排放控制在550克二氧化碳/千瓦时以内[67]。"十四五”期间，将继续实施积极应对气候变化国家战略，将应对气候变化融入“十四五”国民经济和社会发展规划纲要和生态环境保护规划当中。

第三，在能源安全定义中所涉虽为一个国家或地区，但能源安全实为一全球性问题，能源安全需从全球范围加以协同，那种以一国为主的单边主义能源安全观并不能长久。只有建立在多国、多地区基础上的能源协作才能建立起持续、长久的能源安全。

第四，能源安全的定义不能不考虑技术经济因素，近年来，页岩气革命和新能源汽车技术已对石油需求产生了一定的影响。未来随着技术的不断更新、发展，进一步降低对传统能源的需求已是大势所趋。

2.1.3 能源安全的衡量标准

能源安全影响经济安全乃至国家安全，是经济发展过程中不可忽略的部分，更是维护国家安全的关键。但是，对于如何判定一个国家或地区是否实现了能源供应安全、能源生产安全以及能源使用安全，国际上并没有统一、规范的相应指标。在能源安全问题的研究过程中，可以通过以下标准衡量：①能源储量、人均占有量的多寡。某个国家或地区的能源储量、人均占有量越多，意味着该国家或地区的能源自给率越高，外部依赖性越低，能源安全度越高。②能源供给区、消费区分布。若能源供给区域与能源消费区域分布一致，那么消费区经济发展过程中所需能源可以就地选用，无须外部输入；若二者错位分布，则消费区所需能源需依赖外部输入，能源运输压力将会增大，能源安全程度降低。③能源进口的依存度。能源进口的依存度越低，对国际市场的依赖也就越低，不易受外部环境的制约，能源安全程度也就相对提高。④能源进口集中度。能源进口来源越集中，能源进口集中度就越高，能源安全度则越低。⑤能源结构的多样性。对于能源自给国家而言，可利用能源的种类越多，能源间的替代性越容易实现，能源安全度就越高；对于能源进口国家而言，进口的能源种类越多，在国际市场上的选择性相对较多，受国际环境的影响也就越小，故能源安全度得到提高。⑥能源的清洁性。所谓能源的清洁性，主要是指在能源的生产或燃烧过程中二氧化碳排放量的浓度，浓度越低能源越清洁。生产或燃烧过程中，二氧化碳排放量越小，对环境的温室效应越弱，环境危害越小，能源越清洁，相应地，能源的使用安全度也就越高。⑦能源生产过程中的环境安全。由于煤炭等资源埋藏地下，无法直接获取，需要开挖地表，在此过程中必然会对当地的生态环境造成不良影响。这种不良影响的可修复性越大，对生态环境的破坏越小，则能源生产安全的程度就越高。

2.2 新能源安全观下我国能源安全存在的问题

2.2.1 能源生产消费与低碳经济的要求不相适应

（1）能源生产与低碳经济的要求不相适应

我国能源生产主要以煤炭为主，在煤炭开发中，部分煤炭企业尚存资源回收率不高、缺乏必要储备、储运环节存在污染等与低碳经济发展不相适应的问题。在煤炭的去产能过程中，存在行政力量调控过大而市场调控不足等问题，导致部分先进产能无法释放。而对于具有较大潜能的洁净煤技术发展也受到制约，不仅对具有远期效应的“集成气化联合循环”技术的研发不够，近期对节能减排有积极促进作用的高效煤粉燃烧等技术的推广应用也不充分。

清洁能源的开发也不是一帆风顺的，如在利用清洁能源发电的环节，由于受到储能、调峰技术的制约，弃风弃光等问题还时常发生。对于太阳能光伏产品还存在生产过程污染问题。

（2）能源消费与低碳经济的要求不相适应

国家统计局发布的《中华人民共和国2021年国民经济和社会发展统计公报》显示，全年能源消费总量52.4亿吨标准煤，比上年增长5.2%。煤炭消费量增长4.6%，原油消费量增长4.1%，天然气消费量增长12.5%，电力消费量增长10.3%。煤炭消费量占能源消费总量的56.0%，比上年下降0.9个百分点；天然气、水电、核电、风电、太阳能发电等清洁能源消费量占能源消费总量的25.5%，上升1.2个百分点。

重点耗能工业企业单位电石综合能耗下降5.3%，单位合成氨综合能耗与上年持平，吨钢综合能耗下降0.4%，单位电解铝综合能耗下降2.1%，每千瓦时火力发电标准煤耗下降0.5%。全国万元国内生产总值二氧化碳排放下降3.8%。近年来，煤炭消费比例呈不断下降趋势，但降低其消费比重及提高发电用煤占煤炭消费比重的成效尚不显著。清洁能源的消费比例逐年提升，但由于部分清洁能源受到技术、成本甚至环境等因素的影响，近期内尚不能较大幅度提高应用比例。在煤改气过程中，限于成本的制约，其改造过程也受到了一定的制约。

2.2.2 供给时空不匹配

按照张雷（2012）的观点，能源供应保障系统的整体发育是由时间和空间两大部分组成的。时间部分是指国家或地区工业化进程的能源资源需求总量增长以及消费结构多元化演进的变化轨迹；空间部分是指为满足消费需求，国家或地区的能源资源供应范围从有限地域向全国乃至全球范围的扩展进程。能源保障时空协调是指国家或地区能源供应保障系统的整体发育状态及其应对外部发育环境变化的能力[68]。另外，张雷（2012）认为时空协调的薪柴—煤炭—油气的发展阶段，随着对煤炭清洁技术的开发，虽然短期内尚不会出现煤炭代替石油的局面，但会出现煤炭与油气在较长期间共存的局面。我们认为，能源安全的时间概念是指某一区域能源生产、需求总量与生产、消费结构的变化进程。将能源安全的时间概念由需求环节调整为具体的生产和消费环节；同时将能源需求总量增长调整为能源需求总量变化。从人类历史发展过程看，能源需求总量是不断增长的，但随着能源技术发展和对环境保护的要求，能源需求的总量必将出现下降拐点。

依照我们对能源时空的定义，我国能源供给时空不匹配，主要存在的问题为：一是对主导能源为油气抑或煤炭的界定不清；二是对油气多元化供给的掌控不够，具体为资源、运输、价格等的掌控力不足；三是国内能源供应空间的分布、调控不合理。

2.2.3 协同保障力度不够

目前，由于区域、体制及技术等因素的制约，能源安全的协同保障力度不够，具体表现在：一是我国作为能源的生产、消费大国尚不能与美国在气候协定、页岩气技术与资源开发合作、稳定能源价格等方面达成一致。二是源于区域利益冲突，区域间能源的调度、输送存在阻碍问题。三是能源行业之间、产业上下游之间协同保障尚显不足。

2.2.4 能源法治建设相对滞后

目前，能源法律随着能源发展形势的不断变化，已不能适应能源发展的需要，具体表现在：一是部分能源单行法如煤炭法立法较早，已不能适应煤炭清洁发展的迫切需要；二是矿产资源法等与加强生态环境保护、建设美丽中国的目标尚有不协同之处；三是急需制定生态保护补偿条例、碳排放权交易管理暂行条例；四是急需制定、完善煤矿安全条例。

2.3 低碳经济下我国能源安全的协同调控问题

低碳经济是人们为应对气候变化积极寻找的一种绿色经济发展模式，是通过技术创新或应用新能源替代传统能源的经济发展模式。实质上，它是一场推动生产生活方式以及价值观念发生根本性转变的全球性能源经济革命；是提高能源利用率，实现能源清洁生产，促进经济绿色增长的问题。其核心是实现能源技术、节能技术以及减排技术的创新，产业结构的优化和调整，促进人类生存发展理念的根本性转变。低碳经济以高能效、低能耗、高效益、低污染和低排放为基础，以降低化石能源对气候变化的影响为基本要求，以保证经济社会的持续、协调、和谐发展为基本目的。发展低碳经济的关键在于实现能源的清洁生产，高效利用、低碳排放，以维持全球生态平衡。

传统的能源安全主要侧重于能源供应，其理论基础为资源稀缺、经济增长、地缘政治、国际贸易等理论。根据能源安全定义，能源安全在重视能源供应的同时，更应重视如何应对气候挑战及多地区协同及其相互作用，主要体现在低碳经济下产业、区域及时间上的协同。

2.3.1 低碳经济下我国能源安全的产业协同调控问题

气候的不安全催生了低碳经济，《巴黎协定》使大部分国家重新审视自身的能源战略，虽然美国等部分国家退出或未执行《巴黎协定》，但应对气候影响已成为共识。从长期看，低碳经济发展模式将逐渐取代现有的以化石能源为主体的能源开发、消费模式，在产业层面，可再生能源的开发利用比例将逐步提升。由于可再生能源与化石能源的性质不同，特别是可再生能源间歇性的特点，将促进相关储能、输能技术的重大革命。因此，对可再生能源开发使用相关前沿技术的研究与应用将成为未来提升能源安全水平的重要保障。在提升可再生能源利用比例的同时，提升能源效率（具体涉及开发、加工、转换、利用等产业环节）则成为低碳发展的又一路径。但仅依靠技术手段提升能源效率的同时，不可避免地会出现能源效率的回弹效应（能源效率提高所节约的能源会被能源价格效应、收入效应和总经济效应等产生的新的能源需求抵消掉）。如何在利用技术提升能源效率的同时附以其他政策尽可能降低能源效率的回弹效应，已成为低碳经济下调控能源安全的重要问题。

2.3.2 低碳经济下我国能源安全的空间协同调控问题

传统的能源安全侧重于能源供应，而在低碳经济下，能源供应地企业作为能源供应的市场主体还应承担低碳发展的职责。能源供应国和能源消费国受到众多因素的影响，其在低碳发展中的地位、职责不同。传统化石能源供应大国的出发点为提高化石能源地位，延长能源开发、使用周期，攫取超额利润。而大部分能源消费国虽签署《巴黎协定》，争取使用、利用清洁的可再生能源，但近期限于技术、成本等因素在执行《巴黎协定》上仍存顾虑。

对不同国家而言，由于其能源安全的影响因素诸如禀赋、结构、技术、政策、运输及军事实力不同，能源安全的保障程度也不同。而对一国内不同区域、空间而言，仍存在能源供应保障及其对其他区域、空间的影响，将时空因素、低碳因素等融入能源供应保障的影响因素，构建低碳经济下融入时空因素的能源供应保障新体系已成为急需解决的问题。

在传统化石能源仍占主体地位的情形下，能源的储备地和供应区域的确定问题对于保障能源安全也至关重要。

第3章　低碳经济下我国能源消费强度的影响因素

能源消费强度是反映节能状况、能源经济效率的主要指标[69]。长期以来，我国为达到节能减排的工作目标，一直致力于降低能源消费强度，目前，我国能源消费强度相对于国外发达国家仍较高，降低能源消费强度的潜力很大。本章分析各因素对能源消费强度的影响，有针对性地提出对策建议，争取早日实现碳排放达峰后稳中有降的目标。

3.1　低碳经济下我国对能源消费及碳排放的要求

3.1.1　实施能源强度和能源消耗总量“双控”

人类文明发展的过程中离不开能源的消费，自工业取代手工业以来，机器使用得越来越多，煤炭、石油等能源被大量消耗。随着人民生活水平的提高，城市化进程的加快，能源显得越来越重要。从人类日常生产生活和发展的角度来看，人类社会的可持续发展和生活质量的提高都离不开能源。不同地区能源的储量千差万别，并且我国地域辽阔，这进一步造成了能源消费在空间位置上呈现出多样的发展态势。各地区能源消费除了受到当地资源储备的影响外，在经济发展水平、产业占比、政策约束等诸多因素共同的作用下，能源消费的不平衡状态和空间格局也是时刻变化的。

为了解决能源消费带来的问题，我国政府制定了大量相关的规章制度，采取多种措施降低我国的能源消费强度；推动能源消费革命，控制能源消费总量，加大能源节约力度，大力推进生态文明建设；不断研发改进能源使用的技术，广泛应用节电、节能等技术，降低经济增长对能源消费的依赖，优化能源消费结构，积极开发新能源。

早在2013年，温家宝总理对能源消费总量的问题提出了具体要求，指出要针对当前能源消费形式，优化能源消费结构，发挥市场机制作用，调整现有的产业结构，推动能源革命，建立能源消费总量和能源消费强度调控体系。2014年《能源发展战略行动计划》为我国能源发展指明了方向，提出了在能源消费和供应上要节能；加强国内能源的开发，提高能源自给能力；调整能源消费结构，大力发展清洁能源，积极应对气候变化；通过科技创新和体制创新，把我国发展成能源强国[70]。“十三五”期间，我国在以往节能减排工作目标和成绩的基础上，继续实施能源强度和能源消耗总量“双控”措施。在2015年的《巴黎协定》中，针对全球气候问题，世界上195个国家共同合作，承诺在本世纪内将全球气温上升幅度控制在2摄氏度以内[71]。根据《世界与我国能源展望2019》报告，目前我国能源消费的重心正逐步向生活消费侧转移，并且工业能源比重持续下降，建筑用能占比不断提升，我国的能源消费结构将更加清洁、低碳、多元，进一步改变能源消费直接使用的方式，通过煤制电、煤制气等形式进行能源转化运用，到2050年，石油、天然气等清洁能源占比将大于煤炭[72]。2019年6月，李克强总理提出了蓝天保卫战三年行动计划，强调要根据实际需求出发，保障群众日常所需能源。

3.1.2 “双碳”目标的提出

2020年9月，习近平主席宣布“我国二氧化碳排放力争于2030年前达到峰值，努力争取2060年前实现碳中和”[73]。2020年年末，在气候雄心峰会上，习近平主席针对我国二氧化碳排放目标宣布了一系列新的举措，与2005年相比，到2030年我国单位GDP的二氧化碳排放量下降65%以上[74]。

2021年的关键任务之一是做好碳达峰、碳中和工作，在“十四五”时期乃至未来的很长一段时间内，控制化石能耗量，实现部分省份地区率先达到碳排放峰值都将是我国重要的任务。《关于加快建立健全绿色低碳循环发展经济体系的指导意见》指出，倡导绿色低碳生活方式，争取早日达到二氧化碳排放的最大值并且实现总量上持续降低，实现美丽中国建设目标，都将是我国环境治理甚至国家治理、社会治理的一个重要主题。

3.2 国内外研究状况

3.2.1 国外研究状况

（1）能源时空分异特征研究

国外学者研究了能源消费的时间变化特征和空间变化特征。在能源消费的时间变化过程方面，学者们建立模型分析某一区域内能源时间上的变化情况。Blasing（2005）研究美国月度能源消费情况，结果表明夏季与冬季天然气消耗量最多，而煤炭消耗量在冬季是最高的[75]。Khan（2015）从能源消费短期和长期影响出发，研究巴基斯坦34年间天然气的消费变化情况，明确了巴基斯坦未来天然气的需求前景[76]。

在空间变化过程方面，Gregg（2009）针对北美区域每月能源消费二氧化碳排放情况进行了统计，研究表明美国是北美地区二氧化碳的主要排放国家，二氧化碳排放格局呈现出由东向西、由北向南逐渐减少的变化格局[77]。Dagher（2012）研究了区域内消费者在固定时间段对天然气的消费使用情况[78]。

（2）能源消费强度相关研究

Miketa（2005）选取全球56个国家的相关数据，分析了制造业能源效率的差异和趋同性，得出能源强度的跨国差异始终存在，趋同只存在于局部地区[79]。Dowlatabadi等（2006）研究了美国40多年来能源强度的变动特征，结果发现能源强度持续降低[80]。Zhang等（2011）选取世界上23个发展中国家相关数据，对能源变化情况、能源消费效率进行研究，得出斯里兰卡、肯尼亚等国的能源强度较高，而巴拿马、墨西哥、博茨瓦纳的能源效率最高[81]。Peter Mulder等（2012）选取世界上18个国家36年的数据进行分析，发现各国能源强度呈现持续下降趋势[82]。Juan Antonio Duro（2015）从国家层面选取相关数据，分析了137个国家22年间的能源消费强度，结果发现国家之间能源消费强度相差不大[83]。J. Wesley Burnett（2016）选取了美国50个州44年的能源消费强度数据进行分析，结果表明美国各州能源消费强度持续降低[84]。

（3）能源消费强度影响因素相关研究

国外针对能源消费强度的影响因素进行了诸多研究。在经济发展方面，Perry Sadorsky（2013）选取世界上76个国家能源消费强度相关数据，分析收入对能源强度的影响，研究发现能源消费强度随着收入的增加而逐渐降低[85]。Filipović等（2015）选取欧盟中的28个国家相关数据，针对能源消费强度的影响因素进行研究，发现人均GDP的增加会降低能源消费强度[86]。Gandhi等（2017）选取圣保罗州相关数据进行实证分析，结果显示能源消费强度随着经济的发展逐渐降低。Predrag Petrovič（2018）选取欧盟36个国家近21年的数据进行研究，发现固定资本形成总额、工业总增加值、实际人均GDP是影响欧盟国家能源强度最主要的驱动因素[87]。Yang等（2018）选取世界上40个国家能源消费强度相关的数据进行分析，结果表明，随着国内生产总值的增加，能源消费强度受到无形资本的影响越来越小[88]。

在产业结构方面，Newell rg等（1999）研究发现产业从重工业向轻工业转型和产业自身结构调整的过程中，能源消费强度将显著降低[89]。Reddy等（2010）分析了印度能源消费强度的影响因素，结果表明产业结构优化降低了能源消费强度[90]。Hasanbeigi等（2012）选取加利福利亚洲17个行业的能源产出和消费数据进行研究，研究表明能源消费强度随着石油精炼、油气挖掘等工业密集型产业比重的提高而提高[91]。Sadorsky（2013）汇总了世界上76个发展中国家能源强度影响因素的相关数据，考察工业化对能源强度的影响，结果表明工业化每提高1个百分点，能源消费强度将增加0.07～0.12个百分点。Shahiduzzamall等（2013）选取澳大利亚能源消费强度相关数据进行分析，研究表明能源消费强度随着产业结构优化逐年降低[92]。

在技术进步方面，Khazzom（1980 ）以及Birol和Keppler（2000）研究发现：一方面，技术进步导致当地经济的快速增长，间接提高能源消耗量；另一方面，技术进步也会导致能源使用成本降低，减少了居民的开支，增加实际收入，间接导致了能源消耗量的增加。因此，能源消费强度的最终效果由技术进步的两种作用的相对强弱共同决定[93]。Voigt等（2014）选取世界上40个国家能源消费强度相关数据进行研究，结果表明能源消费强度随着技术进步逐年降低[94]。Junbing Huang等（2017）选取能源消费强度相关数据进行分析，结果发现本国技术降低了能源强度，而外国直接投资带来的技术增加了能源强度[95]。BarkhordariI等（2017）研究发现技术进步显著地降低能源消费强度[96]。

在对外开放方面，Pan等（2019）选取孟加拉国能源强度影响因素，构建自回归模型进行研究，得出贸易开放程度提高了能源强度，并且时间越长其对能源强度影响越大，在研究期内达到顶峰[97]。

在能源消费结构和能源价格方面，Reddy等（2010）选取印度能源消费结构中煤炭的数据进行分析，结果表明能源消费强度随着煤炭消费量的减少而逐年降低。Miketa（2001）选取了世界上39个国家的工业能源价格数据，分析了其对制造业能源消费强度的影响，研究发现能源价格提高显著地降低能源消费强度[98]。Hasanbeigi等（2012）选取美国加州能源价格数据，分析其对能源消费强度的影响，结果表明随着能源价格的上涨，各部门为了获得利润，提升能源利用效率，能源消费强度随之降低。Miroslav等（2017）选取欧洲住宅电价数据进行研究，结果表明用电价格上涨抑制了能源强度的降低[99]。Petrovi等（2018）选取欧洲多品种能源价格数据进行分析，研究发现能源强度随着油价的升高逐渐降低[100]。Dargahi等（2019）选取伊朗能源价格数据，对能源消费强度的影响进行分析，研究发现能源消费价格与能源消费强度呈负相关，表明能源消费强度随着能源消费价格的提高而降低[101]。

3.2.2 国内研究状况

（1）能源时空分异特征研究

我国各省份发展水平、政策约束等诸多因素不同，因此各省份能源消费强度会发生改变，因此有必要对能源消费强度的空间异质性与关联性进行分析。李光全（2010）运用因子、聚类等分析方法对我国农村能源消费格局进行研究，发现其空间分异的演变格局[102]。Huayi Yu（2012）选取我国各省份能源消费强度数据进行分析，研究表明各省份存在显著的空间关联性，并且出现了集聚区[103]。沈璐（2012）选取江苏省能源消费相关数据，在总结能源消费特征的基础上，实证分析江苏省能源消费时空格局演变特征[104]。李治国（2017）选取环渤海地区近10年的能源消费相关数据，从时空角度分析了环渤海地区的能源消费格局，研究发现能源消费存在时空差异[105]。张华明等（2017）以我国30个省份2000—2014年数据进行实证研究，结果表明我国各省份间能源强度存在空间俱乐部现象[106]。周彦楠（2017）选取省级层面25年的数据，分析了四个品种能源消费的时空演变情况[107]。范吉成（2019）研究发现省级尺度能源消费强度具有外溢性，分析了能源消费强度的空间格局演变特征，结果表明我国能源消费强度具有正的空间集聚性，西北地区的能源消费强度相对较高，东南地区的能源消费强度较低[108]。赵慧卿和郭晨阳（2020）选取我国30个省份（不包括港澳台和西藏地区）17年的数据，对能源消费强度进行分析，研究显示各省份能源强度具有正的关联性，并且出现了明显的集聚区[109]。

（2）能源消费强度相关研究

耿诺等（2008）选取了我国42年间能源消费相关数据，研究能源强度历年来的变化情况，研究表明截止到2006年我国能源强度处于世界平均水平[110]。张云伟等（2009）选取我国各省份能源消费数据，针对我国能源强度的变动情况进行分析，研究表明我国能源强度逐年降低，各省份间能源消费强度的差距正逐渐缩小[111]。倪蓉（2010）选取江苏省13个市的能源消费数据，针对其能源强度变动情况进行研究，研究表明苏北能源消费强度最高，其次是苏中，苏南地区能源消费强度最低[112]。孙学英（2011）选取我国30个省份的能源消费数据，研究各省份能源强度差异[113]。Jianxin Wu 等（2015）选取我国286个城市12年间的能源消费数据进行分析，研究发现小城市能源消费强度降低相对较快，大城市能源消费强度降低不明显[114]。李玉婷（2016）选取我国历年来能源消费相关数据进行分析，研究发现我国能源消费强度变化频繁，呈现出波动上升和下降特点[115]。Lei Jiang 等（2018）选取我国13年间的能源消费数据进行分析，结果表明能源消费强度较高的省份下降幅度较大，并且各省份能源消费强度差距逐渐减小[116]。

（3）能源消费强度影响因素相关研究

我国学者对能源消费强度影响因素进行研究的文献较多，发现影响能源消费强度的主要因素包含以下几个方面：

在经济发展方面，孙玉环等（2015）选取我国各省份能源消费相关数据，分析能源消费强度地区差异性，研究发现随着经济发展我国能源强度逐年下降，各省份差异较大[117]。秦明等（2016）选取我国30个省份近10年天然气和石油的相关面板数据，分析其对能源消费强度的影响，结果表明石油消费强度随着经济增长逐年降低[118]。

在人口因素方面，刘阳（2015）选取我国各省份能源消费强度相关数据进行实证分析，研究表明石油消费强度会随着城镇化进程的加快逐渐降低[119]。李肃（2016）选取我国省级层面近9年的数据进行实证分析，研究发现能源强度随着城市化进程的推进逐步降低[120]。秦明等（2016）运用空间杜宾模型，研究了天然气和石油消费强度的决定因素及其空间溢出效应，实证结果表明人口增长的空间溢出正向促进石油单位消耗。吕琦等（2019）选取省级城镇化相关数据，研究其对于我国能源消费强度的影响，实证结果表明能源消费强度随着城镇化率的增加逐渐降低，其中，东部省份能源消费强度变化不明显，中部省份能源消费强度降低最快，西部和东北省份能源消费强度降低幅度相对较小[121]。

在产业结构方面，李倩等（2015）选取我国30个省份能源消费相关数据进行分析，研究发现第二产业占比对我国能源强度影响最大，我国能源消费强度由于产业的不合理占比难以降低[122]。孙玉环等（2015）选取各省份工业特征等相关数据，研究其对能源消费强度的影响，实证发现产业结构不合理提高了能源消费强度。李虎威等（2016）选取我国30个省份近15年间能源消费相关数据，实证分析其对能源消费强度的影响，结果显示随着产业结构中第三产业占比的增加，能源消费强度降低[123]。王珂英和张鸿武（2016）研究发现工业化水平发展对降低能源强度有抑制作用[124]。马晓微等（2017）从国家层面出发，选取影响能源消费强度相关数据，分析我国能源消费强度的影响因素，研究发现能源消费强度随着产业结构的优化逐渐降低[125]。杨彦红（2018）选取山西省20年间能源消费相关数据进行研究，结果表明从长期和短期角度来看，单位GDP能耗受到二三产业结构变动影响是不同的[126]。邬琼（2018）选取各省份产业相关数据，分析其对电力消费强度的影响，实证结果表明随着产业结构的不断优化，由原本的提高电力消费强度变为降低电力消费强度[127]。

在技术进步方面，刘畅等（2008）选取各省份面板数据，分析其对我国工业能源消耗强度的影响，结果表明，高耗能企业能源强度随着技术开发资金的增加而逐渐降低[128]。刘亦文等（2016）运用空间计量模型，探讨能源强度的影响因素，研究结果表明，研究与实验发展经费内部支出和国内外技术转让对能源强度的直接效应和间接效应要高于外商直接投资和国外技术引进[129]。汪行等（2017）从国家层面出发，选取我国近38年间能源消费强度的相关数据进行分析，研究表明技术进步是我国能源消费强度的主要影响因素；随着研发投入的增加能源消费强度逐年降低[130]。赵芳菲和秦颖（2018）建立误差向量自回归模型，发现科研费用的增加会显著降低能耗强度[131]。姚小剑和党静（2019）利用实证模型，分析了在我国制造产业中能源消费强度的影响因素，研究表明研发投入的增加会促进能源强度的降低[132]。周雨倩等（2020）选取各省份能源消费相关面板数据，分析其对能源强度的影响，分析结果表明能源强度较高的省份要加大科技投入，缩小各省份之间的差距[133]。

在对外开放方面，Junbing Huang（2018）选取中国34个地区14年间的外商直接投资数据进行研究，结果表明能源消费强度受本国创新降低幅度更大，外国创新对中国能源强度的影响取决于当地吸收转化能力[134]。齐绍洲（2011）研究了外商投资对我国不同区域能源强度的影响，结果表明东部区域能源消费强度受到外商投资影响较小，中部地区能源消费强度由于外商投资的增加而升高，西部地区能源消费强度由于外商投资的增加而减弱[135]。张宇、蒋殿春（2013）通过模型实证检验了外商投资对能源消费的影响程度，研究发现节能技术由于FDI的增加而广泛应用，进而加强了环境规制，促进了节能降耗[136]。李双（2018）选取江苏省13个城市3年间能源消费强度数据，构建面板模型进行分析，研究表明各影响因素中，化工行业受外商投资的影响最大[137]。Zhao Xingang（2018）选取我国各省份10年间相关数据，分析外商直接投资对能源消费强度的影响，结果发现受外商直接投资影响，能源消费强度上升[138]。

在能源消费结构方面，原毅军等（2012）选取电力能源占总能源的比重数据，分析其对能源消费强度的影响，实证研究表明能源消费强度并没有因为能源消费结构的改善而降低[139]。李倩等（2015）运用空间计量方法研究我国能源消费强度的影响因素，得出能源消费强度难以降低是由于能源消费结构的不合理。李虎威等（2016）选取我国30个省份近15年的能源消费数据，利用空间数据模型进行研究，实证显示东部和西部省份能源强度由于能源消费结构中煤炭占比的减少而逐年下降。许娟娟等（2017）选取四川省能源消费相关数据进行实证分析，研究发现能源消费强度由于能源消费结构的优化逐渐降低[140]。夏晨霞和王子龙（2018）利用BP结构突变模型分解我国36年间能源强度的影响因素，建立实证模型研究能源消费强度的影响因素，结果表明我国能源强度受能源结构和不同部门能源强度的影响最明显[141]。李崇岩等（2019）实证结果表明，工业煤炭消费是影响工业能源消费强度的主要因素，工业能源消费强度由于能源消费结构的优化逐渐降低[142]。

在能源价格方面，Guangfei Yang 等（2016）利用遗传编程改进的符号算法对1985—2012年中国各省能源强度面板数据进行分析，通过帕累托最优模型识别得出能源价格指数的影响较小[143]。肖宏伟等（2013）从国家层面出发选取相关数据，分析其对工业行业电力消费强度的影响，研究发现由于不同行业制定的电价不同，抑制了高耗能产业的发展，电力消费强度逐渐降低[144]。徐建中和王曼曼（2018）从国家层面出发，分析我国制造业能源消费强度的影响因素，研究发现能源消费强度由于能源价格的升高而降低[145]。

通过对以上国内外研究分析归纳，可以发现，学者们对能源消费强度相关问题行了大量有益的分析与研究，但仍有需要改进的地方：

第一，研究视角方面。现有文献多是将研究区域视为独立统一的单元，但实际上各省份并不是独立存在的，各省份相互联系、相互合作共同发展。因此，现有文献研究缺少对省级层面能源消费强度的时空分异特征分析。

第二，影响因素选取方面。在上述诸多参考文献中，产业结构、经济、能源消费结构等能源强度影响因素带来的影响基本一致，而外商直接投资和技术进步等在不同的研究中对能源消费强度的影响是不同的，为探究我国不同省份的能源消费强度影响结果，需对这些因素进一步分析。另外，较少有研究者考虑了电力消费占能源消费总量比重这一因素，随着各地区能源结构持续优化，目前电力消费在能源消费总量中比重超过10%，应在研究中选择电力消费占能源消费总量比重这一影响因素。

3.2.3 研究技术路线

能源消费强度研究技术路线如图3-1所示。

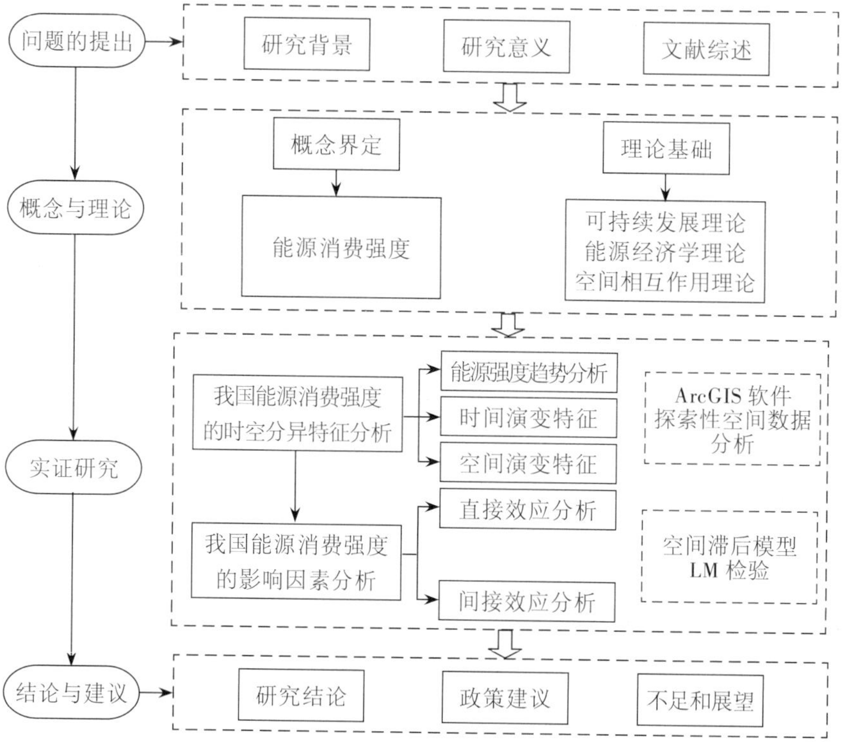

图 3-1　能源消费强度研究技术路线图

本研究的创新之处包括以下两点：

第一，利用探索性空间数据分析法，研究了各省份能源消费强度的空间差异性、空间集聚性，明确了能源消费强度的全局空间相关性和局部省份差异性，分析了各省份能源消费强度的空间集聚和位置变更特征。

第二，考虑空间数据的溢出效应，利用 1997—2018 年数据构建空间滞后模型，探究各因素对本省份能源消费强度的影响和周围地区能源消费强度的溢出效应。

3.3　能源消费强度相关理论基础

3.3.1　能源消费强度概念

《能源百科全书》对能源的定义是：“能源是一种呈现多种形式

的，提供给人类生产生活所需的光、热、电，并且可以相互转换的能量源泉。”能源亦指可产生各种能量或可作功的物质的统称。总而言之，能源是自然界中能为人类提供某种形式能量的物质资源。本书所指的能源是生产各种能量或可作功的物质，是指能直接取得或者通过加工、转换，可获得的有用的资源，包括煤炭、原油、天然气、煤层气、水能、核能、风能、太阳能、地热能、生物质能和其他能源以及电力、热力、成品油二次能源，其他新能源和可再生能源。

能源消费包括生活消耗的能源和生产消耗的能源，能源消费的趋势在工业化不同阶段会发生相应的变化。例如，在工业化的早期和中期，由于高耗能产业增多，能源消耗数量连年上涨；进入工业化后期，由于经济改革、能源消费结构优化，能源消费强度下降。

能源效率和能源强度的概念在许多关于能源的文献中多次出现，世界能源委员会把能源效率（Energy Efficiency）定义为“减少提供同等能源服务的能源投入”。能源效率即单位产值能耗，是指每单位GDP所需的能源消耗。根据不同的属性，分为物理能源效率和经济能源效率两大类，物理能源效率侧重于热效率和服务能源消耗的计算，经济能源效率侧重于能源成本的计算。

能源强度与能源效率是一对互为倒数的指标，由单位产出所消耗的能源量表示，反映了经济发展对能源的依赖程度，能源消费强度也代表了能源使用的经济效益和变动趋势，单位用吨标准煤/万元来表示。本书采用以1997年不变价格计算的地区生产总值进行指标的计算，该地区能源消费总量是指一定时期内，生产和生活消费的所有能源总和。最终以不变价格计算的单位GDP所消耗的能量来代表能源消费强度，计算公式如下：

$$能源消费强度=\frac{地区能源消费总量}{地区生产总值}$$

3.3.2 可持续发展理论

20世纪下半叶，人们开始认识到环境污染对社会生态造成的破坏，特别是《寂静的春天》的出版引发了全球对环境问题的思考。早在20世纪70年代，罗马俱乐部的著作《增长的极限》中提出的“合理、持续的均衡发展”是可持续发展的萌芽。20世纪80年代这一概念在《我们的共同未来》报告中正式提出，具体指的是既满足当前社会生产生活的需要，又不损害后代的发展。

企业环境责任的履行和企业绩效的提升是可以实现兼容的。不以牺牲环境为代价，长久永续的发展才是真正的发展。根据不同的属性和角度，可持续发展的定义是不同的，具体包括以下三个方面：一是人和自然和谐发展，良好的生态环境是人民一直追求的，人与自然共生共荣，人类的生产生活，要在自然承载力范围之内，并在发展的过程中时刻注意保护和改善生态环境，保护生态完整性和生物多样性，从根本上解决环境问题。发展是有限制的，只有有限制的发展才能永远持续下去。二是经济可持续发展，指在保证资源的可持续利用不枯竭的前提下，经济的持续、健康发展，倡导绿色消费，养成低碳的生活方式。通过控制投入数量、实施清洁生产、节约资源、减少浪费等手段，提高经济活动效率，实现经济高质量发展[146]。三是社会可持续发展，指的是在发展中讲求效率，追求社会公平，关注生态平衡，包括保护好环境，合理开发自然资源等，最终达到人类的全面发展。

部分能源具有不可再生性，并且煤炭等能源在其被消耗的过程中产生大量的污染气体，这就要求我们在使用能源的过程中，要注意保护环境、降低污染并与经济发展相统一，以系统的、节约的思维来看待能源问题。因此，要实现可持续发展，必须加强能源的节约，充分降低能源消费强度。

3.3.3 能源经济学理论

能源经济学概念早在19世纪70年代就提出来了，但直到1973年和1979年石油危机的发生才引起人们的足够重视。能源经济学在《新帕尔格雷夫经济学大辞典》中的定义是研究能源商品和能源资源问题，具体包括消费者和企业使用能源的行为和动机，能源利用的经济效率，能源开发和利用导致的分配和环境问题，市场及其规制结构等。可见，能源问题与其他经济、社会问题是相互联系的，要了解能源系统的运作规律，必须对经济系统有比较全面的认识，具体包括经济结构、要素结构、居民消费、技术进步、经济体制变化等。能源经济学的研究对象有能源供求、能源效率与节能、能源市场与价格变化、气候与环境变化、能源安全与预警等。

能源经济学是以经济学理论及方法为基础，同时参考运用大量的实践经验，研究能源在生产生活过程中带来经济效益的现象。目前，我国能源经济学的研究方法多为实证研究，也有学者采用模拟研究方法，还有的学者把两者结合起来对能源经济学相关问题进行研究。实证研究是依托现有的实践经验和相关的理论基础，运用计量经济学模型进行分析。由于实际生活中，能源经济系统内部各因素错综复杂，影响因素数据的可获得性不同，所以在研究中，应根据研究区域的划分、数据的获得等情况具体分析。模拟研究是在实验室或计算机上，通过对过程或真实事物进行虚拟，改变外生变量得出结论，模拟研究需要小组配合进行，并且很花费时间，因此，我国能源经济学文献中大多采用实证研究方法。

3.3.4 空间相互作用理论

“空间相关性”的概念是由美国学者Ullman首先提出的，Ullman认为正是由于互补性、可转移性和干预机会的存在，各地区时空分异结构才得以存在，这三个要素在区域时空分异演化过程中产生了不同的影响。对流、传导和辐射是空间相互作用的三种类型。第一类，物质、商品在地区间进行流通，人才、劳动力在地区间进行移动；第二类，是省份与省份之间、区域与区域之间进行的贸易交流。第三类，思想、技术、信息等的传播。海格特认为，正是上述三个种类的联通、交流、共享，才能实现区域间相互作用。

正是因为不同区域内资源禀赋不同、发展程度不同，才产生了空间相互作用。互补性指有的省份人口密集，经济发展程度高，拥有更先进的技术手段，而另一些省份正好缺乏这几方面的资源，区域之间因为这种资源的不均等，形成了供给和需求关系，区域间互相补充[147]。可达性指各省份的物质能够不受限制地进行流通，被传输对象越方便运输，与被传输的区域之间路程越短，传输时间花费得越少，区域双方合作交流得越多，交通运输渠道越多样，可流通性就越强。干扰机会指有合作联系的省份会受到周边其他省份的影响，这是由于区域间存在相互影响并不是只有双方两个，它们还会和周边多个地区同时发生交流互补，与其他区域互补的存在会干扰相互作用的发生。只有在地区内存在较强的互补性、较好的可达性、较少的干扰，区域间才会存在合作交流，实现更好的发展。

空间中所有的物质都不是孤立的，存在着一定的联系，能源消费也具有这样的特征。能源在不同省份之间进行流通，由此各区域能源消费产生了相互作用。从互补性来看，诸多学者的研究表明，我国省级的能源消费强度差异较大，能源消费强度低的省份拥有更合理的产业结构和更先进的技术水平，而这些产业、技术在能源消费强度高的省份缺口很大，地区间这一现象的存在，推动了资金、人才、技术在省份间的交流。从可达性来看，我国交通体系、信息传输体系和经济体系发达，新中国成立以来，我国一直大力发展交通体系，构建了海、路、空、管等多种运输渠道，为地区间商品流通、人民出行提供便利。近年来，我国信息传输体系也快速发展，计算机、互联网越来越普及，从城市到农村覆盖面也越来越宽广，加快了信息传输的速度，相较以往信息传输的方式，现代互联网信息传输体系大大节约了成本。近年来，经济体系越来越完善，各种金融机构越来越多，跨区域的交易变得越来越方便快捷。目前，能源消费强度的空间相互作用主要体现在引入新技术、新制度。从干扰的机会来看，由于各省份在劳动力数量、能源储量、政策约束等方面也不尽相同，因此，不同省份之间存在合作与竞争关系，所以在空间上能源消费强度存在相互作用。

3.4 我国能源消费强度的时空分异特征分析

本节研究能源消费、分品种能源消费强度、我国能源消费强度的变动趋势，基于此，通过ArcGIS软件做出能源消费强度的空间分布图，计算1997—2018年我国30个省份（不包括西藏地区和港澳台地区）能源消费强度的莫兰指数，得出各省份能源消费强度时间上的总体分布变化规律。运用Moran散点图分析各省份能源消费强度的空间集聚和位置变更特征。通过对能源消费强度时空分异特征的分析，为后续对能源消费强度影响因素分析奠定基础。

3.4.1 探索性空间数据分析

（1）空间权重矩阵

在空间计量分析过程中，需把各省份区域位置量化，确定各省份相邻关系。因此，首先要确定空间权重矩阵，这是进行数据分析的基础。空间权重矩阵系数的设置一般有以下两种：第一，空间距离，根据地理位置上各区域的接壤关系，来定义哪些省份是相互临近的，哪些省份是分隔开的。第二，经济距离，以区域间的某个经济变量的关联程度来给权重矩阵赋值。空间距离的权重矩阵设置如下：

$$w_{ij}=\begin{cases}0，当区域i与j不相邻\\1，当区域i与j相邻\end{cases} \tag{3-1}$$

其中，i=1，2，…，n；j=1，2，…，m；m=n。令空间权重矩阵w的对角线元素w_{ij}=0。

上文提到的第一种矩阵认为只有相互临近的省份才产生空间影响，这种情况并不能适用所有的情况，比如省份A和省份B在地理位置上的定义是相邻的，省份B和省份C在地理位置上的定义也是相邻的，其中A和C在地理位置上的定义是不相邻的，但实际上即使各省份在地理位置上不相邻，省份之间各要素也可进行流通，并且各省份之间的合作交流也很紧密，省份A和省份C也会存在相互作用。距离矩阵只是定义了周围相邻省份存在相互作用关系，不相邻省份之间的相互作用并不能表达出来。

研究的对象是我国30个省份的数据，各省份在地理位置上是临近的，但是每个省份的行政区域划分很宽广，难以准确地定义每个省份的中心位置，因此本书采用地理相邻空间权重矩阵，省份与省份之间是相邻的就用1表示，两个省份之间不相邻就用0表示。矩阵的设定方法如（3-1）所示。本书采用学者们常用的设置方法，将海南设置为与广西、广东是临近的，即它们之间矩阵数据用1表示。本书定义的矩阵W都是标准化之后的矩阵。

（2）全局空间自相关

在本研究中，Moran's I被用来反映我国能源消费强度的全局空间自相关，得出各省份能源消费强度时间上的总体分布变化规律，即利用Moran's I指数分析历年来我国能源消费强度的整体变化情况和相关性，公式如下：

$$I = \frac{n\sum_{i=1}^{n}\sum_{j=1}^{n}W_{ij}((y_{(i,t)} - \overline{y_t})(y_{(j,t)} - \overline{y_t}))}{\sum_{i=1}^{n}\sum_{j=1}^{n}W_{ij}\sum_{i=1}^{n}(y_{(i,t)} - \overline{y_t})^2} \tag{3-2}$$

I为全局Moran's I，n表示研究省份的总数，$\bar{y}_t = \frac{1}{30}\sum_{i=1}^{30} y_{(i,t)}$为研究的所有30个省份能源消费强度的均值，i=1，2，…，30；j=1，2，…，30；$y_{(i,t)}$，$y_{(j,t)}$代表t年份省份i和省份j能源消费强度的计量数值，W_{ij}为空间权重矩阵。Moran's I的取值范围是$-1 \leqslant$ Moran's I $\leqslant 1$。当$-1 <$ Moran's I <0时，说明各省份的能源消费强度低的和高的相邻或高的和低的相邻，Moran's I值越小，表明各省份的能源消费强度的空间差异性越大；当Moran's I=0时，表示各省份的能源消费强度在空间上是独立的，即省份之间不存在相关性，研究没有意义；当$0<$ Moran's I $\leqslant 1$时，表示各省份的能源消费强度低的和低的相邻或高的和高的相邻，Moran's I值越大，表示各省份能源消费强度的相关性越强。

（3）局部空间自相关

全局指数只能描述我国能源消费强度整体的变化趋势，只能从整体上对我国历年来能源消费强度进行分析，并不能表示具体哪一省份在每个研究年份的变化情况，而局部莫兰指数可以准确地分析研究具体每个省份的变化情况。本书用局部莫兰指数来分析研究我国省份间能源消费强度的差异性。通过测量每个省份能源消费强度的聚集或离散情况，得到局部空间自相关。对于每个省级区域单元i有：

$$I_i = \frac{(X_i - \bar{X})}{\sum_i (X_i - \bar{X})^2} \times \sum_j W_{ij}(X_i - \bar{X}) = Z_i \sum_j W_{ij} Z_{ij} \tag{3-3}$$

Z_i和Z_j为标准化的观测量，W_{ij}为空间权重矩阵，$Z_i = \frac{X_i - \bar{X}}{\sigma}$为标准化后的权重矩阵。

（4）Moran散点图

采用Stata15.0软件，做出各省份能源消费强度空间关联程度的Moran's I散点图，将每个省份的能源消费强度分布在四个象限中，确定研究省份与周边省份之间的关系。四个象限代表了四种不同情况的能源消费强度分布：第一象限为"高-高相关"（High-High），在这一象限中，观察值高的地区被观察值高的地区围绕；第三象限是"低-低相关"（Low-Low），在这一象限中，观察值低的地区被观察值低的地区围绕；第二象限是"低-高相关"（Low-High），在这一象限中，观察值低的地区被观察值高的地区围绕；第四象限是"高-低相关"（High-Low），在这一象限中，观察值高的地区被观察值低的地区围绕。第一象限（H-H型）和第三象限（L-L型）的分布表明，周边省份的能源消费强度水平相差不大，在空间分布上能源消费强度相近的省份集聚在一起，呈现出一定的正相关性；位于第二象限（L-H型）和第四象限（H-L型），表明临近省份的能源消费强度水平相差较大，周边省份能源消费强度在空间分布上具有差异性，呈现出一定的负相关性。

3.4.2 能源消费强度的趋势分析

（1）能源消费的变动趋势

改革开放以来，我国的能源消耗总量不断增加，总体而言，能源消费有以下几个特点：

①能源消费总量大，增长速度快

多年来，我国以能源的消耗换取经济的发展，随着我国经济的高速发展，国内生产总值的提高，消耗了大量的能源。如图3-2所示，能源消耗总量从1997年的135 909万吨标准煤增加到2019年的487 000万吨标准煤，23年间增加了351 091万吨标准煤，平均每年以11.23%的速度增长。从我国能源消耗总量增长的趋势图可以看出，2001—2019年是我国能源消耗总量增长最快的时期，这段时期内，我国经济体量不断变大，能源消耗总量也逐年攀高。

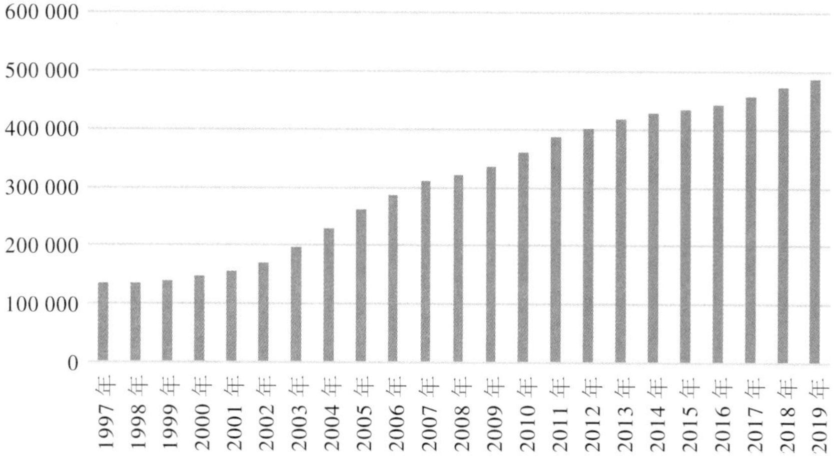

图3-2 1997—2019年历年能源消费总量（万吨标准煤）

②能源消费占比以煤炭为主，清洁能源占比逐渐提高

目前，我国能源消费的主体仍是煤炭、石油等化石燃料，且由于我国资源储备的限制，煤炭能源消费在能源消费结构中占比超过半数，随着我国对能源生态环境等问题的关注，诸多政策出台，煤炭消费量正逐年降低，从1997年至2019年由71.4%下降到57.7%，石油的比重从1997年到2019年由20.4%下降到18.9%，天然气的比重从1997年到2017年由1.8%上升到8.1%。截止到2019年，风电、核电等消费占比从1997年的6.4%上升到2019年的15.3%。如图3-3所示，产生这一变化的主要原因是低碳经济的兴起，能源消费更加优化，使得可再生能源得到了快速的发展，2019年可再生能源占比首次超过15%，提前实现了《可再生能源中长期规划》目标。

（2）煤炭消费强度的变动趋势

2019年，我国的煤炭消费总量为28.1亿吨标准煤，与1997年97.04亿吨标准煤相比下降了65.47%，但到2019年，我国的煤炭消费占能源消费总量的比重仍超过半数，达到57.7%，远高于世界平均水平。图3-4

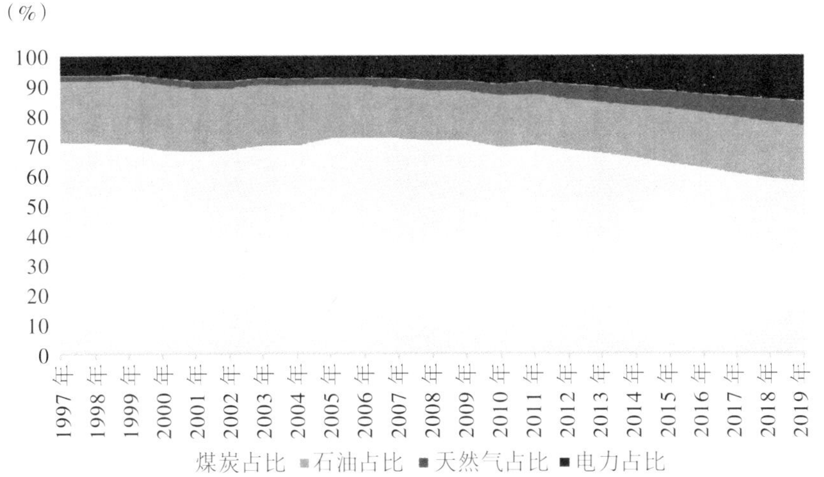

图3-3　1997—2019年历年能源消费占比

刻画了我国历年来煤炭消费强度变动趋势，23年间煤炭消费强度呈现波动变化的趋势。1997—2002年我国煤炭消费强度逐年降低，2002—2005年煤炭消费强度开始攀升，2005年以后煤炭消费强度持续下降。总的来看，1997—2019年，我国煤炭消费强度从1.32万吨标准煤/万元降低到0.59万吨标准煤/万元，年均降幅为2.5%。

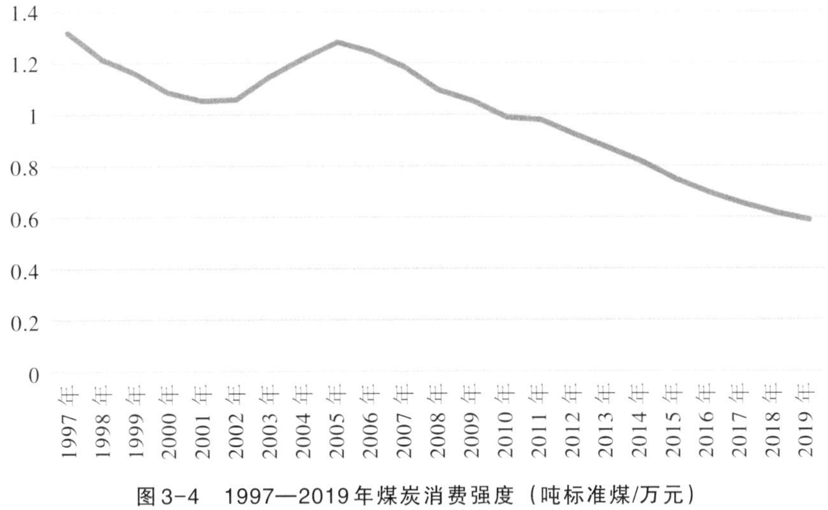

图3-4　1997—2019年煤炭消费强度（吨标准煤/万元）

（3）电力消费强度的变动趋势

随着全球倡导绿色低碳的生活环境，电力能源由于污染小，经济产出效率高，其在我国能源消费结构中的比重也逐年增加，电力对于民众日常生活和社会正常生产意义重大。根据国家统计局公布的数据，2019年我国电力消费量72 485.69亿千瓦小时，比上一年增长了4.5%。我国电力消费强度变动趋势如图3-5所示。从图中可以看出，1999—2007年、2009—2011年我国电力消费强度出现上升；1997—1999年、2007—2009年、2011—2019年我国电力消费强度呈现持续下降趋势。

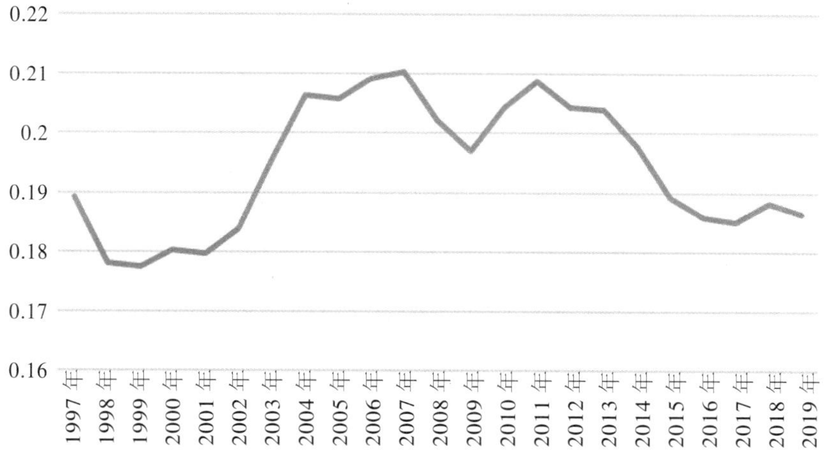

图3-5 1997—2019年我国电力消费强度（吨标准煤/万元）

（4）能源消费强度的变动趋势

①全国能源消费强度现状

从1997年到2019年，我国能源消费总量从13.59亿吨标准煤增加到48.7亿吨标准煤。如图3-6所示，2019年我国的能源消费强度为1.02吨标准煤/万元，与1997年1.85吨标准煤/万元相比下降了44.86%，年均降低率为2.04%，总的来看，我国能源消费强度持续降低。1997—2002年，我国能源消费强度处于下降的态势，2002—2005年，我国能源消费强度开始攀升，2005年以后持续下降。2005—2019年，我国能源消费强度从1.77吨标准煤/万元降低至1.02吨标准煤/万元。这表明，随着国家对于生态环境的重视，为实现高质量发展，我国的能源消费强度得到了较大的降低，但由于我国西部等地区重工业发展依旧属于粗放型，经济发展过度依赖能源，能源消费强度下降仍有很大的提升空间。

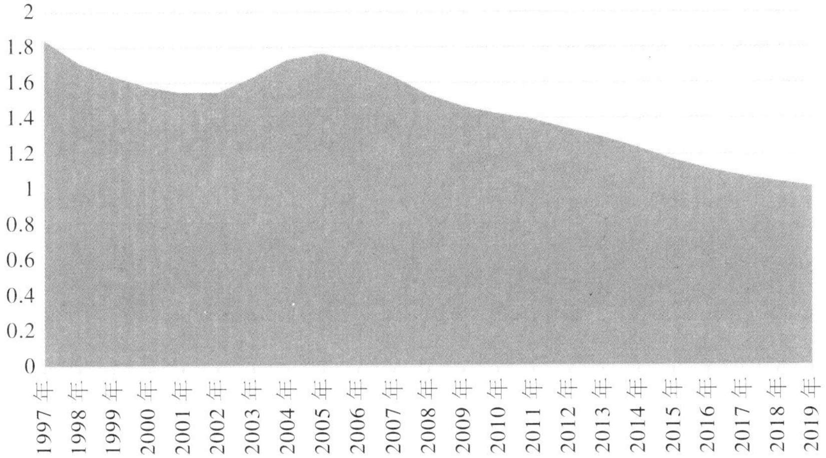

图3-6　1997—2019年能源消费强度（吨标准煤/万元）

②能源消费强度空间分布状况

将各省份能源消费强度分“高”、“较高”、“较低”和“低”四个级别，汇总出我国省域能源消费强度空间分布表，结果见表3-1。从表3-1可看出，我国能源消费强度的空间分布基本保持“东低西高”“南低北高”的格局。我国各省份能源消费强度变化频繁，但是变化幅度不大。从1997年到2010年，吉林、天津、北京能源消费强度呈下降趋势，能源消费强度降低了一个级别；河北、山东、江西能源消费强度呈上升趋势，能源消费强度都升高了一个级别；其余24个省份消费强度级别保持不变。2010—2018年，四川、湖北、重庆能源消费强度呈下降趋势，能源消费强度降低了一个级别；天津、广西、海南能源消费强度呈上升趋势，能源消费强度都升高了一个级别；其余24个省份消费强度级别保持不变。能源消费强度“低”省份，多数分布在东南沿海地区，以江苏、浙江、广东等省份为代表，这些省份也是我国对外开放程度高、经济发展程度高的省份，具有经济基础好、产业结构中第三产业占比较高等优势。能源消费强度“高”省份，主要聚集在山西、宁夏、甘肃、青海、新疆为代表的西部和北部区域，这些省份具有能源资源储备高的优势，但产出效率不高、产业结构不合理，与东南沿海省份相比，这些地区在经济基础、产业结构等方面相差较大，拥有更为强劲的增长空间。也就是说，西部和北部地区单位GDP能耗较高，即能源产出效率低，能源的大量消耗并没有带来经济的快速发展。这也是我国能源消费强度过高的重要原因，只有降低西部和北部省份的能源消费强度，才能更快地使我国能源消费强度降下来。

表3-1 我国省域能源消费强度空间分布

年份	能源消费强度“高”的地区	能源消费强度“较高”的地区	能源消费强度“较低”的地区	能源消费强度“低”的地区
1997	贵州、山西、宁夏、青海、甘肃、新疆、吉林、内蒙古	黑龙江、辽宁、河北、陕西、湖北、云南、四川、天津、	北京、安徽、重庆、湖南、河南、广西、山东、	上海、江西、江苏、浙江、广东、海南、福建
2010	宁夏、山西、青海、贵州、内蒙古、新疆、河北、甘肃	吉林、辽宁、云南、陕西、黑龙江、山东、四川、湖北	天津、河南、湖南、广西、重庆、安徽江西	海南、浙江、江苏、福建、上海、北京、广东
2018	宁夏、青海、新疆、山西、内蒙古、河北、贵州、甘肃、	辽宁、陕西、云南、黑龙江、广西、天津、山东、吉林	海南、四川、河南、湖北、江西、湖南、安徽	浙江、重庆、江苏、福建、广东、北京、上海

能源消费包含两大类，分别是生活所消耗的能源和生产所消耗的能源。从生活消费来看，住宅供暖以及电脑、电视机、冰箱等日用电器能耗在能源消耗中的占比很大，但这一部分生活能源消费不在GDP中体现出来。与北部和西部区域相比，一方面，东南沿海地区拥有更大的人口规模，需要消耗的能源总量更大；另一方面，东南沿海地区居民生活水平较高，家用电器也较多，人均生活能源消费较高。因此，东南沿海地区的能源消费量多。从生产能源消费来看，与北部和西部区域省份相比，东南沿海省份拥有先进的技术和更清洁环保的制度约束，产业对区域经济的贡献更大，并且，东南沿海地区能源消费结构更合理，产业结构中第三产业占比更高，因此，东南沿海地区的能源消费强度低于北部和西部地区。

我国能源储量在地理位置上分布的特点是“北多南少”“西多东

少”，而东南沿海省份能源储量少但能源需求高。为了把能源运送到东南沿海等需求量高的区域，我国修建了大量的油气管道、特高压电网等输送设施，开展跨省份的能源调配，以解决能源消费和储量省份分布不均的问题。近几年，随着经济的快速发展，东部地区电力消费增多，使得电力输送成为主要形式。我国西部和北部地区能源储量相对丰富并且是燃煤电厂等设施建设的主要布局区，而东南沿海省份是主要的能源消耗区，形成了“南高北低”“西高东低”的能源消费强度分布。山西、新疆、内蒙古等省份是我国煤炭开采大省，也是煤电的基地，通过燃煤发电，将电力能源运送到经济发达省份使用，为全国经济发展做出重大贡献，然而，过度挖掘开采，以及燃煤发电排放的二氧化碳等气体，使得这些地区的生态环境遭到极大损害。因此，在分析当地能源消费强度较高的原因时不仅要考虑到其自身能源消耗数量，也要考虑到这些省份为全国经济发展所做出的贡献。

从整体来看，河北、山东、江西、天津、广西、海南等省份能源消费强度在两个区间跨度内都上升了，这些省份的能源消费中新能源占有较大比重，能源结构较好，但能源消费强度过高。究其原因，可能是工业、建筑业、交通运输和仓储邮政业等产业的增加值阻碍了当地能源消费强度的降低，其次产业结构的变动也会提高能源消费强度。

除上述省份外，山西是比较有代表性的省份，其煤炭能源生产量在我国煤炭生产总量中占据很大的比重，山西省利用自身煤炭储量丰富的资源条件，大力发展与煤炭相关的配套产业以及高耗能的工业行业，虽然获取了一定的经济收益，但是污染严重，往往还需要花费更多的资金去治理环境问题，现在看来，这样的做法是不可取的，并且其资源储量是有限的，随着逐年开采，出现局部资源枯竭问题。因此，山西省的能源消费强度一直过高，转型升级迫在眉睫。

通过上述分析，各省份能源消费强度和当地经济发展水平在地理位置分布上类似，这一空间分布情况侧面体现了能源开采和消费、对外开放、产业结构、跨区域输送等因素对当地能源消费强度产生一定的影响。各区域在上述诸多因素和当地政策等方面存在的不同，使得数据存在非独立性，与传统统计模型假设数据是独立存在的相比，空间计量经济学模型考虑数据的非独立性更为适合。

3.4.3 能源消费强度时空分异特征

（1）时间演变特征

首先使用Stata15.0软件生成空间权重矩阵，接着计算出我国1997—2018年能源消费强度的Moran's I指数并检验其显著性。

表3-2 能源消费强度Moran's I指数及显著性检验

年份	Moran's I指数	Z（I）	年份	Moran's I指数	Z（I）
1997	0.372***	3.356	2008	0.330***	3.101
1998	0.326***	3.014	2009	0.331***	3.102
1999	0.375***	3.353	2010	0.334***	3.120
2000	0.285***	2.633	2011	0.319***	3.017
2001	0.297***	2.745	2012	0.334***	3.120
2002	0.295***	2.734	2013	0.323***	3.055
2003	0.250***	2.432	2014	0.330***	3.111
2004	0.283***	2.704	2015	0.313***	3.008
2005	0.328***	3.089	2016	0.303***	2.929
2006	0.322***	3.039	2017	0.286***	2.872
2007	0.318***	3.008	2018	0.290***	2.954

注：括号内***、**和*分别表示1%、5%和10%的显著性水平。

表3-2是我国能源消费强度全局自相关Moran's I和Z（I）值的汇总表。由表3-2可以看出：1997—2018年我国能源消费强度的全局Moran's I指数均为正，P值均小于1%，结果显著。研究表明：在此期间，我国的能源消费强度的变化并不是随机独立的，各省份之间的能源消费强度存在一定的关联性，各省份能源消费强度将对周边地区的能源消费强度产生影响，同时，本省份的能源消费强度也会受到周围省份的影响。我国能源消费强度的Moran's I一直大于0.28，虽然有一定的变化，但是波

动较小，始终保持在0～0.1之间，表明在研究期间我国能源消费强度保持相对稳定的状态。

（2）空间演变特征

全局Moran's I分析了能源消费强度时间上的总体变化规律，明确了我国能源消费强度存在全局空间相关性，但是并不能表示具体省份的变化情况，接下来，利用Moran散点图分析各省份能源消费强度的区位变化和集聚情况。按照研究数据年份区间的划分，以及篇幅的限制，我们选取1997年、2010年和2018年三年的数据进行分析，绘制出这三年能源消费强度的莫兰散点图，对我国各省份具体变动情况以及省份之间的差异性进行分析汇总。

如图3-7所示，从1997年能源消费强度莫兰散点图中可以看出，30个省份中共有23个（76.67%）省份的数据落在第一象限和第三象限，表明这些省份能源消费强度水平相差不大，在空间位置上表现出相似性，其中11个（36.67%）省份在第Ⅰ象限（HH：高的能源消费强度与高的能源消费强度相环绕），12个（40%）省份在第Ⅲ象限（LL：低的能源消费强度与低的能源消费强度相环绕）。另外还有7个（23.33%）省份在地理位置上不具有相似性，其中6个省份落在第Ⅱ象限（LH：低的能源消费强度被高的能源消费强度包围），1个省份落在第Ⅳ象限（HL）。这表明1997年各省份能源消费强度存在局部差异性与相似性。如图3-8所示，从2010年能源消费强度莫兰散点图中可以看出，30个省份中共有21个（70%）省份的数据落在第一象限和第三象限，表明这些省份能源消费强度水平相差不大，在空间位置上表现出相似性，其中9个（30%）省份在第Ⅰ象限（HH：高的能源消费强度与高的能源消费强度相环绕），12个（40%）省份在第Ⅲ象限（LL：低的能源消费强度与低的能源消费强度相环绕）。另外还有9个（30%）省份在地理位置上不具有相似性，其中8个省份落在第Ⅱ象限（LH：低的能源消费强度被高的能源消费强度包围），1个省份落在第Ⅳ象限（HL）。这表明2010年各省份能源消费强度存在局部差异性与相似性。如图3-9所示，从2018年能源消费强度莫兰散点图中可以看出，30个省份中共有23个（76.67%）省份的数据落在第一象限和第三象限，表明这些省份能源消费强度水平相差不大，在空间位置上表现出相似性，其中8个（26.67%）省份在第Ⅰ象限（HH：高的能源消费强度与高的能源消费强度相环绕），15个（50%）省份在第Ⅲ象限（LL：低的能源消费强度与低的能源消费强度相环绕）。另外还有7个（23.33%）省份在地理位置上不具有相似性，其中6个省份落在第Ⅱ象限（LH：低的能源消费强度被高的能源消费强度包围），1个省份落在第Ⅳ象限（HL）。这表明2018年各省份能源消费强度存在局部差异性与相似性。

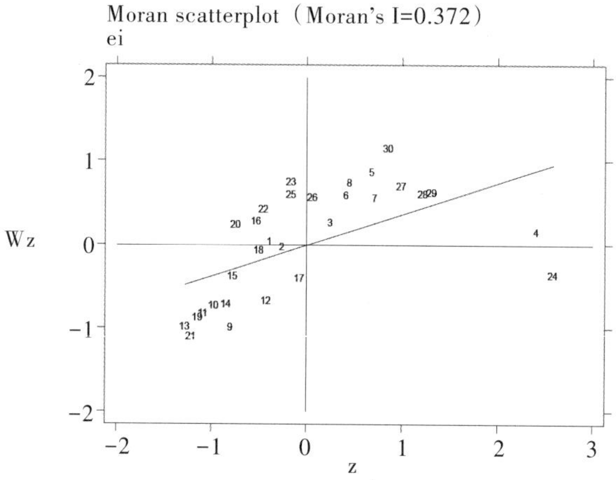

图3-7　1997年能源消费强度Moran指数散点图

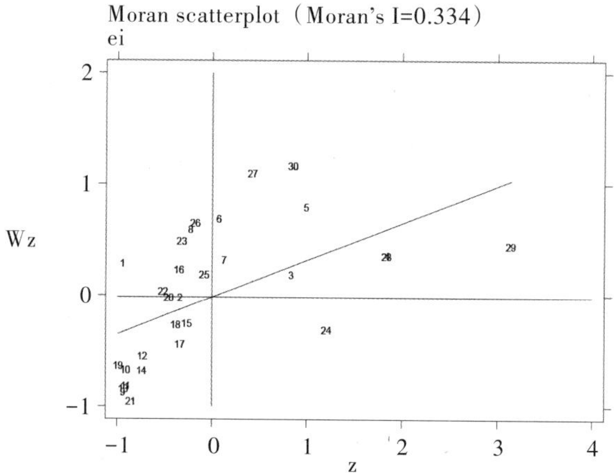

图3-8　2010年能源消费强度Moran指数散点图

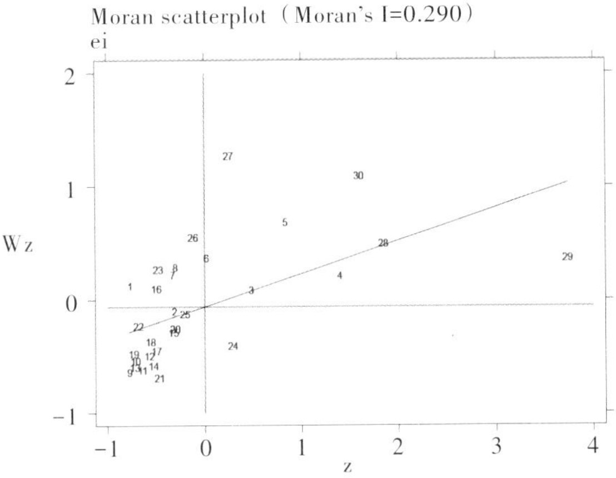

图3-9 2018年能源消费强度Moran指数散点图

总的来看，三幅图存在明显的相似性，各年份中多数省份分布趋于在一、三象限，能源消费强度莫兰散点图中直线斜率均是正数，这表明研究数据表现出较强的稳定性，这些省份能源消费强度水平相差不大，在空间位置上表现出相似性，这些省份能源消费强度会对周边省份产生影响。个别省份落在第二和第四象限，表明其存在空间差异。

对上述研究中三年的能源消费强度散点图进行汇总分析，结果见表3-3。

表3-3 能源消费强度空间聚类表

年份	第一象限（H-H）	第二象限（L-H）	第三象限（L-L）	第四象限（H-L）
1997	山西、新疆、青海、甘肃、内蒙古、宁夏、吉林、辽宁、河北、黑龙江、陕西	四川、北京、河南、云南、广西、重庆	福建、湖南、海南、浙江、天津、湖北、安徽、江西、上海、山东、江苏、广东	贵州
2010	山西、新疆、青海、甘肃、内蒙古、宁夏、吉林、辽宁、河北	四川、黑龙江、陕西、北京、河南、云南、广西、重庆	福建、湖南、海南、浙江、天津、湖北、安徽、江西、上海、山东、江苏、广东	贵州
2018	山西、新疆、青海、甘肃、内蒙古、宁夏、辽宁、河北	四川、黑龙江、陕西、北京、河南、吉林	福建、湖南、海南、浙江、天津、湖北、安徽、云南、江西、上海、山东、广西、江苏、重庆、广东	贵州

从能源消费强度空间聚类表可以看出，根据各省份能源消费强度的关联性不同进行区间划分，大部分省份落在一、三象限，在空间上表现出正相关性的省份超过21个，说明我国能源消费强度的时空特征显著。各类型区域的省份聚集特征如下：

①高-高区域

分布在我国的高-高（H-H）区域的省份，主要是河北、山西、新疆、辽宁、内蒙古等地，其能源消费强度高于其他省份，形成了能源消费强度的高空间集聚区域。但高-高（H-H）集聚区的数量逐年减少，1997年是11个省份，2010年是9个省份，2018年还剩8个省份在高-高集聚区。在选取的三个时期内，山西、新疆、辽宁、青海、甘肃、内蒙古、宁夏、河北这8个省份一直没有变化。黑龙江、陕西、吉林这3个省份发生了变动，黑龙江和陕西由1997年“H-H”型变成了2010年、2018年“L-H”型省份，最终呈现“L-H”型分布，吉林省由1997年、2010年“H-H”型变为2018年“L-H”型省份。根据特征，可以将上述省份分为两类：一类是以重工业等高耗能行业为支柱产业的省份，以内蒙古、山西和辽宁为代表，这些省份以煤炭为主要能源，经济发展方式粗放，产业结构不合理，制约了经济社会的集约化发展；另一类是我国经济发展相对落后的地区，以甘肃、青海、新疆等西北地区省份为代表，这些地区在经济基础、市场开放程度等方面都低于全国平均水平。

②低-高区域

我国的低-高（L-H）区域主要分布在四川、北京、河南等省份，表示该区域被能源消费强度相对较高的区域围绕，自身能源消费强度较低，且受能源消费强度高的省份影响小，长期以来能源消费强度相对稳定。低-高（L-H）集聚的省区数目趋于稳定，分别是6、8和6个。广西、重庆和云南由1997年、2010年“L-H”型转变为2018年“L-L”型省份。

③低-低区域

我国的低-低（L-L）区域的省份主要分布在东南沿海，主要包括福建、海南、浙江、天津、上海、山东、江苏等省份，这些省份的能源消费强度远小于其他省份，在地理位置上形成低能源消费强度集聚，并且影响到附近省份的能源消费强度，使其能源消费强度也跟着降低。全国低-低（L-L）集聚省份逐渐增多，分别为12、12和15个。2018年，广西、重庆、云南3个省份从“L-H”集聚区转移到“L-L”集聚区。

④高-低区域

高-低（H-L）区域一直是贵州，聚集区内省份数目未发生改变，该地区能源消费强度明显高于东南部各省份，说明贵州在其周边区域内是一个能源消费强度的“高地”，受自身和外部条件限制，周边能源消费强度相对较低的省份并没有对其起到示范带动作用，能源消费强度长期以来难以降低。

上述分析表明了我国能源消费强度和能源结构、对外开放、产业结构等因素在地理位置分布上类似，在地理位置上，各省份能源消费强度具有趋同性，相似水平能源消费强度的省份形成集聚区。

总结而言，该部分首先分析了我国能源消费强度变动趋势，其次使用全局和局部空间自相关指数，分析我国各省份能源消费强度在时间上和空间地理位置上的变化规律，结果表明：

研究期内，我国能源消费强度的空间分布基本保持“东低西高”“南低北高”的格局，各省份能源消费强度变化频繁，但是变化幅度不大，形成了以上海、江苏、浙江等省份为代表的能源消费强度“低”集聚区，以山西、宁夏、甘肃为代表的能源消费强度“高”集聚区。这与当地能源开采和消费、对外开放、产业结构、跨区域输送、人口规模等因素有关，我国各省份的能源消费强度和这些因素在地理位置分布上类似，这些相似性为后续研究能源消费强度影响因素提供了支撑。

通过Moran散点图和能源消费强度空间聚类表，发现我国的能源消费强度不具有空间随机分布的特点，省级能源消费强度具有明显的空间集聚特征，在地理位置上各省份能源消费强度的分布表现出不同的特征，既有差异性也表现出集聚性。能源消费强度数据表现出空间依赖性。因此，选取空间计量经济学模型进行影响因素的分析是合理的。

3.5 我国能源消费强度的影响因素分析

研究表明，1997—2018年我国能源消费强度在地理位置上存在显著的空间集聚和差异特征。本节分析我国能源消费强度的影响因素，观察其对能源消费强度作用的大小，进而更有效地降低能源消费强度。

3.5.1 变量选取与数据来源

将我国30个省份的能源消费强度作为研究对象，结合能源强度的概念以及能源经济学的相关理论，并参考上述文献中的影响因素选择，依照可得性、代表性的原则，确定能源消费强度影响因素为：经济发展水平、人口规模、产业结构、技术进步、对外开放程度、能源消费结构。为了消除空间计量分析中数据可能存在的异方差性，对所研究影响因素的数据取自然对数，取对数后，各影响因素之间的关联性并不会产生变化。各影响因素数据的含义如下：

（1）经济发展水平（GDP）

经济的发展离不开能源消费，能源是推动经济发展的重要因素。一方面，经济发展降低了能源消费强度；另一方面，能源消费强度的提高制约了经济发展。我国国内生产总值不断提高，能源资源大量消耗，尤其是煤炭和石油消费大幅增加。国民经济的繁荣和城市化水平的提高为我国降低能源消费强度，实现双控目标增加了新的难度，对新时期我国能源消费强度提出了新的要求，经济增长对我国能源消费强度有重要影响。因此，本书采取地区生产总值（GDP）来反映当地经济发展水平。地区生产总值以1997年不变价格计算。地区生产总值数据来源于国家统计局。

（2）人口因素

城市化进程中人口的增长对于能源消费强度可能起到正反两方面的作用。一方面，人口的增加对基础设施和住房建设的需求增加，进而导致对建筑材料需求的增加，而基础设施建设过程和建筑材料的生产过程需要消耗大量能源。同时，居民消费水平增加，工业化进程加快都会增加能源需求，从而对能源消费强度的降低造成压力。另一方面，人口的增长又会产生集聚效应和规模效应，推动技术进步，从而有利于降低能源消费强度。因此，采用年末常住人口反映人口规模。相关数据来源于国家统计局和《新中国六十年统计资料汇编》。

（3）产业结构

"结构红利假说"理论认为不同部门的生产率或生产增长率不同，要素在不同部门间的流动会对总生产率或总生产增长率产生影响。"结构红利假说"为解释产业结构对能源消费强度的影响提供了较好的依据。能源消费强度受到产业结构中各类产业的影响是不同的。第一类产业和第三类产业由于消耗的能源较少对能源消费强度影响较小，第二产业中制造业、建筑业等产业消耗能源相对较多，因此第二产业占比越大，对能源消费强度的影响越大。这意味着，第二产业在为居民提供相同的生活条件时需要比其他产业消费更多的能源。因此，产业结构中第二产业比重过高，特别是建筑业、工业占比过高，其消耗的能源数量相对于其他行业将会更多，导致本行业能源消费强度升高。因此，分别选取第二产业增加值占地区GDP的比重（符号记为SE）、第三产业增加值占地区GDP的比重（符号记为TH）代表产业结构进行测算。数据来源于国家统计局。

（4）技术进步

技术进步对能源消费强度的影响具有双向性。一方面，新技术的开发和应用可以提高产能，减少能源在转化过程中的浪费，优化能源消费结构，促进能源消费强度的下降；另一方面，新技术发展的初期，必然消耗大量的能源，其次技术进步产生后抑制回弹效应，使得能源消费价格下降，导致能源需求的增加，提高了能源消费强度，最终能源消费强度的高低取决于两种作用的相对大小。因此，选取各地区R&D活动中的研究与实验发展经费支出作为衡量地区技术进步的指标，单位为亿元，采用GDP平减指数调整以1997年为基期的实际R&D。数据来源于《中国科技统计年鉴》。

（5）对外开放度

“污染避难所”假说发现，西方发达国家对本国环境更加注重保护，颁布严格的政策法规约束污染排放，设定苛刻的技术标准，高耗能、高污染企业在本国发展需要花费更多的环保成本，而发展中国家，由于对各行业、企业的制度标准并不完善，高耗能高污染企业生产受到的约束较少，因此，发达国家会把淘汰的、落后的生产行业放在发展中国家进行发展。“逐底效应”认为在当今全球化的合作交流进程中，发展中国家为了获得更多的资金流入、更多的贸易机会、更快的经济增长，降低当地企业环保标准，以牺牲当地资源、环境为代价谋求经济上的发展。由此可知，对外开放既可能降低能源消费强度，也有可能提高能源消费强度。一方面，对外开放程度的提高会产生辐射效应、示范效应、模仿效应等，引进先进技术，增强我国企业之间合作和我国国际竞争力，降低我国能源消费强度；另一方面，对外开放度的提高会产生“污染避难所效应”和“逐底效应”，造成发达国家中淘汰、落后的生产行业转移到我国，这些产业的发展消耗大量的能源，提高了能源消费强度。因此，选取外商投资企业的投资总额代表对外开放程度，单位为亿美元，采用GDP平减指数调整为以1997年为基期的实际外商直接投资。数据来源于国研网。

（6）能源消费结构

每种能源的结构不同，单位质量热值是不同的，同等数量的能源，其产生的热值也有多有少。比如，使用同等质量不同品种的能源进行发电时，相对于其他能源，煤炭产生的电量是最少的，这是由于在所有的能源中，煤炭发电的效率是最低的。能源消费中不同能源的占比不同，能源消费强度的大小也随之改变，随着煤炭能源比重的提高，能源消费强度将逐渐增大，而随着电力能源比重的提高，能源消费强度将降低。因此，对煤炭与电力消费量占能源消费总量比重对能源消费强度的影响展开分析，分别记作MT和PC，煤炭采用0.7143标准煤折算系数计算，电力采用1.229折算系数计算。数据来源于《中国能源统计年鉴》。

具体的解释变量和被解释变量的描述统计量见表3-4。

表3-4　变量及指标说明

变量名称	变量含义	变量符号	数据来源
能源消费强度	单位GDP能耗（单位：吨标准煤/万元）	EI	《中国能源统计年鉴》
经济发展水平	地区生产总值（单位：亿元）	GDP	国家统计局
人口规模	年末常住人口（单位：万人）	PS	《新中国六十年统计资料汇编》
产业结构	第二产业增加值占GDP的比重	SE	国家统计局
	第三产业增加值占GDP的比重	TH	
技术进步	R&D活动中的研究与实验发展经费支出	R&D	《中国科技统计年鉴》
对外开放程度	外商投资企业的投资总额	FDI	国研网
能源消费结构	煤炭消费量占能源消费总量比重	MT	《中国能源统计年鉴》
	电力消费量占能源消费总量比重	PC	

3.5.2　空间面板数据模型

（1）模型种类

面板数据结合了截面数据和时间序列的优点，能够同时分析多年份、多因素的数据。选取面板数据模型分析，可以客观、科学地反映变量间的关系，在分析能源消费强度影响因素时，它是比较常用的模型。选取30个省份的数据进行研究分析，在空间位置的分布上这些数据是不同的，研究发现，各省份的数据在地理位置上具有相关性，部分省份存在差异性，空间数据模型可以同时分析这两方面的性质，因此选取面板数据模型进行分析。

一般空间面板数据模型有以下三种：

①空间滞后模型（SLM）

$$y_{it} = \alpha + \rho\sum_{i=1}^{n} w_{ij}y_{ij} + \beta x_{it} + \mu_i + \lambda_t + \varepsilon_{it} \tag{3-4}$$

②空间误差模型（SEM）

$$y_{it} = \alpha + \beta x_{it} + \mu_i + \lambda_t + \rho \sum_{j=1}^{n} w_{ij} \phi_{it} + \varepsilon_{it} \tag{3-5}$$

③空间杜宾模型（SDM）

$$y_{it} = \alpha + \rho \sum_{j=1}^{n} w_{ij} y_{jt} + \beta x_{it} + \sum_{j=1}^{n} w_{ij} x_{jt}\theta + \mu_i + \lambda_t + \varepsilon_{it} \tag{3-6}$$

（2）空间计量模型设定

根据研究变量的选取建立以下模型：

①空间滞后模型（SLM）

$$\begin{aligned} \ln EI_{it} = {} & \alpha + \rho \sum_{i=1}^{n} w_{ij} \ln EI_{ij} + \beta_1 \ln GDP_{it} + \beta_2 \ln PS_{it} + \beta_3 \ln SE_{it} + \beta_4 \ln TH_{it} \\ & + \beta_5 \ln R\&D_{it} + \beta_6 \ln FDI_{it} + \beta_7 \ln MT_{it} + \beta_8 \ln PC_{it} + \mu_i + \lambda_t + \varepsilon_{it} \end{aligned} \tag{3-7}$$

式中：EI——能源消费强度；ρ——空间回归系数；w_{ij}——n × n阶的空间权重矩阵；GDP——地区生产总值；PS——年末常住人口；SE——第二产业增加值占GDP的比重；TH——第三产业增加值占GDP的比重；R&D——研究与实验发展经费支出；FDI——外商投资总额；MT——煤炭能源消耗量占能源消费总量的比重；PC——电力能源消耗量占能源消费总量的比重；μ，λ，ε——随机误差项。

②空间误差模型（SEM）

$$\begin{aligned} \ln EI_{it} = {} & \alpha + \beta_1 \ln GDP_{it} + \beta_2 \ln PS_{it} + \beta_3 \ln SE_{it} + \beta_4 \ln TH_{it} + \beta_5 \ln R\&D_{it} \\ & + \beta_6 \ln FDI_{it} + \beta_7 \ln MT_{it} + \beta_8 \ln PC_{it} + \rho \sum_{j=1}^{n} w_{ij} \phi_{it} + \lambda_t + \mu_i + \varepsilon_{it} \end{aligned} \tag{3-8}$$

③空间杜宾模型（SDM）

$$\begin{aligned} \ln EI_{it} = {} & \alpha + \rho \sum_{j=1}^{n} w_{ij} \ln EI_{jt} + \beta_1 \ln GDP_{it} + \beta_2 \ln PS_{it} + \beta_3 \ln SE_{it} + \beta_4 \ln TH_{it} + \\ & \beta_5 \ln R\&D_{it} + \beta_6 \ln FDI_{it} + \beta_7 \ln MT_{it} + \beta_8 \ln PC_{it} + \theta_1 \sum_{j=1}^{n} w_{ij} \ln EI_{ijt} + \\ & \theta_2 \sum_{j=1}^{n} w_{ij} \ln GDP_{ijt} + \theta_3 \sum_{j=1}^{n} w_{ij} \ln PS_{ijt} + \theta_4 \sum_{j=1}^{n} w_{ij} \ln SE_{ijt} + \theta_5 \sum_{j=1}^{n} w_{ij} \ln TH_{ijt} + \\ & \theta_6 \sum_{j=1}^{n} w_{ij} \ln R\&D_{ijt} + \theta_7 \sum_{j=1}^{n} w_{ij} \ln FDI_{ijt} + \theta_8 \sum_{j=1}^{n} w_{ij} \ln MT_{ijt} + \theta_9 \sum_{j=1}^{n} w_{ij} \ln PC_{ijt} + \\ & \mu_i + \lambda_t + \varepsilon_{it} \end{aligned} \tag{3-9}$$

3.5.3 面板数据模型的检验与选择

（1）描述性统计

能源消费强度EI的观测值有660个，均值为1.67753，标准差为0.97004，最小值为0.47，最大值为5.29。地区生产总值GDP的观测值有660个，均值为9 049.922，标准差为10 008.86，最小值为202.8，最大值为6 5924.79。地区人口数PS的观测值有660个，均值为4 364.928，标准差为2641.102，最小值为495.6，最大值为11346。第二产业增加值占地区GDP的比重SE的观测值有660个，均值为0.4295455，标准差为0.0798373，最小值为0.17，最大值为0.62。第三业增加值占地区GDP的比重TH的观测值有660个，均值为0.4379394，标准差为0.0869636，最小值为0.25，最大值为0.83。技术进步R&D的观测值有660个，均值为156.4423，标准差为254.0933，最小值为0.71，最大值为1 784.04。外商直接投资FDI的观测值有660个，均值为650.9699，标准差为1 200.514，最小值为2.44，最大值为12 687.36。煤炭消费占能源消费总量比例MT的观测值有660个，平均值为0.6864394，标准差为0.2618138，最小值为0.03，最大值为1.73。电力消费量占能源消费总量比重PC的观测值有660个，均值为0.1317273，标准差为0.0376073，最小值为0.06，最大值为0.26（见表3-5）。

表3-5 变量描述性统计表

Variable	Obs	Mean	Std. Dev	Min	Max
EI	660	1.67753	0.97004	0.47	5.29
GDP	660	9 049.922	10 008.86	202.8	65 924.79
PS	660	4 364.928	2 641.102	495.6	11 346
SE	660	0.4295455	0.0798373	0.17	0.62
TH	660	0.4379394	0.0869636	0.25	0.83
R&D	660	156.4423	254.0933	0.71	1 784.04
FDI	660	650.9699	1 200.514	2.44	12 687.36
MT	660	0.6864394	0.2618138	0.03	1.73
PC	660	0.1317273	0.0376073	0.06	0.26

（2）相关性分析

表3-6反映了变量之间的相关性，都通过1%显著性水平检验，能源消费强度EI和第二产业增加值在地区GDP中所占比重SE、煤炭能源消耗量占能源消费总量的比重MT呈现正相关，能源消费强度EI与地区生产总值GDP、年末常住人口PS、第三产业增加值占地区GDP的比重TH、外商投资总额FDI、研究与实验发展经费支出R&D、电力能源消耗量占能源消费总量的比重PC呈现负相关。

表3-6 变量相关性分析表

	lnEI	lnGDP	lnPS	lnSE	lnTH	lnR&D	lnFDI	lnMT	lnPC
lnEI	1.00								
lnGDP	-0.69***	1.00							
lnPS	-0.39***	0.72***	1.00						
lnSE	0.13***	0.30***	0.41***	1.00					
lnTH	-0.31***	0.13***	-0.38***	-0.62***	1.00				
lnR&D	-0.65***	0.93***	0.54***	0.24***	0.32***	1.00			
lnFDI	-0.79***	0.83***	0.44***	0.131***	0.29***	0.82***	1.00		
lnMT	0.52***	-0.13***	0.15***	0.49***	-0.52***	-0.21***	-0.36***	1.00	
lnPC	-0.39***	0.31***	-0.06	-0.03	0.40***	0.34***	0.35***	-0.29***	1.00

注：***、**和*分别表示1%、5%和10%的显著性水平。

（3）LM检验

利用Stata15.0对构建的空间模型进行LM值与稳健的LM值检验。能源消费强度的相关性检验结果见表3-7。

表3-7 空间滞后与空间误差模型的LM检验

空间依赖性检验	统计量	P值
Spatial Lag Model LM	5.743	0.047
Spatial Lag Model LM Robust	5.753	0.016
Spatial Error Model LM	0.769	0.38
Spatial Error Model LM Robust	0.780	0.377

表3-7能源消费强度相关性检验结果数据表明，能源消费强度的LM lag值通过5%的显著性检验，且稳健的LM lag显著，LM error没有通过显著性检验，说明选取空间滞后模型进行分析，结果将会更准确，因此选定空间滞后固定效应模型。

3.5.4 空间滞后模型分析

列出空间滞后模型三种效应下的估计结果，见表3-8，时间固定效应的最大似然值的对数值最小，其次时间固定效应的R^2值为0.7007，时空双固定效应的R^2值为0.7794，都小于空间固定效应的R^2值，表明运用空间固定效应进行分析，得出的结果将会更准确。

表3-8 空间滞后模型三种效应的估计结果

变量	空间固定效应	时间固定效应	时空固定效应
lnGDP	-0.350***	-0.350**	-0.554***
	(-6.13)	(-2.26)	(-2.97)
lnPS	0.647**	0.174*	0.678**
	(2.30)	(1.69)	(2.40)
lnSE	0.575***	0.907***	0.637***
	(4.06)	(3.84)	(3.94)
lnTH	0.00128	0.927***	0.103
	(0.01)	(3.12)	(0.52)
lnR&D	0.0808**	-0.0544	0.0864**
	(2.25)	(-0.81)	(2.33)
lnFDI	0.0404	-0.0299	0.0368
	(1.57)	(-0.83)	(1.50)
lnMT	0.222***	0.270***	0.217***
	(3.18)	(2.81)	(3.17)
lnPC	-0.254*	-0.165	-0.198
	(-1.73)	(-1.31)	(-1.31)
ρ	0.2868167***	0.4366273***	0.770612
	(3.67)	(4.33)	(0.89)
Log L	562.3515	68.4888	591.3959
R-squared	0.8107	0.7007	0.7794

注：***，**和*分别表示1%、5%和10%的显著性水平。

（1）直接效应分析

我国30个省份能源消费强度影响因素的直接、间接效应及总效应估计结果见表3-9，可以看出直接效应和间接效应的系数是不同的。

表3-9 直接、间接及总效应的估计结果

变量	回归系数	直接效应	间接效应	总效应
lnGDP	-0.350***	-0.360***	-0.140***	-0.500***
	(-6.13)	(-7.26)	(-2.71)	(-5.89)
lnPS	0.647**	0.686**	0.270	0.956**
	(2.30)	(2.14)	(1.59)	(2.05)
lnSE	0.575***	0.600***	0.233**	0.833***
	(4.06)	(3.77)	(2.17)	(3.46)
lnTH	0.00128	0.0112	0.0122	0.0235
	(0.01)	(0.06)	(0.16)	(0.09)
lnR&D	0.0808**	0.0861***	0.0331**	0.119***
	(2.25)	(2.60)	(2.08)	(2.60)
lnFDI	0.0404	0.0441	0.0184	0.0625
	(1.57	(1.64)	(1.28)	(1.56)
lnMT	0.222***	0.230***	0.0927*	0.322***
	(3.18)	(2.86)	(1.78)	(2.56)
lnPC	-0.254*	-0.285*	-0.104	-0.389*
	(-1.73)	(-1.81)	(-1.56)	(-1.83)
ρ	0.2868167***	—	—	—
	(3.67)	—	—	—
Log L	562.3515	—	—	—
R-squared	0.8107	—	—	—

注：***、**和*分别表示1%、5%和10%的显著性水平。

①经济发展水平

GDP参数估计为-0.36，变量系数为负值且显著，说明GDP的增加降低了能源消费强度，即地区生产总值每提高1%，能源消费强度就会降低0.36%。这说明经济发展水平的提高可以促进能源消费强度的降低，对于北部和西部存在高能耗的省份，提高地区生产总值是降低能源消费强度的有效途径。

②人口规模

PS参数估计为0.686，且通过5%的显著性检验，说明人口数量的增加对能源消费强度有正相关关系。随着人口数量的增加，能源消费需求也将提高，能源消费强度随之上升。我国人口众多，通过降低人口数量来降低能源强度并不可行，可以通过普及“节能减排”的理念，倡导节约资源，减少资源的浪费，减少人均能耗，进而降低能源消费强度。

③产业结构

从模型参数估计来看，SE参数估计为0.600，且通过1%的显著性检验，SE提高了能源消费强度，TH对能源消费强度的影响不显著。总的来看，产业结构对能源消费强度是正向影响，直接效应为0.6，即本地区第二产业增加值占GDP的比重每增加1个百分点，能源消费强度就会升高0.6个百分点。这一结果和能源消费强度时空分异特征相符合，东部地区第一、二产业占比低，第三产业占比较高，经济附加值高，产业结构更合理，因此能源消费强度也低。从产业结构角度看，优化第一、二、三产业结构，提高第三产业比重，降低第二产业占比，降低第二产业能源消耗，才能实现能源消费强度的降低。

④技术进步

R&D参数系数为正，说明R&D的增加促进了能源消费强度的提高。直接效应为0.0861，即研究与实验发展经费支出每提高1%，能源消费强度就会升高0.0861%。这一结果表明新技术开发投入了大量能源，导致了能源消费强度增加。

⑤对外开放程度

反映对外开放程度的变量没有通过显著性检验，说明外商投资总额的增加并没有对我国能源消费强度的降低产生明显的作用。一方面，相较于之前低水平的经济产出效率，外商直接投资给我国带来了先进的清洁技术，在提高经济发展水平的同时，减少了能源消耗；另一方面，外商投资将一些落后、淘汰的产业转移到我国，虽然也带来了更多的资金流入、更多的贸易机会和更快的经济增长，但是以牺牲当地资源、环境为代价谋求经济上的发展，因此，外商投资的增加并没有对能源消费强度降低起到明显的效果。

⑥能源消费结构

MT对能源消费强度有显著的正向影响，其在模型的直接效应为0.23，即本地区煤炭消费量占能源消费总量的比重提高1%，能源消费强度就会升高0.23%。电力占能源消费总量的比重对能源消费强度有显著的负向效应，通过了10%的显著性检验，其在模型得到的直接效应为-0.285，即本地区电力消费量占能源消费总量的比重提高1%，能源消费强度就会降低0.285%。这表明电力消费量占能源消费总量比重越大，能源消费强度也就越低。这一结果与我国能源消费强度空间分布的分析结果一致，山西等煤炭大省，各产业发展过程中，相较于其他能源，煤炭消费量大，能源消费强度普遍较高。而电力能源相对煤炭而言，转化效率更高，更清洁，近年来风能、水能、核能等新能源的发电量不断增加，也在一定程度上降低了能源消费强度。

综上所述，经济增长和能源结构的优化都能有效降低我国能源消费强度，人口规模的扩大、产业结构的不合理、技术进步使得能源消费强度提高了，外商投资的增加对能源消费强度的降低效果不明显。

（2）间接效应分析

能源消费强度时空分异特征结果表明能源消费强度存在空间依赖性，一个省份的能源消费强度不仅受到本省份各种因素的影响，也受到周边省份的影响。从表3-9估计结果看：

① 各省份能源消费强度存在空间溢出效应，且空间滞后模型的ρ通过1%显著性水平检验，表明周边省份能源消费强度的增加也会导致本省份能源消费强度的增加。ρ值为0.2868，说明附近省份能源强度每提高1个百分点，本省份的能源消费强度受到溢出效应影响将增加0.29个百分点。

② 经济发展水平：代表经济发展水平的变量（GDP）系数为负值，通过了1%的显著性水平检验，说明经济的发展不仅能够降低本省份能源消费强度，也带动周边省份能源消费强度的降低。

③ 产业结构：从参数结果来看，SE间接效应为0.233，即相邻省份第二产业增加值占地区GDP的比重每提高1个百分点，本省份能源消费强度就会升高0.233个百分点。

④ 技术进步：R&D通过5%显著性检验，其间接效应为0.0331，即相邻地区R&D每提高1%，会导致本地区能源消费强度升高0.0331%。

⑤ 能源消费结构：煤炭占能源消费总量的比重对能源消费强度的影响有显著的正向效应，在10%显著性水平下通过了检验，其间接效应为0.0927，即相邻地区煤炭消费量占能源消费总量的比重提高1%，会导致本地区能源消费强度升高0.0927%。

此外，人口规模、第三产业增加值占GDP比重、对外开放度、电力消费量占能源消费总量的比重等因素对能源消费强度的空间溢出效应不明显。这是由于我国各省份幅员辽阔，行政区划界限明显，经济发达的东南沿海地区的中心城市很难辐射到经济落后的西部和北部地区。受管理理念、发展阶段的限制，当地政策的出台往往因地制宜，难以给周边地区带来好处。此外，当地政府往往独立运作，地区之间缺乏合作，不同省份之间的竞争是普遍的，区域之间存在壁垒，因此区域间政府合作很难达成，溢出效应难以发挥作用。

该部分选择每个省份的能源消费强度为被解释变量，基于1997—2018年30个省份（不包括西藏地区和港澳台地区）的面板数据，建立空间滞后模型，分析能源消费强度的影响因素，研究结论如下：

① 从直接效应来看，经济增长和能源结构的优化都能有效降低我国能源消费强度，人口规模的扩大、产业结构的不合理、技术进步使得能源消费强度提高了，外商投资的增加对能源消费强度的降低效果不明显。

② 从间接效应来看，经济发展水平、技术进步、第二产业增加值占GDP比重、煤炭消费量占能源消费总量比重均通过了显著性检验；人口规模、第三产业增加值占GDP比重、对外开放度、电力消费量占能源消费总量比重等因素对能源消费强度的空间溢出效应不明显[148]。

3.6 煤炭消费对碳排放的影响

3.6.1 我国煤炭消费与碳排放现状

（1）煤炭消费现状分析

作为我国最主要的一次能源，煤炭在国民经济发展过程中具有重要的作用。近年来，受火电需求坚挺、现代煤化工快速发展等因素影响，四大行业耗煤量占煤炭消费总量的比重不断增加，由2015年的82.2%增加到2020年1—10月的90.1%，提高了8个百分点，2020年1—10月，电力行业耗煤占煤炭消费总量的52.4%，超过行业的一半，我国电力行业煤炭消费的比例不断提高，见表3-10。

表3-10 2015年至2020年1—10月主要用煤行业煤炭消费结构（%）

行业	2015年	2016年	2017年	2018年	2019年	2020年1—10月
电力	46.8	48.6	50.7	52.6	52.7	52.4
钢铁	15.8	16.0	16.0	15.7	16.1	17.3
建材	13.2	13.5	13.0	12.8	13.1	13.0
化工	6.4	6.7	7.0	7.2	7.3	7.5
其他	17.8	15.2	13.3	11.7	10.8	9.9

数据来源：前瞻数据库。

2020年，疫情使得国内部分工业企业阶段性停工停产，受此影响，前10月全社会用电量增速下降，随着复工复产，发电量逐步回温，经济运行稳步复苏是用电量增速回升的最主要原因。截至2020年10月底，全国发电装机容量21.0亿kW，同比增长6.3%。水电3.7亿kW，同比增长2.9%。其中，常规水电3.3亿kW，同比增长2.8%。火电12.3亿kW，同比增长3.9%。其中，燃煤发电10.7亿kW，同比增长3.0%，燃气发电9 713万kW，同比增长8.0%。可以看出燃煤发电仍然是我国发电的巨头。

由图3-10可知，2000—2018年我国的煤炭消费量呈现出先上升后下降的趋势。

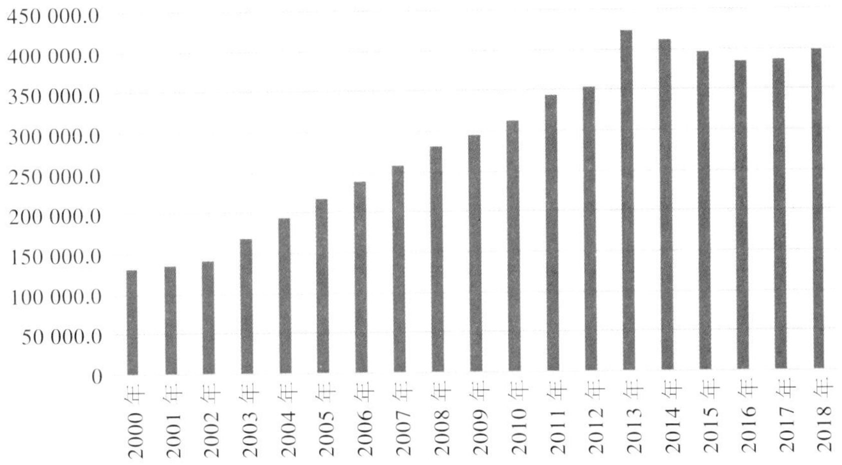

图3-10　煤炭消费总量

数据来源：中国碳核算数据库。

我国煤炭消费总量总体呈上升趋势，其中自2013年开始回落，原因是国家加大了大气污染治理力度，抑制了煤炭需求。统计数据显示，国家加快对环境的治理，鼓励使用清洁能源，天然气进口持续增加，通过燃气发电代替燃煤发电，这使得我国的煤炭消费峰值提前到来。

（2）煤炭消费对碳排放的影响

我国煤炭消费的比例如图3-11所示。我国碳排放总量一直处于不断增加的状态，主要是能源的大量消耗以及能源消费结构中占比最大的煤炭所带来的影响。由图3-11可知，在能源消费中，2008年前，煤炭的消费比重呈下降趋势，2008年出现转折，受2008年金融危机的影响，我国对煤炭消费的政策略有放松，政策收紧后又呈现下降的趋势。

当前我国的原煤消费排放量仍然占我国碳排放量的50%左右。如图3-12所示，我国原煤的二氧化碳排放量是逐年递增的，于2013年呈下降的趋势，主要是因为城市“十二五”规划要求年均碳强度下降。各企业积极响应，使得我国碳排放量平稳下降。

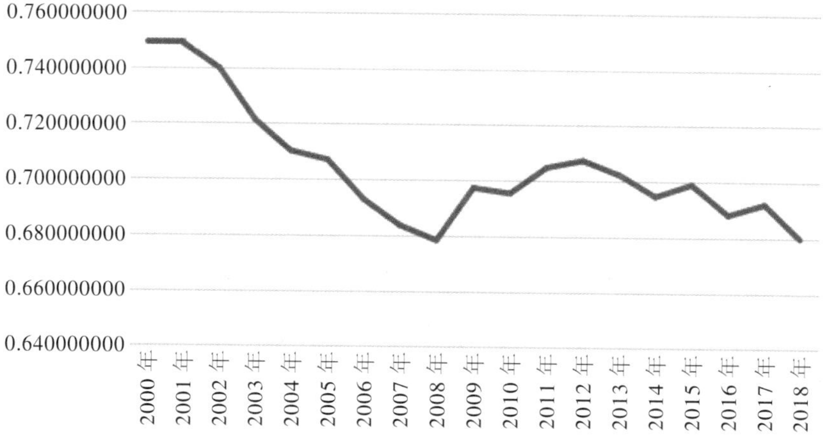

图3-11 煤炭消费比例

数据来源：中国碳核算数据库。

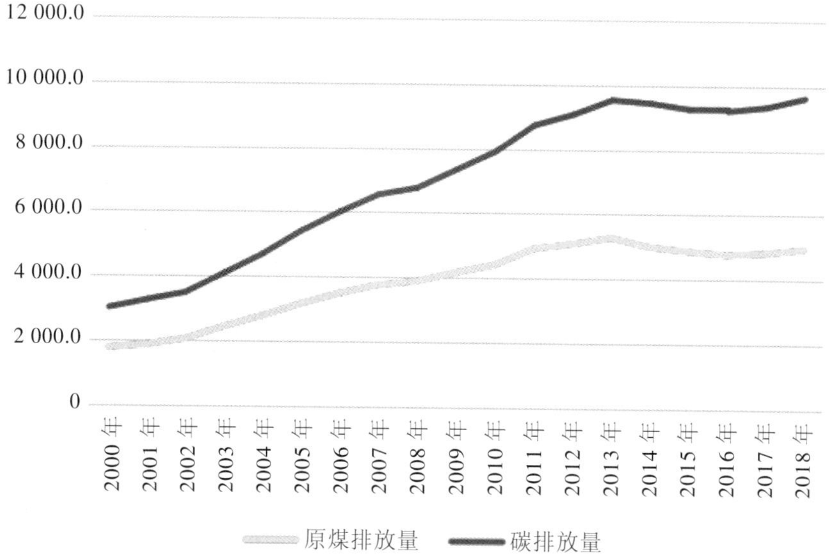

图3-12 碳排放中的原煤消费排放量

数据来源：前瞻数据库。

（3）煤炭产量和煤炭消费省域现状分析

2005年我国煤炭生产的主要地区为山西、内蒙古、山东、陕西，山西和内蒙古分别占据2005年、2019年首位。煤炭在一次能源产量中的占比从2015年的78.2%下降到2019年的69.7%，煤炭消费总量从

2015年的68.2%下降到2019年的58.0%，煤炭生产以及消费的占比正在逐年降低，见表3-11。

表3-11 2005年和2019年我国煤炭产量和消费量占比 单位：万吨

	产量	2005			2019			
		占比	消费量	占比	产量	占比	消费量	占比
北京	945	0.43%	3 069	1.16%	255	0.07%	490	0.11%
天津	0	0.00%	3 201	1.44%	0	0.00%	3 876	0.89%
河北	2 639	3.89%	20 542	7.79%	6 020	1.71%	27 417	6.32%
山西	55 426	24.99%	25 681	9.73%	87 221	24.70%	42 942	9.90%
内蒙古	25 608	11.54%	13 922	5.28%	90 597	25.66%	38 596	8.90%
辽宁	6 641	2.99%	13 070	4.95%	3 630	1.03%	17 587	4.06%
吉林	2 715	1.22%	6 802	2.58%	1 639	0.46%	9 355	2.16%
黑龙江	9 737	4.39%	8 560	3.24%	6 196	1.75%	14 469	3.34%
江苏	2 212	1.27%	5 325	2.02%	1 272	0.36%	4 577	1.06%
浙江	44	0.02%	16 779	6.36%	0	0.00%	26 620	6.14%
安徽	2 635	3.89%	9 681	3.67%	11 424	3.24%	14 262	3.29%
福建	2 000	0.90%	8 340	3.16%	1 130	0.32%	16 100	3.71%
江西	2 565	1.16%	4 857	1.34%	939	0.27%	7 543	1.74%
山东	14 030	6.32%	4 243	1.61%	13 160	3.73%	7 761	1.79%
河南	12 761	3.467%	25 248	9.57%	11 751	3.33%	38 165	3.30%
湖北	778	0.35%	12 462	7.00%	316	0.09%	22 685	5.23%
湖南	6 904	3.11%	2 653	3.28%	1 938	0.55%	11 777	2.72%
广东	477	0.22%	8 739	3.31%	0	0.00%	12 405	2.86%
广西	700	0.32%	9 942	3.77%	443	0.13%	17 172	3.96%
重庆	3 400	1.53%	3 734	1.42%	1 194	0.34%	6 613	1.53%
四川	7 905	3.56%	3 335	1.26%	4 799	1.36%	5 647	1.30%
贵州	10 615	4.79%	7 792	2.95%	16 344	4.63%	7 856	1.81%
云南	6 462	2.91%	3 651	3.28%	4 675	1.32%	13 671	3.15%
西藏	0	0.00%	6 682	2.53%	0	0.00%	7 211	1.66%
陕西	15 246	6.87%	6 049	2.29%	57 102	16.17%	20 100	4.64%
甘南	3 620	1.63%	3 751	1.42%	3 738	1.06%	6 361	1.47%
青海	555	0.25%	699	0.26%	842	0.24%	1 747	0.40%
宁夏	2 660	1.20%	3 249	1.23%	7 644	2.16%	11 053	2.55%
新疆	3 942	1.78%	3 360	1.46%	13 730	5.32%	13 409	4.25%
海南	0	0.00%	342	0.13%	0	0.00%	1 099	0.25%

数据来源：前瞻数据库。

（4）煤炭消费中煤炭发电对碳排放的影响

电能消耗不会产生排放，但是要充分地考虑电能产生的过程，火力发电过程中存在煤炭的消耗，同时伴随着二氧化碳的生成，煤炭的开采过程中存在开采气体的排放，这些都是影响环境的重要因素。当前，可以利用水力发电、风力发电等清洁能源发电方式，但是这些发电方式受到天气等影响，具有强烈的不稳定性，这就说明当前发电的方式还会以燃煤发电为主。我国目前以燃煤发电为主，长期运用煤炭发电，电力行业发电产生的气体排放是影响大气环境的主要原因，因此电能在我国尚不是清洁能源。

由图 3-13 可看出我国的煤炭发电量是逐年递增的，近几年，随着科技的发展与进步，一些风力发电应用到发电行业中，减缓了燃煤发电的压力。但是我国的发电方式仍然还是以燃煤发电为主，对环境的影响仍然较大。

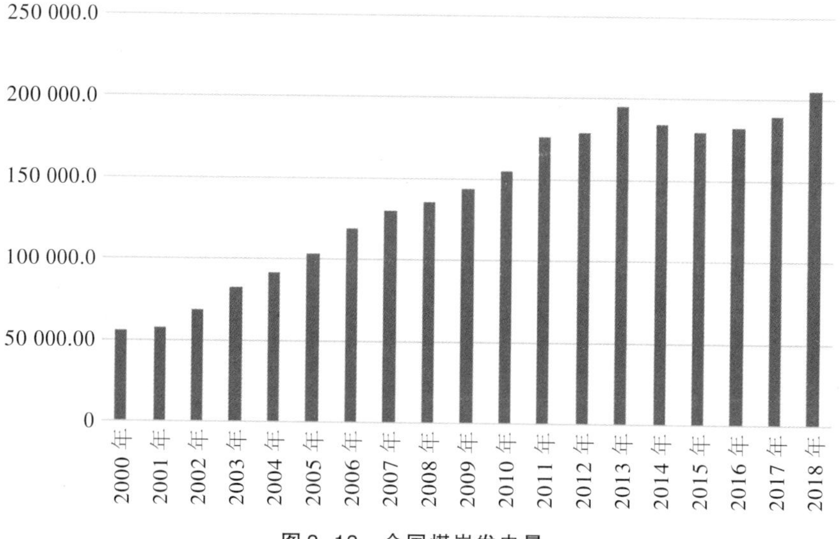

图 3-13 全国煤炭发电量

数据来源：前瞻数据库。

3.6.2 煤炭消费对碳排放回归分析

（1）研究假设及计量模型构建

① 研究假设

煤炭消费对碳排放是否会有影响？通过引入中介效应模型，以煤炭发电为中介，分析煤炭消费对碳排放的影响，再分析煤炭消费和煤炭发电对碳排放的影响，分析是否存在完全中介效应。据此，提出以下假设：

H_1：煤炭消费对碳排放有影响。

H_2：煤炭消费对煤炭发电有影响。

H_3：煤炭发电作为中介变量，引入煤炭发电量。以煤炭发电为中介，可能存在完全中介效应。

② 数据样本选取

选取2000—2018年的碳排放量、煤炭发电量以及煤炭消费量，用计量检验的方法论证碳排放量和煤炭消费量之间的关系。煤炭发电对碳排放有直接的影响，分析煤炭消费量、煤炭发电量以及碳排放量的关系。为此，选择煤炭消费量为自变量，选择碳排放值为因变量。数据来自前瞻数据库、国家统计局数据库、中国碳核算数据库等。

③计量模型构建

为进一步研究煤炭消费对碳排放的影响，建立计量经济学模型：

$$Y=b_0+b_1X_1+b_2X_2+u$$

式中，Y——碳排放量；X_1——煤炭发电量；X_2——煤炭消费量。相关数据见表3-12。

表3-12　2000—2018年碳排放和煤炭消费量相关数据

年份	碳排放（百万吨）	煤炭发电量（万吨）	煤炭消费总量（万吨）
2000	3 003.4	55 811.2	132 000.0
2001	3 250.1	57 687.9	135 000.1
2002	3 472.1	68 600.0	141 600.5
2003	4 085.6	81 976.5	169 232.0
2004	4 680.4	91 961.6	193 596.0
2005	5 401.1	103 263.5	216 723.0
2006	6 008.7	118 763.9	239 217.0

续表

年份	碳排放（百万吨）	煤炭发电量（万吨）	煤炭消费总量（万吨）
2007	6 546.3	130 548.8	258 641.0
2008	6 761.0	135 351.7	281 095.9
2009	7 333.7	143 967.3	295 833.1
2010	7 904.5	154 542.5	312 236.5
2011	8 741.6	175 578.5	342 950.2
2012	9 080.5	178 531.0	352 647.1
2013	9 534.2	195 177.4	424 425.9
2014	9 438.4	184 525.3	412 000.0
2015	9 265.1	179 318.0	396 000.0
2016	9 217.1	182 665.7	384 560.3
2017	9 339.0	190 024.7	385 723.3
2018	9 621.1	205 197.3	397 452.0

数据来源：中国碳核算数据库，前瞻数据库。

（2）平稳性检验

采用的数据为时间序列数据，为防止出现不稳定序列以及伪相关的现象，首先进行平稳性检验。先采用ADF检验序列的平稳性，检验数据是否平稳，再进行伪相关检验看回归是否是伪相关。

经过计量模型检验，这三组数据同时通过2阶平稳性检验，其结果见表3-13。

表3-13 **平稳性检验**

变量	P值	结论
Y	0.0017	2阶平稳
X_1	0.0001	2阶平稳
X_2	0.0001	2阶平稳

注：通过平稳性检验可以看出P值都在0.01以下，通过平稳性检验。

（3）多元回归分析

①煤炭消费对碳排放影响的回归分析

对碳排放量和煤炭消费量进行回归分析，检验结果见表3-14。

表3-14 煤炭消费对碳排放回归分析

Dependent Variable：Y				
Method：Least Squares				
Date：05/31/21 Time：12：58				
Sample：2000 2018				
Included observations：19				
Variable	Coefficient	Std. Error	t-Statistic	Prob.
C	236.1525	221.4315	1.066481	0.3011
X_2	0.023432	0.000727	32.20967	0.0000
R-squared	0.983878	Mean dependent var		6 983.363
Adjusted R-squared	0.982930	S.D. dependent var		2 394.417
S.E. of regression	312.8386	Akaike info criterion		14.42855
Sum squared resid	1663756.	Schwarz criterion		14.52797
Log likelihood	-135.0713	Hannan-Quinn criter.		14.44538
F-statistic	1037.463	Durbin-Watson stat		1.164349
Prob（F-statistic）	0.000000			

从表3-14中可得出：

$Y_1=0.023432X_2+236.1525$

可见煤炭消费量和碳排放存在正相关关系，煤炭消费量对碳排放存在显著影响，煤炭消费量的增加会使得碳排放增加。

进行伪相关检验，检验结果见表3-15。

表3-15 煤炭消费对碳排放的伪相关检验

Null Hypothesis：D（RESID）has a unit root				
Exogenous：None				
Lag Length：0（Automatic - based on SIC，maxlag=3）				
			t-Statistic	Prob.
Augmented Dickey-Fuller test statistic			-4.608580	0.0001
Test critical values：	1% level		-2.708094	
	5% level		-1.962813	
	10% level		-1.606129	

②煤炭消费对煤炭发电影响的回归分析

煤炭消费对煤炭发电影响的回归结果见表3-16。

表3-16 煤炭消费对煤炭发电的回归分析

Dependent Variable：X_1				
Method：Least Squares				
Date：06/13/21 Time：22：06				
Sample：2000 2018				
Included observations：19				
Variable	Coefficient	Std. Error	t-Statistic	Prob.
C	-1285.322	5 397.612	-0.238128	0.8146
X_2	0.485825	0.017733	27.39599	0.0000
R-squared	0.977851	Mean dependent var		138 604.9
Adjusted R-squared	0.976548	S.D. dependent var		49 796.29
S.E. of regression	7625.752	Akaike info criterion		20.81575
Sum squared resid	9.89E+08	Schwarz criterion		20.91516
Log likelihood	-195.7496	Hannan-Quinn criter.		20.83258
F-statistic	750.5402	Durbin-Watson stat		0.760041
Prob（F-statistic）	0.000000			

从表3-16中可得出煤炭发电和煤炭消费的关系：

$X_1=0.485825X_2-1285.322$

可知煤炭消费对煤炭发电具有显著影响。

进行伪相关检验，检验结果见表3-17。

表3-17 煤炭消费对煤炭发电伪相关检验

Null Hypothesis：D（E，2）has a unit root				
Exogenous：Constant				
Lag Length：0 （Automatic - based on SIC， maxlag=3）				
			t-Statistic	Prob.*
Augmented Dickey-Fuller test statistic			-4.186276	0.0060
Test critical values：	1% level		-3.920350	

续表

	5% level		-3.065585	
	10% level		-2.673459	
Variable	Coefficient	Std. Error	t-Statistic	Prob.
D（E（-1），2）	-1.087055	0.259671	-4.186276	0.0009
C	145.2502	1 949.999	0.074487	0.9417
R-squared	0.555907	Mean dependent var		-287.8601
Adjusted R-squared	0.524186	S.D. dependent var		11 291.81
S.E. of regression	7789.008	Akaike info criterion		20.87528
Sum squared resid	8.49E+08	Schwarz criterion		20.97186
Log likelihood	-165.0023	Hannan-Quinn criter.		20.88023
F-statistic	17.52491	Durbin-Watson stat		1.868696
Prob（F-statistic）	0.000915			

从表3-17可知回归通过检验。

③电力行业煤炭消费的中介效应

对碳排放量、煤炭发电以及煤炭消费进行回归分析，结果见表3-18。

表3-18　　煤炭消费对煤炭发电与碳排放进行回归分析

Dependent Variable：Y				
Method：Least Squares				
Date：05/31/21 Time：13：13				
Sample：2000 2018				
Included observations：19				
Variable	Coefficient	Std. Error	t-Statistic	Prob.
C	280.0232	126.8351	2.207773	0.0422
X_1	0.034132	0.005690	5.998916	0.0000

续表

X_2	0.006850	0.002795	2.450573	0.0261
R-squared	0.995038	Mean dependent var		6 983.363
AdjustedR-squared	0.994418	S.D. dependent var		2 394.417
S.E.of regression	178.8947	Akaike info criterion		13.35541
Sumsquared resid	512053.0	Schwarz criterion		13.50453
Log likelihood	-123.8764	Hannan-Quinn criter.		13.38065
F-statistic	1 604.304	Durbin-Watson stat		1.621636
Prob（F-statistic）	0.000000			

从表3-18中可得出：

Y_2=0.006850X_2+0.034132X_1+280.0232

与Y_1相比较，煤炭发电量的介入使得煤炭消费的影响变小。

进行伪相关检验，检验结果见表3-19。

表3-19　　煤炭消费对煤炭发电与碳排放伪相关检验

Null Hypothesis：D（RESID） has a unit root				
Exogenous：None				
Lag Length：3（Automatic - based on SIC，maxlag=3）				
			t-Statistic	Prob.
Augmented Dickey-Fuller test statistic			-4.229268	0.0004
Testcriticalvalues：	1% level		-2.740613	
	5% level		-1.968430	
	10% level		-1.604392	
Variable	Coefficient	Std. Error	t-Statistic	Prob.
D（RESID（-1））	-4.541612	1.073853	-4.229268	0.0017
D（RESID（-1），2）	2.617448	0.866103	3.022098	0.0128

续表

D（RESID（-2），2）	1.716521	0.589698	2.910849	0.0155
D（RESID（-3），2）	0.725837	0.295919	2.452820	0.0341
R-squared	0.821301	Mean dependent var		-28.80046
AdjustedR-squared	0.767691	S.D. dependent var		384.6184
S.E. of regression	185.3800	Akaike info criterion		13.51765
Sumsquared resid	343657.6	Schwarz criterion		13.70024
Log likelihood	-90.62355	Hannan-Quinn criter.		13.50075
Durbin-Watsonstat	1.560064			

从表3-19可知回归通过检验。

通过上述论证分析，煤炭消费量的增加直接影响了碳排放的增加，得出的回归方程为 $Y_1=0.023432X_2+236.1525$，煤炭消费量与碳排放之间呈正相关关系，煤炭消费量的增加会使得碳排放量增加。我国的碳排放中煤炭的消费量占到50%以上，同时大部分的煤炭产业的煤炭消费都伴随CO_2的生成。

通过将煤炭发电作为中介，研究煤炭消费与碳排放的关系，得出回归方程 $Y_2=0.006850X_2+0.034132X_1+280.0232$。将煤炭消费量对碳排放量进行回归分析，回归系数显著；将煤炭消费对煤炭发电量进行回归分析，回归系数显著；将煤炭消费量和煤炭发电量对碳排放量进行回归分析，两个自变量回归系数同样呈现出显著的趋势，说明煤炭消费作为中间变量发挥中介效应作用。我国的煤炭消费主要用于发电，而煤炭发电环节又是产生CO_2排放的直接原因，这也就解释了煤炭消费对碳排放产生了最直接的影响。

3.7 降低我国能源消费强度的对策

根据上述相关实证研究，我们提出降低我国能源消费强度的对策如下：

3.7.1 深化能源体制改革

目前，我国能源市场化改革相对滞后，行业市场主体不规范、价格机制不健全等问题制约了能源消费强度的降低。“十四五”期间，我国要实现高质量发展，必须继续加快推进能源体制改革。一是有序推进电力等行业体制改革，提升市场化水平。实现电力领域改革试点全覆盖，形成以综合试点为主、多种模式探索并举的局面。有序推进电力交易机构股份制改造；电力现货市场完全运行，完善中长期电力交易机制，不断增加市场化交易电量，开展分布式发电市场化交易试点；加大电力价格改革力度，整体推进全产业链改革。二是加快推进能源价格市场化改革，建立市场价格体系。按照“管住中间、放开两头”总体思路，稳步推进电力等领域能源价格改革，统筹关注贫困人口对于能源价格的承受能力，稳妥处理电价政策交叉补贴问题，逐步建立市场化价格形成机制，促进市场主体多元化竞争；继续完善有利于节能减排的价格政策，出台电力差别定价等措施和政策，提高企业节能减排内生动力，推动能源等领域供给侧结构性改革。三是陆续放开竞争性环节，形成由市场决定的能源价格机制。电力领域有序推动放开发用电计划的电力市场化改革，推行大用户与发电企业直接交易，形成以中长期合同为主的市场交易方式；继续完善可再生能源项目招标投标制度，实现风电、光伏发电平价招标。四是深化能源领域“放管服”改革，强化能源监管。加大行政审批事项取消下放比例，减少审批手续和审批流程，提高行政审批速度，继续推进电力业务许可办理“最多跑一次”，开展自贸区“证照分离”全覆盖。进一步完善能源监管体系，细化监管职责、加强统筹协调、强化社会共治，强化重点领域监管和案件查办、对新事物包容审慎监管，严格实施监管计划、减少重复检查事项、加强自我监管；积极推进信用监管、“互联网+监管”建设，完善“双随机、一公开”监管制度。

3.7.2 不断优化能源结构，积极开发新能源

我国“富煤、少气、缺油”的资源储备条件，使我国形成了对煤炭

的高度依赖。研究结果显示，煤炭占比过高，阻碍了能源消费强度的降低。因此，我国应从战略高度支持新能源发展，积极发展水能、核能、风能等能源，拓宽新能源的应用范围，提高电力在能源消费结构中的比重，大力发展核电。推进“煤改电”工程，降低煤炭消费在能源消费中的比例。推动节能环保产品开发应用，大力发展节能环保产业。

3.7.3 调整产业结构，实现低碳化发展

产业结构中建筑业、工业占比过高，导致了更多的能源消耗，不仅带来了更多的污染，还制约了能源强度的降低。这就要求我们调整产业结构，走低碳化发展道路，具体措施有：一要推进重点领域去产能。进一步完善钢铁新增产能和结构调整有机结合，推动钢材产品升级换代，完善产业链下游建设，优化产业布局，促进钢铁产业高质量发展。进一步促进钢铁行业低碳发展，加快钢铁企业实现超低排放的转型。二要做好投资管理工作。控制房地产投资增长过快，防止固定资产投资膨胀，通过宏观调控改善投资消费比例。投资增长过快，尤其是房地产行业投资的项目过多，将大量消耗能源、钢材等资源，不仅造成了资源短缺，还污染了环境。三是大力发展第三产业。积极培育商务服务业、快递业、金融业、软件业等现代服务业，通过发展第三产业，有效促进我国工业化和现代化。

3.7.4 减少火力发电比重

电力行业是我国实现碳中和、使碳排放达到峰值的关键性产业，同样也是实现当下碳中和目标的主力军。国家经济快速发展，对电量的需求也不断提升，温室气体的排放也随之增长。我们在抓住经济快速发展的同时，也要注重环境的保护，节能减排将成为我国的一项长期战略。要真正地做好节能减排，同时还能够满足企业的发展需求以及人们的日常生活需求，就必须改变传统的产业结构，做好供给侧结构性改革，真正地将电力变成绿色清洁能源，快速地实现国际化的排放要求。

加强对煤电技术的创新与改革，注重新型发电技术的研发，扶持环保电力设备建设。深度融合好智能发电技术，并与5G、物联网、大数

据等现代信息工具融合，改变传统电力的生产模式和经营模式。及时对现有的发电装备进行智能化升级，加强对各企业的引导，推动煤气联合循环发电技术的使用。在改善煤发电技术的同时要注重加快研发碳排放的储存以及碳捕集技术，现有的技术还不够完善，不能满足当前低碳减排的需求。目前，我国应加快技术研发，推动相关设备的产业化，通过降低捕集过程能耗及捕集设备的造价来降低成本。助力构建智能电厂技术体系，打造智能电厂产业链。

3.7.5 提升传统能源的使用效率

当前人们主要关注的碳排放是燃烧当中的碳排放，煤炭行业的碳排放不仅仅来源于煤炭燃烧，还有开采泄露的甲烷带来的巨大的温室效应。因此，在煤炭开采过程中，要时刻采用技术方法对开采的气体进行控制。在煤炭开采过程中，主要的能源消耗就是电力的消耗，电力的产生存在着煤炭消费，要加大节能力度以达到节能减排的效果，减少碳排放。

针对我国的煤洗选率较低，应该注重精细化管理，对洗煤公司员工加强培训，提高工作效率，对于工作上的细节，要有系统性的规划，对可能出现的问题要有科学的预案，及时提出应对的措施。同时采用先进的设备，提高洗煤的自动化水平。

煤炭运输也会产生一定的污染。我国煤炭资源区域集中的分布，使得煤炭的运输变得非常困难。资源的分配不均衡，使得煤炭的运输一直非常吃紧，国内的铁路煤运通道匮乏，煤炭的运输效率低，使得煤炭运输转为公路运输，导致了公路煤炭运输的持续增加，给公路带来巨大的压力，要想真正解决煤炭运输的问题，就要持续优化道路网格，做到煤炭的直线运输。此外，加大煤炭中长协运，及时与下游企业签订煤炭的中长期运营合同，保障煤炭的运输，稳定煤炭的供给。铁路部门也要加强运行衔接，建立煤炭运输的保障机制。减少运输距离，以减少运输途中的污染。

3.7.6 鼓励外商投资的引入和技术进步

政府应该加大外商投资引入力度，鼓励新技术开发与运用。技术进步会对能源消费强度产生回弹效应等影响，但是外商直接投资对能源消费强度的降低没有产生明显的作用，我国应更加理性地引进外商投资，鼓励新技术开发与运用。在引进外资的过程中，当地政府不能为了经济增长，降低当地企业环保标准，承接淘汰的、落后的、高耗能的行业。要引进先进的技术，提高自身的吸收转化能力，降低能源消费强度。

3.7.7 重视区域间的协调发展

我国能源消费强度具有区域间溢出效应，本省份能源消费强度的提高将会辐射并带动周边省份能源消费强度的上升。区域能源政策的制定，应该充分考虑政策给本地区经济发展和能源安全带来的影响，同时还应该考虑对相邻省份造成的溢出效应，加强地区经济、技术、政策之间的交流与合作，提高基地运输能源中的输电比重。修建油气管道、特高压电网等输送设施，开展跨区域的能源调配，实现山西、内蒙古等地区能源资源，通过燃煤发电输送到东南沿海等经济发达地区，以解决能源储备和消费地区不均的问题。

区域间的能源输送是从国家宏观角度出发，目的是促进我国的经济发展，提高综合国力，但是牺牲能源生产地区的生态环境和资源储备，也对当地造成了极大的污染和破坏。因此，要看到这些资源型城市所做出的贡献，从国家整体角度统筹考虑，在政策、技术、经济等方面给予补偿，实现经济社会可持续发展。

第4章　体现低碳要求的能源安全评价

4.1　能源安全评价与分析系统

能源安全定量评价与分析过程中涉及大量的图形、属性、表格、文字数据，传统的手工管理模式已不能满足要求，需建立空间数据库。本章结合研究需求，基于GIS开发了能源安全评价与分析系统。该系统为能源安全问题研究提供了基础平台，实现了数据的管理、模型库的建立、评价过程的自动化等功能。

4.1.1　系统总体结构设计

系统总体结构如图4-1所示。

4.1.2　系统功能设计

系统以GIS组件MapX5.0为开发平台，Access为后台数据库，VB为编程语言。系统的总体功能结构示意如图4-2所示。

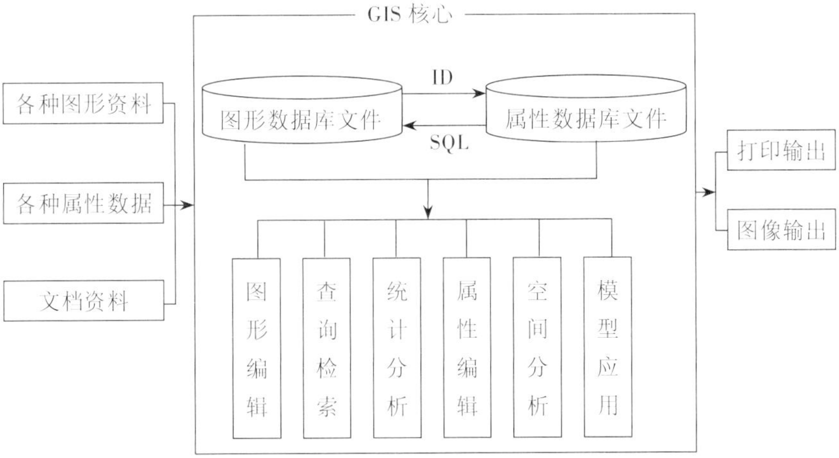

图 4-1　系统总体结构图

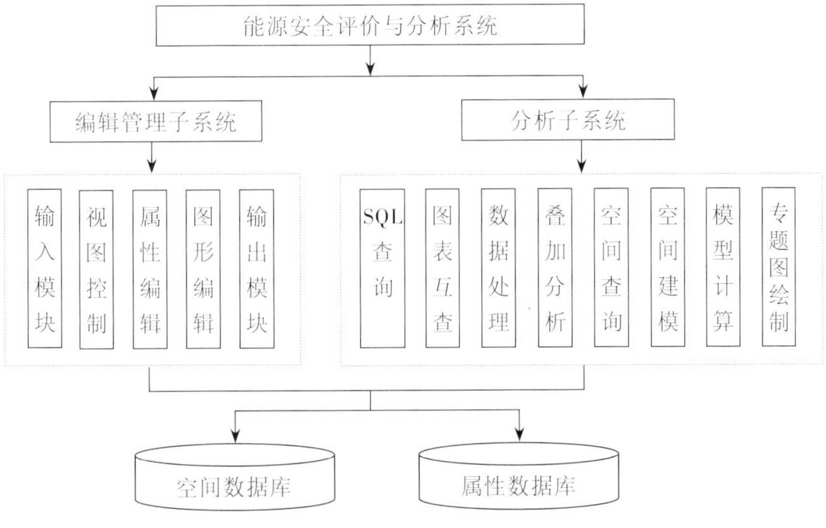

图 4-2　能源安全评价与分析系统功能模块图

系统主要功能有：基础空间及属性数据录入、编辑、转换、管理、分析和计算；对我国主要石油运输路线的安全动态分析，根据输入的属性数据，对所选路线进行评价，并把评价结果以专题图的形式直观地表示出来；进行能源安全评价，利用所建空间数据库对各种能源数据进行空间查询、空间分析、评价、决策等。

数据录入：主要是MapInfo的TAB格式和Access属性数据，对其进行编辑操作。

属性编辑：选择待编辑的图形特征，可以对其属性进行编辑、修改。

图形编辑：绘制空间对象如点、线、面等，对空间要素进行剪切、复制、粘贴、移动、删除、全选等操作。

空间查询：根据属性数据进行条件检索，将满足条件的图形特征选出，主要有大于、小于、等于、不等于、包含等比较操作符号。另外有定位检索，用鼠标确定当前图形特征的属性，实时信息查询。

数据输出：数据可以文件、数据库表等形式输出。

评价子系统功能主要包括：数据载入、SQL查询、图表互查、数据预处理、空间建模模块、模型计算模块及专题图绘制模块。

数据载入：根据数据库中各专题图层的关系确定加载次序。分层次加载专题数据，形成评价数据集。

SQL查询：根据结构化的查询语言查询满足条件的图形特征数据。

数据预处理模块：包括石油的储量、时间、路线的始终点（国家）、储备点等信息的提取。

4.1.3 系统数据库设计

本系统分为编辑子系统与评价分析子系统两个部分，数据库的设计针对编辑子系统和评价子系统进行。而评价子系统是在编辑子系统的基础上实现的，系统设计可分为属性数据库设计与图形数据库设计。

（1）属性数据库设计

本系统中所涉及的部分数据库文件的结构如下（以石油为例）：

数据库结构列表（部分），见表4-1至表4-6。

表4-1 世界主要国家和地区石油产量分布

字段名称	字段类型	字段长度	字段说明
ID	短整型	4	国家编码
Name	字符型	20	国家名称
所属地区	字符型	20	国家所在洲
中心点X坐标	浮点型	8	国家的中心X坐标
中心点Y坐标	浮点型	8	国家的中心Y坐标

续表

字段名称	字段类型	字段长度	字段说明
面积	浮点型	8	国家的面积
石油产量	浮点型	10	石油的产量
年份	浮点型	8	
备注	字符型	50	其他备注信息

表4-2　**世界主要国家和地区石油储采比**

字段名称	字段类型	字段长度	字段说明
ID	短整型	4	国家编码
Name	字符型	20	国家名称
所属地区	字符型	20	国家所在洲
中心点X坐标	浮点型	8	国家的中心X坐标
中心点Y坐标	浮点型	8	国家的中心Y坐标
面积	浮点型	8	国家的面积
储采比	浮点型	10	
年份	浮点型	8	
备注	字符型	50	其他备注信息

表4-3　**世界主要国家剩余石油探明储量**

字段名称	字段类型	字段长度	字段说明
ID	短整型	4	国家编码
Name	字符型	20	国家名称
所属地区	字符型	20	国家所在洲
中心点X坐标	浮点型	8	国家的中心X坐标
中心点Y坐标	浮点型	8	国家的中心Y坐标
面积	浮点型	8	国家的面积
探明储量	浮点型	10	
年份	浮点型	8	
备注	字符型	50	其他备注信息

表4-4 **我国石油分布**

字段名称	字段类型	字段长度	字段说明
ID	短整型	4	石油分布点编码
Name	字符型	20	石油分布点名称
所属地区	字符型	20	石油分布点所在地区
中心点X坐标	浮点型	8	石油分布点X坐标
中心点Y坐标	浮点型	8	石油分布点Y坐标
储量	浮点型	10	石油储量
产量	浮点型	10	石油产量
年份	浮点型	8	
描述	字符型	500	对分布点相关信息描述
备注	字符型	50	其他备注信息

表4-5 **我国石油运输线路**

字段名称	字段类型	字段长度	字段说明
ID	短整型	4	运输路线编码
Name	字符型	20	运输路线名称
起始国家名称	浮点型	8	
所经过国家名称	浮点型	8	
进口来源地资源储采比	浮点型	10	
进口来源地稳定程度	浮点型	10	
进口来源地与我国政治关系的稳定程度	浮点型	10	
资源运输工具的规模	浮点型	10	
资源运输工具的结构	浮点型	10	
运价	浮点型	10	
资源运输大型码头基本建设投入	浮点型	10	
运距	浮点型	10	
对重要运输通道的控制能力	浮点型	10	
线路的经济性	浮点型	10	
路线所经地的复杂性	浮点型	10	
综合评价结果	浮点型	10	
备注	字符型	50	其他备注信息

表4-6　　我国石油储备点

字段名称	字段类型	字段长度	字段说明
ID	短整型	4	储备点编码
Name	字符型	20	储备点名称
供应地区	字符型	20	储备点供应地区
专项储备量	浮点型	8	储备点专项储备量
绝对储备量	浮点型	8	储备点绝对储备量
战略储备量	浮点型	10	储备点战略储备量
权重	浮点型	10	储备点综合权重
备注	字符型	50	其他备注信息

（2）空间数据库设计

本系统采取了矢量数据结构，同时，也可以利用GIS软件MapInfo的功能对栅格数据进行处理，系统图形库中的图形对象有四种基本类型：点对象、线对象、区域和文本对象。

本系统的空间数据库是在GIS软件、MapInfo软件支持下建立的。其工作流程如图4-3所示。

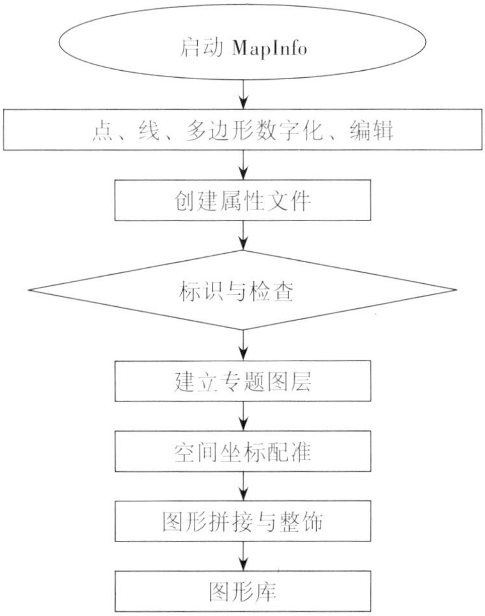

图4-3　图形库流程图

（3）数据管理模式

空间数据与属性数据关联如图4-4所示。

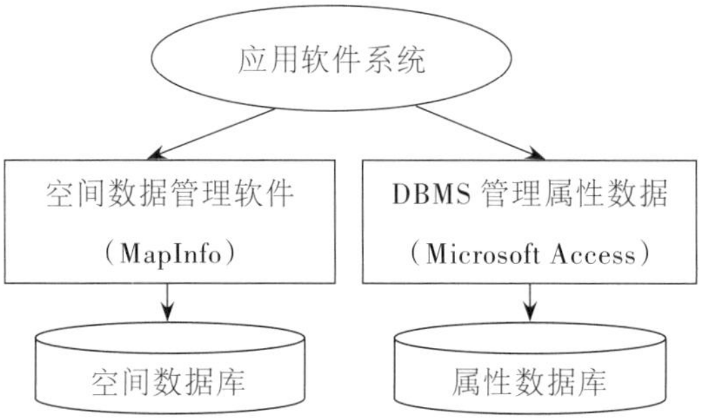

图4-4　数据管理模式

4.1.4　系统运行

利用所开发系统可进行能源管理，包括世界各国石油储量分布、消费、剩余储量等的检索、归类、统计分析等；可进行能源安全问题分析，包括我国石油主要进口线路安全评价与决策、储备地点与供应区域的优化等。

4.2　能源安全的影响因素及作用机理

4.2.1　能源安全的影响因素

能源安全的内涵与相关理论是确定其影响因素的基础，根据能源安全定义中所涉及的开发的安全性、资源供应的稳定性（经济安全性）、使用的安全性与相关理论，即低碳经济理论、经济增长理论、资源稀缺理论、地缘政治理论与国际贸易理论，结合专家调查法确定能源安全的影响因素为资源因素、经济因素、技术因素、环境因素（体现低碳要求）、制度供给因素、军事因素等。

4.2.2　能源安全影响因素相互关系与作用机理

能源安全影响因素之间的相互关系表现为复杂的非线性关系，随着时空的变化，表现为不同的影响作用。其作用机理也为非线性作用机制。

（1）能源安全各影响因素的作用机理

尽管能源安全各影响因素的作用机理为非线性作用机制，但在一定程度上可对其进行简化处理。上述能源安全的影响因素一种或一种以上发生作用，都可能使能源安全状况发生改变。在上述因素中制度供给因素常常制约着其他几种因素，即制度供给因素或制度供给因素与任何其他一种因素结合，都会造成能源安全状况的改变。

（2）能源安全的PSR模型

Pressure（压力）-State（状态）-Response（响应）模型最初由Tony Friend和David J. Rapport提出，用于分析环境压力、现状与响应之间的关系。

压力（P）反映能源安全的社会动因，其中，环境友好体现了低碳经济发展要求；能源所呈现的资源禀赋、供应、需求与使用以及国家安全保障能力等，为能源现状及其态势（S）；在存有压力的态势下，需积极地对反馈进行响应（R），包括储量探明、开发投入、制度建设、技术改进、产业结构调整等，是对能源利用的调控，其科学性及其力度与能源安全密切相关，如图4-5所示。

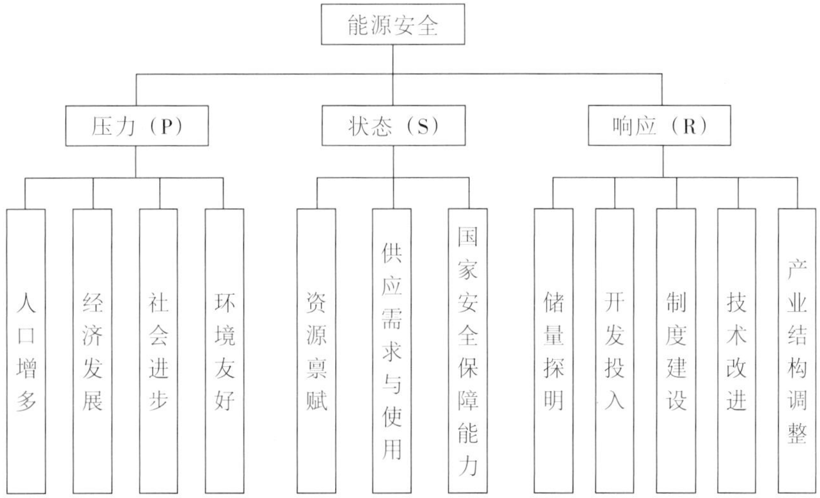

图4-5　体现低碳要求的能源安全PSR模型

4.3 体现低碳要求的能源安全评价指标体系

确定能源安全评价的指标体系，需要遵循一定的原则和科学的方法[149]。

4.3.1 能源安全评价指标的选择原则

（1）系统性原则

能源安全是一个复杂的系统，同时它又是国家安全这一大系统的子系统，因此其评价指标既要反映出系统本身的特征，又要利于大系统功能的实现。

（2）全面与简洁相统一原则

影响能源安全的因素众多，为了较好地反映能源安全的状况必须考虑全面。但从可操作性角度出发，又必须考虑其影响因素的重要程度、相关性及可得性，抓住主要矛盾，尽量以简洁的指标，尽可能全面衡量能源安全的状况。

（3）可比性原则

为了科学宏观地评价各主体之间的能源安全状况，对评价指标的含义、统计口径、计算方法以及可获得性等方面应尽可能保持一致性，使评价结果具有可比性。

（4）动态性原则

能源安全态势呈现出随着影响因素变动而变动的动态性，同时也随着空间与时间的变动而变动。这就要求在选取指标时应能反映出这种动态性。

4.3.2 体现低碳要求的能源安全评价指标的选择

能源安全评价指标体系如图4-6所示。

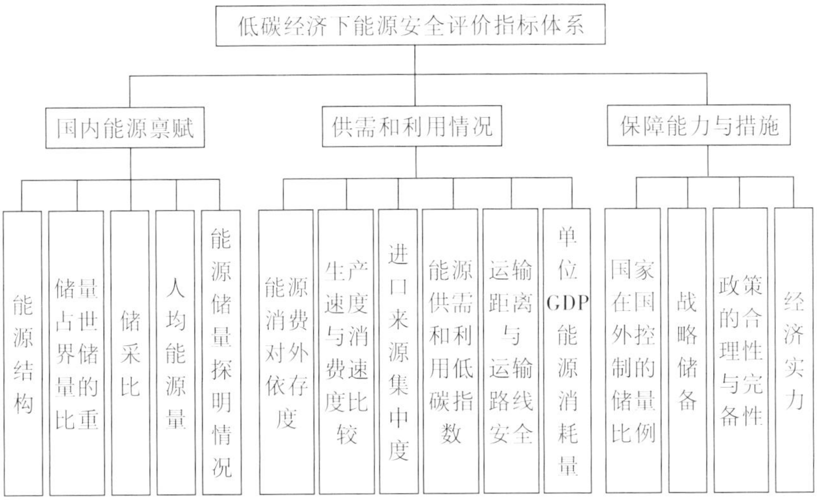

图4-6　低碳经济下能源安全评价指标体系

（1）国内能源禀赋

①储量占世界储量的比重

储量占世界总储量的比重=国内能源的可采储量/世界能源的可采储量

这个指标主要是反映国内资源占有程度。

②储采比

储采比=能源的剩余可采储量/能源的采出量

这个指标主要测定国内能源的可支撑程度。

③人均能源量

人均能源量=能源可采储量/人口数

④能源储量探明程度

能源储量探明程度指某一国家（地区）某一矿种已查明能源储量占该国能源总量的比重，计算公式是：

能源储量探明程度＝国内已查明的能源储量/国内能源总量

这个指标主要是反映国内能源前景。

（2）供应、需求与使用

①能源消费对外依存度

能源消费对外依存度=（能源进口量-能源出口量）/能源消费量

②生产速度与消费速度比较

生产速度与消费速度比较=单位时间能源的开采生产量/单位时间能源的消费量

③进口来源集中度

能源进口来源集中度=前3位或前5位国家或地区的能源进口量的和/总进口量

④运输距离与运输路线安全

对运输安全与运输距离进行分级和评分，见表4-7。

表4-7 运距与安全的综合评分值

运距（10^4km）	< 0.5	0.5 ~ 1.0	1.0 ~ 1.5	1.5 ~ 2.0	> 2.0
赋值	0	0.2	0.4	0.6	0.8
评分值	1.0	0.8	0.6	0.4	0.2

⑤单位GDP能源消耗量

单位GDP能源消耗量=能源消耗量/GDP（按可比价格计算）

⑥能源供需和利用低碳指数

通过专家调查法确定。

（3）国家安全保障能力与措施

①国家在国外控制的储量比例

国家在国外控制的储量比例 = 国家在国外控制的储量 / 前3位或前5位国家或地区在国外控制的能源储量和

它表明国家对全球能源的控制能力，其值越大，表明对外控制能源的能力越强，反之，则越弱。

②战略储备

战略储备水平=能源储备量/能源日均消费量

现在，一般石油和矿产品的储备水平都用储备的资源量可供消费的天数来表示。

③经济实力

用一国国内生产总值表示，或考虑经济对进口能源的支付能力，用长期能源进口能力指数来表示。

长期能源进口能力指数=100－能源进口额/外汇储备额×100

④政策的合理性与完备性

利用专家调查法，根据能源相关的法律现状，进行分级和评分，见表4-8。

表4-8 政策合理性与完备性分级

政策类型	完全合理与完备	较合理与完备	基本合理与完备	不合理
评分	1.0	0.8	0.6	0.2

4.4 体现低碳要求的能源安全评价方法与模型

能源安全系统具有时空复杂性、动态性等特性。

低碳经济下能源安全评价方法主要有数据包络分析法、主成分分析法、模糊综合评价法、灰色聚类分析法、层次分析法、云模型等。云模型是一种用于定性与定量转化的不确定性度量模型，是处理随机性、模糊性问题的较好研究方法[150]。云模型可以将数值变量恰当转化为相应的定性语言值，能够从定性语言信息中提取定量数据的分布规律和范围，可以高效处理大量复杂且具有不确定性的数据和信息，并且可以有效避免如层次分析法、灰色聚类分析法等存在的随机指标的缺失、指标权重的主观化等现象。由于低碳经济下能源安全评价的复杂性，一部分研究数据存在一定的不可量化性，研究过程中也会存在不同程度的主观性和随机性，使得低碳经济下能源安全评价具有一定的模糊性。我们选用云模型，对低碳经济下能源安全进行模糊综合评价。

4.4.1 能源安全评价指标及处理结果

现根据可得的数据（见表4-9），按照能源安全的评价指标体系进行无量纲化、极大化处理，见表4-10。

4.4.2 基于云模型的能源安全评价

（1）熵权法获取指标权重

获取指标权重的方法有熵权法、主成分分析法、层次分析法、均方差法等。熵权法是一种客观赋权方法，与其他方法相比较可以克服主观因素的不利影响。研究选择的低碳经济下能源安全的评价指标综合性较强，为了使评价结果更加合理、更加客观，我们采用熵权法来确定各个评价指标的权重。

表4-9　　　　　　　　　**石油的国别评价指标赋值**

一级	二级	三级	指标性质	中国	美国	印度	日本	俄罗斯	德国
国内石油禀赋	石油富集程度	储量占世界总储量的比重（%）	定量、正向	1.7	2.9	0.5	0.006	5.7	0.033
		储采比	定量、正向	14.8	10.8	19.4	13.3	21.7	13.1
	石油前景	能源储量探明程度	定性、负向	0.6	0.8	0.6	1.0	0.6	1.0
		地质研究程度	定性、负向	0.6	0.8	0.6	0.8	0.6	0.8
		勘查能力	定性、正向	0.6	1.0	0.6	0.8	0.6	0.8
供求状况	生产与消费	国内原油产量占世界总产量的比重（%）	定量、正向	4.8	9.9	1.0	0.018	10.7	0.109
		石油自给率（%）	定量、正向	70.2	41.1	38.0	2.4	100	5.3
	进口规模及安全性	石油进口量占世界总贸易量的比重（%）	定量、负向	4.7	26.0	2.9	11.6		5.9
		石油进口来源集中度	定量、负向	43.3	44	40	54		64
		石油进口量中海外份额产量所占的比重（%）	定量、正向	15	100	15	15		50
		与主要进口来源国的政治经济关系	定性、正向	0.6	1.0	0.6	0.8		0.8
		进口石油的运输距离及运输线路安全	定性、负向	0.6	0.2	0.4	0.6		0.2

续表

指标（一级）	二级	三级	指标性质	中国	美国	印度	日本	俄罗斯	德国
国家安全保障能力和措施	石油公司对世界资源控制能力	本国石油公司竞争力	定性、正向	0.6	1.0	0.4	0.6		0.6
		本国跨国石油公司在国外控制的储量状况	定性、正向	0.2	1.0	0.2	0.6		0.6
	国家保障措施	战略储备（天）	定量、正向	15	160	50	180		120
		国家安全政策的完整性	定性、正向	0.4	1.0	0.4	1.0		1.0
	国家保障手段	政治影响力	定性、正向	0.6	1.0	0.6	0.8		0.8
		经济实力（资源进口能力）（GDP美元）	定量、正向	11 586	98 729	4 719	48 935		20 255
		对资源供应地的军事干预能力	定性、正向	0.4	1.0	0.4	0.6		0.6

表4-10　　**部分国家石油安全指标量化指标**

评价指标＼国别	中国	美国	日本
储量占世界储量的比重	0.59	1.00	0.002
储采比	1.00	0.74	0.90
人均资源量	0.18	1.00	0
资源储量的探明程度	1.00	0.50	0
矿产品消费对外依存度	1.00	0.61	0.39
生产速度与消费速度比较	1.00	0.81	0.21
进口来源集中度	0.81	0.74	1.00

续表

评价指标 \ 国别	中国	美国	日本
运输距离与运输线路安全	1.00	0.50	1.00
单位GDP能源消费量	0.28	0.50	1.00
能源供需和利用低碳指数	0.58	0.25	0.17
矿业公司在国外控制的储量比例	0.20	1.00	0.60
战略储备	0.08	0.89	1.00
政策的合理性与完备性	0.40	1.00	1.00
经济实力	0.12	1.00	0.50

资料来源：《中国统计年鉴》、《世界石油年鉴》与研究报告《中国能源可持续发展战略专题研究》，指标经过无量纲化、极大化处理。

熵权法的计算过程为：设有m个国家，n个能源安全评价指标，初始数据的矩阵表示为$R=(r_{ij})_{m\times n}$，其中，r_{ij}表示第i个国家的第j个能源安全评价指标的数值。则各指标权重确定的步骤如下：

第一步，计算第j个能源安全评价指标下第i个评价项目指标值的占比，可使用公式：

$$a_{ij}=\frac{a_{ij}-\min(a_{ij})}{\max(a_{ij})-\min(a_{ij})}=\frac{a_{ij}}{\sum_{i=1}^{m}a_{ij}}\quad (i=1,\ 2,\ \cdots,\ m;\ j=1,\ 2,\ \cdots,\ n)$$

得到$A=(a_{ij})_{m\times n}$。

第二步，计算第j个评价指标的信息熵值s及信息效用值σ。第j个评价指标的信息熵计算公式为：$s_j=-\frac{1}{\ln n}\sum_{i=1}^{m}a_{ij}\ln a_{ij}$（j=1，2，…，n）。关于评价指标$I_j$的信息效用值σ取决于1与该指标的信息熵$s_j$之间的差值，即第j个评价指标的差异系数：$\sigma_j=1-s_j$。

第三步，计算第j个评价指标的权重向量，即计算熵权ω_j：$\omega=\{\omega_1,\ \omega_2,\ \cdots,\ \omega_n\}$，其中，$\omega_j=\frac{\sigma_j}{\sum_{j=1}^{n}\sigma_j}$（j = 1，2，…，n），

$0 \leqslant \omega_j \leqslant 1$，$\sum_{j=1}^{n}\omega_j = 1$。

（2）基于云模型的模糊综合评价

具体步骤如下：

第一步，根据所构建的低碳经济下能源安全评价指标体系，以《中国统计年鉴》、《世界石油年鉴》与研究报告《中国能源可持续发展战略专题研究》为主要参考资料，通过计算整理得到数据，在能源安全评价指标体系中，由于各指标的单位和量级的不一致，且构建的指标体系较复杂，为了最大可能地反映实际低碳经济下能源安全的情况，必须先将数据进行离散化、标准化处理，我们采用云变换进行数据的离散化。运用极差变换法，用MATLAB编写程序，将各个指标全部转化至［0，1］区间内，进行属性简约。

第二步，运用熵权法计算评价指标的权向量$W = \{w_1, w_2, \cdots, w_n\}$，运用MATLAB编写程序，得出低碳经济下能源安全评价指标体系的权重。

第三步，确定评价等级划分标准$V = \{v_1, v_2, \cdots, v_P\}$，形成评价等级，评价等级P不宜过大。例如，为了准确判断等级归属，评价等级P采用奇数1，3，5，7，9来表示，这样可以有一个中间等级来帮助评价进行等级判断，研究采用的评价等级划分为5个等级：V=｛低，较低，一般，较高，高｝，以此来衡量低碳经济下能源安全水平。

在评价对象的因素集合评价等级论域之间进行单因素评价，并且建立模糊关系矩阵R。运用正向云发生器来实现等级评语的云模型化，分别用一维正态云模型来描述不同的等级评价语，云数字特征值运用如下公式计算：$Ex_{ij} = \frac{\left|x_{ij}^1 + x_{ij}^2\right|}{2}$，其中，$x_{ij}^1$和$x_{ij}^2$表示因素$i(i = 1, 2, \cdots, m)$，对应的等级$j(j = 1, 2, \cdots, n)$的上下临界值。临界值是评价等级间的一个过渡，属于相对应的两个评价级别，则有：$\exp\left\{-\frac{\left|\left(x_{ij}^1 + x_{ij}^2\right)^2\right|}{8(En_{ij})^2}\right\} \approx 0.5$，即$En_{ij} = \frac{\left|x_{ij}^1 + x_{ij}^2\right|}{2.355}$，表示临界值相邻的两个评价等级的隶属度相等，其中，期望Ex、熵En和超熵He这三个数字特征

整体表示了云模型这个概念，超熵可以根据熵的大小，通过反复试验来选取，可以计算超熵的值。

第四步，评价。根据评价指标的标准化数据和获取的云数字特征，利用X-条件云发生器，计算得到各个指标对应的每个等级的隶属度，形成相应的云模型隶属度矩阵，要选择隶属度最大的评价等级来作为该评价对象所处的评价等级。

对应云的隶属度为：$\mu = \exp\left\{-\frac{(x_0 - Ex)^2}{2(En')^2}\right\}$，其中，$En'$是以En为期望、$He^2$为方差的正态随机数，即$En' \sim N(En, He^2)$。得到的隶属度矩阵用$Z = (z_{ij})_{n \times m}$来表示。利用X-条件云发生器计算重复运行N次不同隶属度的平均综合评价值，这样可以提高评价的精确程度，运用公式$Z_{ij} = \frac{1}{N}\sum_{k=1}^{N} Z_{ij}^{k}$来计算。

最后，将指标权重W与隶属度矩阵Z进行模糊变换，得到评价等级V上的模糊子集$B = (b_1, b_2, \cdots, b_m)$：$B = W \cdot Z$，其中，$b_{ij} = \sum_{i=1}^{m} w_i z_i$（$i = 1, 2, \cdots, m$），表示评价对象的第j项评价等级的隶属度。云模型遵循最大隶属度原则，最终选取出隶属度最大的评价等级作为最终的评价结果。

（3）能源安全评价指标及处理结果

在低碳经济下能源安全评价指标体系这一一级指标下设置了3个二级指标和15个三级指标，具体的低碳经济下能源安全评价指标体系见表4-11。

（4）基于云模型的低碳经济下能源安全评价

①数据的收集与处理

根据构建的低碳经济下能源安全评价指标体系，通过《中国统计年鉴》、《世界石油年鉴》与研究报告《中国能源可持续发展战略专题研究》的相关数据，用随机抽样的方法，获取了数据较为全面的3个国家的实际数据，运用云变换对原始数据进行标准化处理，原始数据见表4-12（因篇幅所限只列出部分数据）。

表4-11　　低碳经济下能源安全评价指标体系

一级指标	二级指标	三级指标
低碳经济下能源安全评价指标体系	国内能源禀赋	能源结构（I_1）
		储量占世界储量的比重（I_2）
		储采比（I_3）
		人均能源量（I_4）
		能源储量探明情况（I_5）
	供需和利用情况	能源消费对外依存度（I_6）
		生产速度与消费速度比较（I_7）
		进口来源集中度（I_8）
		能源供需和利用低碳指数（I_9）
		运输距离与运输路线安全（I_{10}）
		单位GDP能源消费量（I_{11}）
	保障能力与措施	能源公司在国外控制的储量比例（I_{12}）
		战略储备（I_{13}）
		政策的合理性与完备性（I_{14}）
		经济实力（I_{15}）

表4-12　　各国的原始数据

国家	I_1	I_2	I_3	I_4	I_5	I_6	I_7	…	I_{15}
中国	5.00	1.70	14.80	4.80	0.60	4.70	70.20	…	11586.00
美国	2.00	2.90	10.80	9.90	0.80	26.00	41.10	…	98729.00
日本	1.00	0.006	13.30	0.018	1.00	11.60	2.40	…	48935.00

运用极差变换的方法，借助MATLAB编程将各个指标全部转化至［0，1］区间内，得到的标准化数据见表4-13（因篇幅所限只列出部分数据）。

表4-13　　各国的原始数据标准化处理

国家	I_1	I_2	I_3	I_4	I_5	I_6	I_7	…	I_{15}
中国	0.00	0.5853	1.00	0.4839	1.00	1.00	1.00	…	0.00
美国	0.75	1.00	0.00	1.00	0.50	0.00	0.5708	…	1.00
日本	1.00	0.00	0.6250	0.00	0.00	0.6761	0.00	…	0.4286

②指标权重的计算

根据熵权法获取指标权重的方法，结合标准化之后的指标体系，得到的各评价指标的权重为W= {w_1，w_2，…，w_n} = {0.0578，0.0612，0.0602，0.0650，0.0643，0.0590，0.0617，0.0565，0.0573，0.1529，0.0587，0.0643，0.0567，0.0564，0.0679}。

③综合评价

我们将评价等级论域划分为5个评价等级，二级指标国内能源禀赋下的I_1，I_2，I_3，I_4，I_5评价指标的能源安全水平评价等级确定见表4-14。

表4-14 **国内能源禀赋的能源安全水平评价等级确定**

等级	低	较低	一般	较高	高
I_1	(1.00，1.80)	(1.80，2.60)	(2.60，3.40)	(3.40，4.20)	(4.20，5.00)
I_2	(1.00，1.40)	(1.40，1.80)	(1.80，2.20)	(2.20，2.60)	(2.60，3.00)
I_3	(11.00，11.80)	(11.80，12.60)	(12.60，13.40)	(13.40，14.20)	(14.20，15.00)
I_4	(1.00，2.80)	(2.80，4.60)	(4.60，6.40)	(6.40，8.20)	(8.20，10.00)
I_5	(1.00，1.00)	(1.00，1.00)	(1.00，1.00)	(1.00，1.00)	(1.00，1.00)

二级指标供需和利用情况的I_6，I_7，I_8，I_9，I_{10}，I_{11}评价指标的能源安全水平评价等级确定见表4-15。

表4-15 **供需和利用情况的能源安全水平评价等级确定**

等级	低	较低	一般	较高	高
I_6	(5.00，9.20)	(9.20，13.40)	(13.40，17.60)	(17.60，21.80)	(21.8，26.00)
I_7	(3.00，16.60)	(16.60，30.20)	(30.20，43.80)	(43.80，57.40)	(57.40，71.00)
I_8	(44.00，46.00)	(46.00，48.00)	(48.00，50.00)	(50.00，52.00)	(52.00，54.00)
I_9	(2.00，3.00)	(3.00，4.00)	(4.00，5.00)	(5.00，6.00)	(6.00，7.00)
I_{10}	(1.00，1.00)	(1.00，1.00)	(1.00，1.00)	(1.00，1.00)	(1.00，1.00)
I_{11}	(1.00，1.00)	(1.00，1.00)	(1.00，1.00)	(1.00，1.00)	(1.00，1.00)

二级指标保障能力与措施下的I_{12}，I_{13}，I_{14}，I_{15}评价指标的能源安全水平评价等级确定见表4-16。

表4-16　　保障能力与措施的能源安全水平评价等级确定

等级	低	较低	一般	较高	高
I_{12}	（1.00，1.00）	（1.00，1.00）	（1.00，1.00）	（1.00，1.00）	（1.00，1.00）
I_{13}	（15.00，48.00）	（48.00，81.00）	（81.00，114.00）	（114.00，147.00）	（147.00，180.00）
I_{14}	（1.00，1.00）	（1.00，1.00）	（1.00，1.00）	（1.00，1.00）	（1.00，1.00）
I_{15}	（11 586.00，29 014.60）	（29 014.60，46 443.20）	（46 443.20，63 871.80）	（63 871.80，81 300.40）	（81 300.40，98 729.00）

根据表4-14的国内能源禀赋的能源安全水平评价等级确定，利用正向云发生器算法，计算获得各个评价等级的正态云标准值，见表4-17。

表4-17　　国内能源禀赋的能源安全水平正态云标准值确定

等级	低	较低	一般	较高	高
I_1	（1.40，0.34，0.50）	（2.20，0.34，0.50）	（3.00，0.34，0.50）	（3.80，0.34，0.50）	（4.60，0.34，0.50）
I_2	（1.20，0.17，0.50）	（1.60，0.17，0.50）	（2.00，0.17，0.50）	（2.40，0.17，0.50）	（2.80，0.17，0.50）
I_3	（11.40，0.34，1.00）	（12.20，0.34，1.00）	（13.00，0.34，1.00）	（13.80，0.34，1.00）	（14.60，0.34，1.00）
I_4	（1.90，0.76，0.50）	（3.70，0.76，0.50）	（5.50，0.76，0.50）	（7.30，0.76，0.50）	（9.10，0.76，0.50）
I_5	（1.00，0.00，0.50）	（1.00，0.00，0.50）	（1.00，0.00，0.50）	（1.00，0.00，0.50）	（1.00，0.00，0.50）

根据表4-15的供需和利用情况的能源安全水平评价等级确定，利用正向云发生器算法，计算获得各个评价等级的正态云标准值，见表4-18。

表4-18　　供需和利用情况的能源安全水平正态云标准值确定

等级	低	较低	一般	较高	高
I_6	（7.10，1.78，0.50）	（11.30，1.78，0.50）	（15.50，1.78，0.50）	（19.70，1.78，0.50）	（23.90，1.78，0.50）
I_7	（9.80，5.77，0.50）	（23.40，5.77，0.50）	（37.00，5.77，0.50）	（50.60，5.77，0.50）	（64.20，5.77，0.50）
I_8	（45.00，0.85，1.00）	（47.00，0.85，1.00）	（49.00，0.85，1.00）	（51.00，0.85，1.00）	（53.00，0.85，1.00）
I_9	（2.50，0.42，0.50）	（3.50，0.42，0.50）	（4.50，0.42，0.50）	（5.50，0.42，0.50）	（6.50，0.42，0.50）
I_{10}	（1.00，0.00，0.50）	（1.00，0.00，0.50）	（1.00，0.00，0.50）	（1.00，0.00，0.50）	（1.00，0.00，0.50）
I_{11}	（1.00，0.00，0.50）	（1.00，0.00，0.50）	（1.00，0.00，0.50）	（1.00，0.00，0.50）	（1.00，0.00，0.50）

根据表4-16的保障能力与措施的能源安全水平评价等级确定，利用正向云发生器算法，计算获得各个评价等级的正态云标准值，见表4-19。

表4-19 **保障能力与措施的能源安全水平正态云标准值确定**

等级	低	较低	一般	较高	高
I_{12}	(1.00, 0.00, 0.50)	(1.00, 0.00, 0.50)	(1.00, 0.00, 0.50)	(1.00, 0.00, 0.50)	(1.00, 0.00, 0.50)
I_{13}	(31.50, 14.01, 1.00)	(64.50, 14.01, 1.00)	(97.50, 14.01, 1.00)	(130.50, 14.01, 1.00)	(163.50, 14.01, 1.00)
I_{14}	(1.00, 0.00, 0.50)	(1.00, 0.00, 0.50)	(1.00, 0.00, 0.50)	(1.00, 0.00, 0.50)	(1.00, 0.00, 0.50)
I_{15}	(20 300, 30, 7 400.68, 1)	(37 728.90, 30, 7 400.68, 1)	(55 157.50, 30, 7 400.68, 1)	(72 586.1, 30, 74 00.68, 1)	(90 014.70, 30, 7 400.68, 1)

根据上述分析，以各评价指标所对应的五个评价等级建立评价指标标准的正态云隶属度函数，如图4-7至图4-10所示（因篇幅所限只列出部分图，其中从左到右依次表示的等级为低、较低、一般、较高、高）。

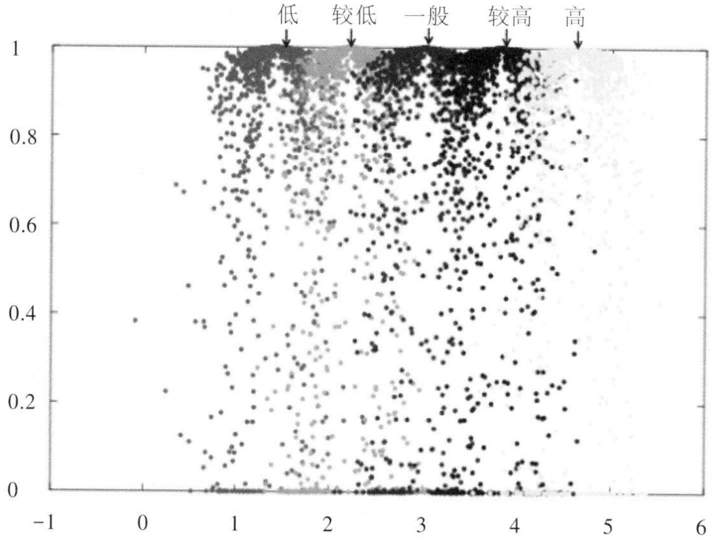

图4-7 能源结构的正态云隶属度函数

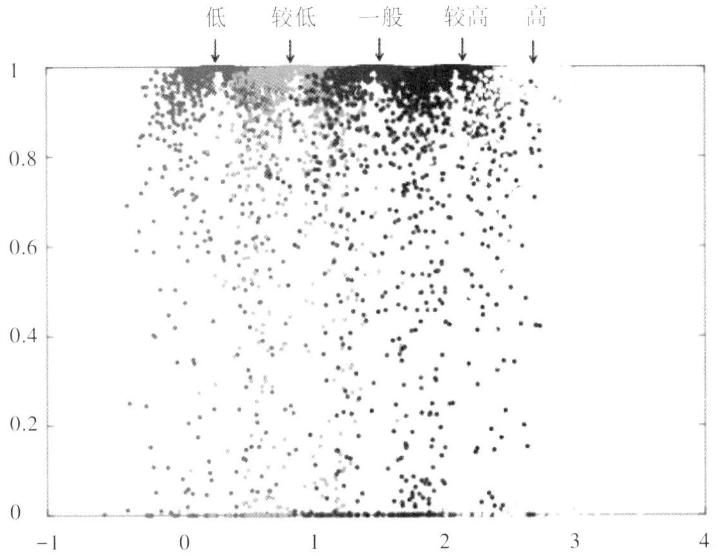

图 4-8　储量占世界储量的比重的正态云隶属度函数

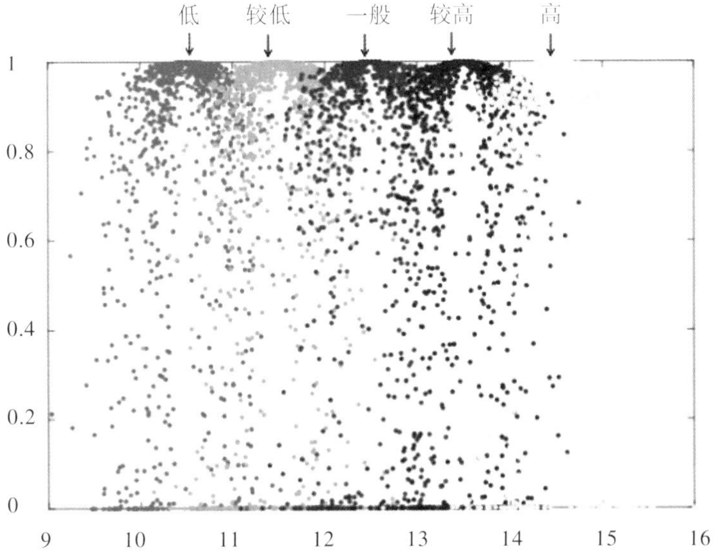

图 4-9　储采比的正态云隶属度函数

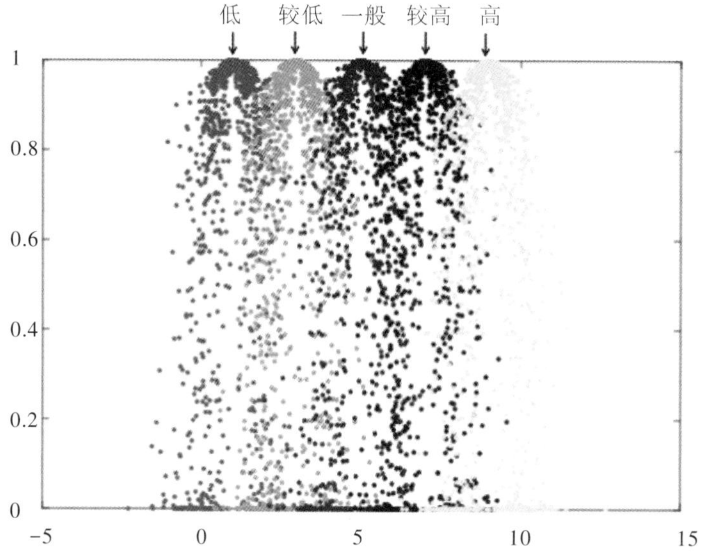

图4-10 人均资源量的正态云隶属度函数

依据实际指标数据，运用评价模型中的X-条件云发生器算法得出了各个评价指标相对应的各个等级的隶属度，构造隶属度矩阵，将已经得到的指标权重与隶属度矩阵进行模糊运算，就可得出各个国家对各个评级等级的隶属度，选择其中隶属度最大的等级来作为该国家能源安全评级等级，最终评价结果见表4-20。

表4-20 低碳经济下能源安全评价结果

国家	低	较低	一般	较高	高	评价结果
中国	0.4479	0.3935	0.4176	0.3474	0.4142	低
美国	0.2986	0.3105	0.4213	0.4988	0.6229	高
日本	0.4426	0.4008	0.4248	0.4379	0.3915	低

4.5 能源安全运输的评价

由于能源分布、赋存的区域性，能源特别是能源的运输对于能源稀缺国家将起到重要的作用。我们在能源安全评价与分析系统的支持下对能源的运输安全进行评价。

根据研究需要，项目组基于GIS组件MapX5.0开发了能源安全评价与分析系统，阐述了系统的开发过程、数据库设计、功能等，利用系统建立了能源空间数据库，对我国能源安全情况进行了评价研究。利用该系统，以石油为例，根据不同国家和地域，按照能源安全的评价指标体系，采用了云模型对其进行评价研究；根据能源安全所呈现的全球性、地域性的特点，利用多级模糊综合评价法对石油的运输安全进行了评价研究。

4.5.1 基于多级模糊综合评价法的能源运输安全评价

（1）评价对象

根据我国原油进口来源及状况分析，我国原油进口来源地主要是中东地区、非洲地区、亚太地区、美洲地区、中亚地区和西欧地区，通过归纳分析，我国石油进口的线路可以合并为以下主要的运输线路：

① 中东—中国线路：波斯湾—霍尔木兹海峡—马六甲海峡（或望加锡海峡）—国内各港口；

② 西非—中国线路：好望角—马六甲海峡—国内各港口；

③ 南美洲—中国线路：南美洲—中国；

④ 俄罗斯—中国线路：俄罗斯—中国；

⑤ 哈萨克斯坦—中国线路：哈萨克斯坦—中国。

这五条线路构成了我国石油进口贸易运输安全评价的对象。将这五条线路设为评价对象集：$X=\{x_1, x_2\cdots, x_5\}$（中东—中国线路，西非—中国线路，南美洲—中国线路，俄罗斯—中国线路，哈萨克斯坦—中国线路）。

（2）评价因素与备择集

根据石油运输安全评价指标体系（见表4-21），评价指标集分为两个层次：第一层因素集 $S=\{S_1, S_2, S_3\}$；第二层因素集 $S_1=\{S_{11}, S_{12}, S_{13}\}$，$S_2=\{S_{21}, S_{22}, S_{23}, S_{24}\}$，$S_3=\{S_{31}, S_{32}, S_{33}, S_{34}\}$。

表4-21 **运输安全评价指标体系**

进口能源获取与运输安全评价指标体系（S）	进口能源获取安全（S_1）	进口来源地能源储采比（S_{11}）
		进口来源地稳定程度（S_{12}）
		进口来源地与我国政治关系的稳定程度（S_{13}）
	运输设备、设施与运价安全（S_2）	能源运输工具的规模（S_{21}）
		能源运输工具的结构（S_{22}）
		运价（S_{23}）
		能源运输大型码头基本建设投入（S_{24}）
	运输路线安全（S_3）	运距（S_{31}）
		对重要运输通道的控制能力（S_{32}）
		线路的经济性（S_{33}）
		路线所经地的复杂性（S_{34}）

备择集是对各层次评价指标的一种语言描述，它是评审人对各评价指标所给出的评语的集合。本研究对运输安全度的评语集共分五个等级，具体为：$V=(v_1, v_2, \cdots, v_5)$（非常安全，安全，较安全，不太安全，很不安全）。

（3）评价标准

①定性指标的评价标准

针对指标体系中的7个定性指标，本研究建立了$V=(v_1, v_2, \cdots, v_5)$（非常安全，安全，较安全，不太安全，很不安全）五个评价等级，并且给出了相应的定性评价标准，见表4-22。

②定量指标的评价标准

针对指标体系中的4个定量指标，本研究建立了$V=(v_1, v_2, \cdots, v_5)$（非常安全，安全，较安全，不太安全，很不安全）五个评价等级，并且给出了相应的定量评价标准，见表4-23。

表4-22　　　　　　定性指标的评价标准

	非常安全（1）	安全（0.8）	较安全（0.6）	不太安全（0.4）	很不安全（0.2）
进口来源地稳定程度	非常稳定	稳定	较稳定	不太稳定	很不稳定
进口来源地与我国政治关系的稳定程度	盟国关系	战略协作伙伴关系	一般关系	关系紧张	敌对关系
能源运输工具的规模	规模非常大	规模大	规模较大	规模不大	不具备规模
能源运输工具的结构	结构非常合理	结构合理	结构较合理	结构不太合理	结构很不合理
对重要运输通道的控制能力	完全控制	基本控制	盟国控制	有影响力	无影响力
线路的经济性	营运费用低	营运费用较低	营运费用一般	营运费用较高	营运费用高
线路所经地的复杂性	海峡数量≤1或地理环境良好	海峡数量≤2或地理环境比较好	海峡数量≤3或地理环境一般	海峡数量≤4或地理环境较复杂	海峡数量≥4或地理环境非常复杂

表4-23　　　　　　定量指标的评价标准

	非常安全（1）	安全（0.8）	较安全（0.6）	不太安全（0.4）	很不安全（0.2）
进口来源地能源储采比	>43	30～43	18～30	12～18	<12
运价（美元/吨）	<10	10～14	14～20	20～24	>24
能源运输大型码头基本建设投入（亿美元）	>8	5～8	3～5	1～3	<1
运距（10^4km）	<0.5	0.5～1.0	1.0～1.5	1.5～2.0	>2.0

（4）模糊综合评价矩阵

根据评价标准，运用五个评价等级 $V=(v_1, v_2, \cdots, v_5)$（非常安全，安全，较安全，不太安全，很不安全）对五条线路 $X=\{x_1, x_2, \cdots, x_5\}$（中东—中国线路，西非—中国线路，南美洲—中国线路，俄罗斯—中国线路，哈萨克斯坦—中国线路）分别进行专家评价打分，专家共30位，评价所对应的分值见表4-24。

表4-24　**运输安全评价分值**

安全级别	非常安全	安全	较安全	不太安全	很不安全
分　值	1	0.8	0.6	0.4	0.2

按照最大隶属度原则，对评价打分结果进行统计，将专家打分最集中的分值作为评价的结果分值。根据打分的结果得出模糊综合评价矩阵，见表4-25。

表4-25　**模糊综合评价矩阵**

S	X_1	X_2	X_3	X_4	X_5
S_{11}	1	0.6	0.4	0.4	0.2
S_{12}	0.4	0.8	1	0.6	0.8
S_{13}	0.8	0.8	0.8	0.6	0.6
S_{21}	0.6	0.4	0.4	0.2	0.8
S_{22}	0.8	0.4	0.4	0.2	0.8
S_{23}	0.8	0.6	0.8	0.4	1
S_{24}	0.8	0.6	0.6	0.4	0.6
S_{31}	0.8	0.6	0.6	0.8	1
S_{32}	0.2	0.2	0.6	0.6	1
S_{33}	0.8	0.8	0.8	0.4	0.6
S_{34}	0.4	0.4	0.6	0.8	0.8

由表4-25可构成单因素评价矩阵如下：

$$r_1=\begin{bmatrix}1 & 0.6 & 0.4 & 0.4 & 0.2\\ 0.4 & 0.8 & 1 & 0.6 & 0.8\\ 0.8 & 0.8 & 0.8 & 0.6 & 0.6\end{bmatrix}$$

$$r_2 = \begin{bmatrix} 0.6 & 0.4 & 0.4 & 0.2 & 0.8 \\ 0.8 & 0.4 & 0.4 & 0.2 & 0.8 \\ 0.8 & 0.6 & 0.8 & 0.4 & 1 \\ 0.8 & 0.6 & 0.6 & 0.4 & 0.6 \end{bmatrix}$$

$$r_3 = \begin{bmatrix} 0.8 & 0.6 & 0.6 & 0.8 & 1 \\ 0.2 & 0.2 & 0.6 & 0.6 & 1 \\ 0.8 & 0.8 & 0.8 & 0.4 & 0.6 \\ 0.4 & 0.4 & 0.6 & 0.8 & 0.8 \end{bmatrix}$$

（5）建立权重集

采用层次分析法来确定各评价指标的权重。邀请专家对各级评价中各个因素的重要程度进行两两比较，比较的结果用于建立AHP的判断矩阵分布权重。为了得到量化的判断矩阵，采用1-9标度方法。通过专家咨询，分别考查第一层因素和第二层因素的相对重要性，可以得出判断矩阵，结果见表4-26至表4-29。对各判断矩阵汇总、计算，结果见表4-30和表4-31。

表4-26 $S-S_i$判断矩阵

S	S_1	S_2	S_3
S_1	1	3	3/5
S_2	1/3	1	1/5
S_3	5/3	5	1

表4-27 S_1-S_{1i}判断矩阵

S_1	S_{11}	S_{12}	S_{13}
S_{11}	1	7/3	7/5
S_{12}	3/7	1	3/5
S_{13}	5/7	5/3	1

表4-28 S_2-S_{2i}判断矩阵

S_2	S_{21}	S_{22}	S_{23}	S_{24}
S_{21}	1	7/3	7/9	7/5
S_{22}	3/7	1	1/3	3/5
S_{23}	9/7	3	1	9/5
S_{24}	5/7	5/3	5/9	1

表4-29 S_3-S_{3i}判断矩阵

S_3	S_{31}	S_{32}	S_{33}	S_{34}
S_{31}	1	1/3	3/7	3/5
S_{32}	3	1	9/7	9/5
S_{33}	7/3	7/9	1	7/5
S_{34}	5/3	5/9	5/7	1

表4-30 各判断矩阵的参数汇总表

矩阵	正规化向量W	λmax	n	CI	RI	CR	一致性检验
S-S_i	0.3333 0.1107 0.5559	2.9973	3	-0.0013	0.58	-0.0023	通过
S_1-S_{1i}	0.4667 0.2003 0.3330	2.9993	3	-0.0003	0.5800	-0.0006	通过
S_2-S_{2i}	0.2917 0.1247 0.3752 0.2085	4.0005	4	0.0002	0.9000	0.0002	通过
S_3-S_{3i}	0.1247 0.3752 0.2917 0.2085	4.0005	4	0.0002	0.9000	0.0002	通过

表4-31 进口能源获取与运输安全评价指标权重及排序

目标层	准则	相对目标层权重	指标层	相对指标层权重	相对准则层权重	排序
进口能源获取与运输安全评价指标（S）	进口能源获取安全（S_1）	0.3333	进口来源地能源储采比（S_{11}）	0.4667	0.1556	3
			进口来源地稳定程度（S_{12}）	0.2003	0.0668	7
			进口来源地与我国政治关系的稳定程度（S_{13}）	0.3330	0.1110	5
	运输设备、设施与运价安全（S_2）	0.1107	能源运输工具的规模（S_{21}）	0.2917	0.0323	9
			能源运输工具的结构（S_{22}）	0.1247	0.0138	11
			运价（S_{23}）	0.3752	0.0415	8
			能源运输大型码头基本建设投入（S_{24}）	0.2085	0.0231	10
	运输路线安全（S_3）	0.5559	运距（S_{31}）	0.1247	0.0693	6
			对重要运输通道的控制能力（S_{32}）	0.3752	0.2086	1
			线路的经济性（S_{33}）	0.2917	0.1622	2
			路线所经地的复杂性（S_{34}）	0.2085	0.1159	4

由表4-31可以得到权重向量集如下：

相对目标层权重向量：

Q_0=［0.3333　0.1107　0.5559］

相对准则层权重向量：

Q_1=［0.4667　0.2003　0.3330］

Q_2=［0.2917　0.1247　0.3752　0.2085］

Q_3= [0.1247　0.3752　0.2917　0.2085]

（6）单因素评价

$R_1 = [r_{11}\ \ r_{12}\ \ r_{13}]$，权重 Q_1= [0.4667　0.2003　0.3330]，对 r_{11}，r_{12}，r_{13} 的模糊评价构成的单因素评价矩阵：

$$r_2 = \begin{bmatrix} 1 & 0.6 & 0.4 & 0.4 & 0.2 \\ 0.4 & 0.8 & 1 & 0.6 & 0.8 \\ 0.8 & 0.8 & 0.8 & 0.6 & 0.6 \end{bmatrix}$$

用公式 $u_i = Q_i * r_i$，（i = 1，2，3）计算得：

$u_1 = Q_1 * r_1$= [0.8132 0.7067　0.6534　0.5067　0.4534]

$u_2 = Q_2 * r_2$= [0.7417 0.5168　0.5918　0.3168　0.8334]

$u_3 = Q_3 * r_3$= [0.4916 0.4666　0.6584　0.6084　0.8417]

根据单项指标的运输安全评价结果，可以进行单项指标的排序，见表4-32。

表4-32　**单项指标的评价结果排序**

线路名称	单项评价指标					
	进口能源获取安全		运输设备、设施与运价安全		运输路线安全	
	评价结果	排序	评价结果	排序	评价结果	排序
中东—中国	0.8132	1	0.7417	2	0.4916	4
西非—中国	0.7067	2	0.5168	4	0.4666	5
南美洲—中国	0.6534	3	0.5918	3	0.6584	2
俄罗斯—中国	0.5067	4	0.3168	5	0.6084	3
哈萨克斯坦—中国	0.4534	5	0.8334	1	0.8417	1

（7）综合评价

权重 Q_0= [0.3333 0.1107 0.5559]，由单项指标的安全评价可建立综合指标评价的矩阵如下：

$$U = \begin{bmatrix} 0.8132 & 0.7067 & 0.6534 & 0.5067 & 0.4534 \\ 0.7417 & 0.5168 & 0.5918 & 0.3168 & 0.8334 \\ 0.4916 & 0.4666 & 0.6584 & 0.6084 & 0.8417 \end{bmatrix}$$

用公式 $Z=Q_0*U$ 计算得综合指标评价结果，见表4-33。

$Z=Q_0*U=[0.6264\ \ 0.5521\ \ 0.6493\ \ 0.5422\ \ 0.7113]$

表4-33　　综合指标评价结果排序

线路	综合指标评价	
	评价结果	排序
中东—中国	0.6264	3
西非—中国	0.5521	4
南美洲—中国	0.6493	2
俄罗斯—中国	0.5422	5
哈萨克斯坦—中国	0.7113	1

4.5.2　线路安全评价分析

哈萨克斯坦—中国石油管道安全程度要高于中东—中国和西非—中国的运输线路。中东—中国和西非—中国的石油运输路线要经过马六甲海峡使其安全性受到了影响，由于西非—中国的运输路线较长，故两者比较，中东—中国的石油运输线路的安全性还是要高于西非—中国。俄罗斯—中国的陆上石油管道泰纳线一期已完成，二期工程也投入运行。但是俄罗斯自然资源部曾宣布，泰纳线面临原油供应短缺问题，主要原因是各大石油公司不愿投入更多资金开发新油田。同时日本、印度等国的介入以及事先对该线路的投资概算不准，致使该线路的安全性受到了影响。

4.6　煤矿企业安全生产评价

煤矿企业安全生产评价应贯穿于企业生产的过程当中，这是实现煤矿企业安全生产的不可或缺的工作。为了确保科学评价效果，根据变量数据的特点选取合适的评价方法，然而评价指标的选取也至关重要，只有评价方法和评价指标两者的有效结合才能够得出客观的评价结果，从而针对存在的不安全状况采取有效的措施，能够解决实际存在的问题，促进煤矿企业的安全生产。

4.6.1 构建指标体系遵循的原则与指标体系构建

（1）构建指标体系遵循的原则

根据国家安全生产的相关政策、法规，并结合煤矿企业自身安全生产的影响因素，以实现煤矿安全生产为目标，建立指标体系应遵循以下基本原则：

①科学性原则

评价过程涉及的学科极为广泛，影响因素也复杂多变，因此，指标体系的设计要结合煤矿企业生产的特点，应经过调查分析、筛选指标、数据处理以及结果分析各个环节。

②客观性原则

评价过程必须严肃、客观、实事求是。

③可行性原则

尽可能选取规范化的定量和定性指标，此外指标数量不宜过多，要选取主要、相关性高的指标，进而使操作简洁、方便和准确，还要考虑数据的真实性与可获得性。

④针对性原则

由于各种评价方法都有它的局限性，所以要针对所评价对象的实际情况、特征以及相关数据，采用符合数据特点、对象特征的评价方法，从而运用科学的评价工具对系统进行全面、客观的分析。

⑤定性与定量相结合原则

对于较为复杂的系统，单一采用定性或定量指标不能体现科学性及合理性。因为单一采用定性指标使评价具有很强的主观性，不能够客观地反映系统特点；而只采用定量分析也不科学，因为有些指标单一用数据测算出来的结果与实际情况相背离，所以评价需要定性的指标做保障。

（2）煤矿企业安全生产综合评价指标体系的构建

①评价指标体系初建

科学的评价指标体系的建立是评价工作的重要环节，指标的选取差异可能得出多种结论，有时甚至得到有悖常理的结果。为了客观反映煤矿企业生产活动主要特征，以综合评价理论逻辑为纵线，以本质安全化理论为横线，并结合组织行为学、心理学等理论，以人员素质、机器运行可靠性、生产环境、管理水平四个方面为出发点，同时查阅了大量的相关资料，对影响煤矿企业安全生产的指标因素进行细化，如图4-11所示。

- 煤矿企业安全生产评价系统
  - 人员素质
    - 管理人员受教育年限
    - 技术人员受教育年限
    - 基层人员平均受训时间
    - 基层人员平均工龄
  - 机器运行可靠性
    - 采煤设备机械化程度
    - 设备完好率
    - 设备运行可靠率
    - 设备维修合格率
    - 设备更新改造率
  - 生产环境
    - 煤层厚度变异系数
    - 相对瓦斯涌出量
    - 煤层自燃发火期
    - 采掘工作面富水系数
    - 煤尘爆炸指数
    - 顶底板管理难易程度
  - 管理水平
    - 安全管理制度及落实情况
    - 安全操作规程及落实情况
    - 安全费用提取及使用合格率
    - 管理人员资格合格率

图4-11　综合评价指标系统

②评价指标含义

A.人员指标

a.管理与技术素质

该指标用管理人员与技术人员受教育年限来衡量，其计算公式如下：

$$\text{管理人员受教育年限}=\frac{\text{各个部门管理人员受教育年限总和}}{\text{各个部门管理人员总人数}}\times 100$$

$$技术人员受教育年限 = \frac{各个部门技术人员受教育年限总和}{各个部门技术人员总人数} \times 100$$

b.安全意识

由于基层员工受教育水平普遍较低，急需对基层员工进行安全知识的培训，从而加强培养他们的安全意识，所以用基层人员平均受训时间衡量基层员工的安全意识这一指标，其表达式如下：

$$基层人员平均受训时间 = \frac{基层人员受训时间总和}{基层人员人数} \times 100$$

c.员工生理、心理素质

随着工龄的增长，基层员工更了解自己的身体状况及心理承受能力，因此，以员工的平均工龄作为衡量员工生理、心理素质的指标，其表达式如下：

$$基层人员平均工龄 = \frac{基层人员工龄总和}{基层人员人数} \times 100$$

B.机器运行可靠性指标

a.采煤设备机械化程度

采煤设备机械化程度=综采比例+综放比例+高档普采比例

b.设备完好率

$$设备完好率 = \frac{完好设备台数}{设备总台数} \times 100$$

c.设备运行可靠率

$$设备运行可靠率 = (1 - \frac{设备故障时间}{设备生产运行时间}) \times 100$$

d.设备维修合格率

$$设备维修合格率 = \frac{设备维修合格数}{设备总数} \times 100$$

e.设备更新改造率

$$设备更新改造率 = \frac{某段时间内设备更新改造台数}{同时间内应该更新的设备台数} \times 100$$

C.生产环境指标

a.煤层厚度变异系数

这里的煤层厚度指的是煤层的全厚度，其表达式如下：

$$r=\frac{S}{\bar{M}}\times 100$$

$$\bar{M}=\frac{M_1+M_2+M_3+\cdots+M_n}{n}$$

$$S=\sqrt{\frac{\sum_{i=1}^{n}(M_i-\bar{M})^2}{n-1}}$$

式中：r——煤层厚度变异系数；M_i——每个见煤点的实测厚度；n——井田内参与煤厚评价的见煤点总数。

b.相对瓦斯涌出量

瓦斯涌出量是指在矿井建设和煤矿开采生产过程中，从煤与岩石内涌出的瓦斯量，包括绝对瓦斯涌出量和相对瓦斯涌出量。

绝对瓦斯涌出量指在单位时间内涌出的瓦斯体积，一般用立方米/天或者立方米/分钟作为单位，其表达式如下：

$$Q=q\times c/100$$

式中：q——风量；c——风流中的平均瓦斯浓度。

相对瓦斯涌出量指相对于平均日产一吨煤所同期涌出的瓦斯体积，单位是立方米/吨，其表达式如下：

$$Q_t=Q\times A$$

式中：Q——绝对瓦斯涌出量；A——日产煤量（吨）。

c.煤层自燃发火期

其表达式如下：

$$煤层自燃发火期=\frac{煤层自燃次数}{每月}$$

d.采掘工作面富水系数

采掘工作面富水系数是评价某一矿井（或坑道）水文地质条件的一种指标，是指矿井或坑道的排水量与同一时期内矿石开采量的比值，其表达式为：

$$KP=Q/P$$

式中：Q——矿井（坑道）某一时期的排水总量（吨）；P——同一时期内矿石开采量（吨）。

e.煤尘爆炸指数

煤尘爆炸指数是指煤中所含挥发分占可燃物质的百分数，随着煤尘爆炸指数的增加，煤尘发生爆炸的可能性就会加大，其表达式如下：

$$V_r = \frac{V_f}{100 - A_g - W_f} \times 100$$

式中：V_r——煤尘爆炸指数；V_f——煤样的挥发分；A_g——煤样的灰分；W_f——煤样的水分。

f.顶底板管理难易程度

根据《缓倾斜煤层工作面预板分类方案》（MT553-1996）和《缓倾斜煤层工作面预板分类方案》（MT554-1996），用顶底板管理难易程度来衡量煤层顶底条件。

D.管理水平指标

a.安全管理制度及落实情况

安全管理制度完善率是反映安全管理制度落实情况的重要指标。根据煤矿开采活动特征，针对煤矿企业安全生产情况，在制定安全管理制度时，应考虑到影响煤矿安全生产的各方面因素，包括人员、机器，生产环境等方面因素及落实的情况。

$$安全管理制度完善率 = \frac{实用安全管理制度数}{安全管理制度总数} \times 100$$

b.安全操作规程及落实情况

安全操作规程及落实情况主要体现在企业中对安全生产的落实情况进行监督、指导及管理人员的人数（从事安全技术、工程等落实情况的监督和检查）占整个企业从业人员总数的比例，其表达式如下：

$$安全检查人员配备率 = \frac{企业检查人员数量}{企业从业人员总数} \times 100$$

c.安全费用提取及使用合格率

安全费用提取及使用合格率用安全投入指数这一指标表示，它是反映安全投资程度的一个重要指标，是指安全经费支出占产值的比例，其表达式如下：

$$安全投入指数 = \frac{安全费用支出}{产值} \times 100$$

d.管理人员资格合格率

$$管理人员资格合格率 = \frac{各部门持有资格证书管理人员数}{各部门管理人员总数} \times 100$$

③指标筛选

我们采用的定量评价方法为因子分析法，对数据进行运算的过程已经实现指标体系降维，即完成了指标的筛选与重组。数据运行的结果表明该数据集通过了KMO and Bartlett检验，统计量KMO=0.671，Bartlett球体检验的p=0.000，适合采用因子分析方法。

其运行过程将初建的指标进行了重新分组，然后根据组合指标的特点对重新分组的准则层指标体系进行重新命名，它们的名称分别为人-机综合作用因子、机器运行可靠性、管理效率以及管理人员的能力。软件SPSS13.0的运行结果（即构建了新的评价指标体系）见表4-34。其中人-自然综合作用因子的指标包括10个指标（管理人员受教育年限、技术人员受教育年限、基层人员平均受训时间、基层人员平均工龄、煤层厚度变异系数、煤尘爆炸指数、瓦斯相对涌出量、煤层自燃发火期、采掘工作面富水系数及顶底板管理难易程度）；机器运行可靠性因子包括5个指标（设备机械化水平、设备运行可靠性、设备完好率、设备维修合格率及设备更新改造率）；管理效率因子包括3个指标（安全管理制度及落实情况、安全操作规程及落实情况、安全费用提取及使用合格率）；管理人员能力因子仅包括1个指标（管理人员资格合格率）。

④指标权重确定

软件SPSS13.0对指标数据进行处理的过程同时也实现了指标权重的确定，其结果见表4-34，可以看出4个公共因子已经可以解释原始变量85.976%的方差，包含了绝大部分原始变量的信息，即4个公共因子的累积贡献率（信息量权重）为85.976%，其中人-自然综合因子的贡献率（信息量权重）为47.843%，机器运行可靠性因子的贡献率（信息量权重）为18.841%，管理效率因子的贡献率（信息量权重）为13.488%，管理人员能力因子的贡献率（信息量权重）为5.805%。

首先，将四个因子的贡献率（信息量权重）进行归一化处理，处理的结果为人-自然综合因子、机器运行可靠性、管理效率及管理人员能力准则层指标在目标层的权重A_i分别为0.556、0.219、0.157、0.068。

其次，由于因子得分系数矩阵[a_{ij}]能够将指标变量表示为其所在准则层的构造回归方程，所以，指标变量在准则层权重值A_{ij}可以通过对得分系数a_{ij}进行归一化处理得到。

最后，指标层在目标层的权重可以由指标准则层的权重与指标层的权重乘积获得，记为W_j，其权重分布见表4-34。

表4-34 **指标权重分布**

一级指标	二级指标 A_i	三级指标	a_{ij}	A_{ij}	W_j
煤矿企业安全生产评价指标体系	人-自然综合因子（0.556）	管理人员受教育年限	0.119	0.103	0.057
		技术人员受教育年限	0.156	0.134	0.075
		基层人员平均受训时间	0.108	0.093	0.052
		基层人员平均工龄	0.126	0.109	0.060
		煤层厚度变异系数	-0.178	0.153	0.085
		煤尘爆炸指数	0.129	0.111	0.062
		相对瓦斯涌出量	0.071	0.061	0.034
		煤层自燃发火期	-0.083	0.072	0.040
		采掘工作面富水系数	0.074	0.064	0.035
		顶底板管理难易程度	-0.116	0.100	0.056
	机器运行可靠性（0.219）	设备机械化水平	0.164	0.125	0.027
		设备完好率	0.342	0.260	0.057
		设备运行可靠性	0.283	0.215	0.047
		设备维修合格率	0.208	0.158	0.035
		设备更新改造率	0.320	0.243	0.053
	管理效率（0.157）	安全管理制度及落实情况	-0.044	0.060	0.009
		安全操作规程及落实情况	0.440	0.599	0.094
		安全费用提取及使用合格率	0.251	0.341	0.054
	管理人员能力（0.068）	管理人员资格合格率	0.218	1	0.068

4.6.2 我国煤矿事故的主要影响因素

(1) 人员因素

有关统计资料显示，人的不安全行为是导致我国煤矿重大事故的最直接的原因，其比率高达97.67%。行为安全理论认为，减少员工的不安全行为能够降低煤矿事故的发生率，因此，控制人的不安全行为对预防、控制煤矿事故发生极为重要。人员的不安全行为主要产生于心理、生理等方面在主观和客观上存在的缺陷，其主要表现为缺乏安全知识和技能、安全意识淡薄、管理与技术人员素质低、身体状况与心理异常等，以上这些因素均能够导致人的行为失误。在生理学、系统安全等理论的基础上，下文结合煤矿生产活动的特殊性，主要从管理及技术素质、安全意识、生理及心理素质三个维度评价员工的整体素质。

①管理及技术素质

煤矿生产活动是一个极为复杂的过程，需要应用多种复杂的技术，每个煤矿员工都应在生产实践中不断认识和识别煤矿生产过程中涉及的危险因素，提升防范各种灾害的能力，进而起到降低事故的发生率的作用。但是由于大部分基层工作人员的文化素质不高，自身不具备相关理论与技能，因此需要高素质的管理人员和专业技术人员的指导，整个煤矿企业的安全水平受到管理人员及技术人员的影响很大，因为他们如果把自己的知识、能力、经验与实际工作相结合进行学习研究，形成创新性的理论或实用的安全指导法则以及安全措施等，将会推动整个煤矿企业安全生产水平的提高。因此，提升煤矿企业管理人员与专业技术人员受教育程度能够提高企业基层员工安全识别、防范等能力，并能够起到加强基层员工安全意识的作用，也能够提高基层员工的心理素质。

②安全意识

组织行为学理论认为，良好的心理素质对人的行为具有支配调节作用。在煤矿生产过程中，员工安全意识被认为是影响其行为的一个重要因素。而意识需要不断地强化，才能够对行为产生一定的效果。在煤矿安全生产活动中，基层员工心理、生理素质等，都是安全意识的集中体现，都需要不断强化，而强化的最有效的措施就是有效地对员工进行培训，只有这样才能够提升基层员工的安全意识。安全意识好的员工往往在煤矿作业过程中能够灵活运用自己的思维，能够随时联想工作的全过程，充分考虑阻止事故发生的重要措施与手段。相反，如果煤矿员工安全意识淡薄，则很可能会为事故发生埋下巨大隐患。

基层员工的安全意识对煤矿安全生产活动作用极为重要，定期、合理地对员工进行安全教育和培训，强化员工安全意识，是提高煤矿安全水平的一个重要措施。此外，经调研及相关煤矿企业管理人员的总结发现，员工的安全意识与其受培训时间具有一定的关系。培训时间较长的员工，对安全隐患的识别及防范能力相对于培训时间短的员工要强很多。

③生理及心理素质

人的行为发生需要两个要素：一是心理思想意识支配活动；二是具有去实施思想意识要完成的行为的能力。员工生理素质主要是指煤矿企业员工的身体状况。在煤矿安全生产过程中，煤矿员工的身体状况会对作业产生影响，因为员工的思想要通过人的身体这个载体去实现，然而判断员工身体状况是一项相当难的任务，单纯看外表很难正确判断员工的身体健康状况，特别是一些潜在的疾病隐患。同样，心理素质主要是指在管理人员及技术人员的指导下，在出现不安全状况的情况下，员工自身有信心去应对各种危险，能够采取正确措施的心理状态。对于难以量化的员工身体状况，根据从事煤矿安全生产专家的专业知识与经验，员工的生理、心理素质会随工龄的变化而有所差异。因此，基层员工的平均工龄在一定程度上可以反映其生理及心理素质。

（2）机器因素

煤炭的开采过程基本上是由人员与机器设备两者相互配合，煤矿生产机器设备是煤矿企业最基本的生产力要素，绝大部分生产活动要通过大型机械设备完成。当机器非正常运行，并与人员的操作失误等行为发生交叉时，就会导致事故的发生。但是机器作为开采煤炭资源的主要工具，无论是正常运转或不正常运转都会引起机器设备的零部件的磨损、腐蚀以及老化，进而影响到机器设备安全运行性能。此外，如果机器设备长时间重载荷运转，很容易为事故的发生埋下隐患。因此，在煤矿生产过程中，各部门应对机器设备运行状况进行实时监控，对存在问题的设备进行及时的检修和更换，使其能够正常良好地运行，为煤矿安全生产提供基本的硬件保障。

①设备机械化程度

设备的机械化水平是衡量煤矿安全生产的一个重要指标。数据显示，矿井采煤机械化程度越高，则事故发生率和员工死亡率就越低，因而，不断提高采煤的机械化水平是提升煤矿企业安全生产能力的重要因素，对于控制事故发生率很有效。

②设备完好率

矿井设备的完好率是几乎包括了矿井使用的所有设备的完好率，其中，主要包括：轨道及挡车器、机械及其保护、支护、电气及保护、防尘、隔爆、排水、防火及消防设施、监测监控、通信设备、通风、瓦斯监测等设备的完好率。

设备完好率大于90%，为设备完好，随时都可以安全可靠地投入使用；在70%～90%时，为基本完好，临时出现故障，能在短期内修复，不影响正常生产；小于70%，设备有严重缺陷，技术性能不良，不能保证安全生产。

③设备运行可靠率

设备的正常运行时间也是保障安全生产的主要指标，设备由于发生故障，不能够正常运行，将会产生一系列的安全隐患问题。例如，瓦斯抽取设备出现故障，但没有及时发现及维修，就会不断地增加瓦斯在空气中的浓度，从而引发瓦斯爆炸等重大事故。

④设备维修合格率

设备在运转期间，时常会出现磨损、零件老化等问题，如不能及时对其进行维护、修理，就会影响机器的正常运行。控制机械设备的不安全状态，最重要的措施就是对机械设备进行定期检查维修和日常保养。

⑤设备更新率

企业为了节约成本而使用一些已经过了使用期限的机器，这些机器无论维修、保养都已经不能够正常运行，这就需要对其进行更换，才能够保证生产的顺利进行。同时，随着科学技术的不断进步，各种机器装备也迎合市场的需求，不断提高改进设备的材料、工艺及方法，更重要的是重视了安全的因素。因此，如果企业使用的设备越先进，那么，设备的安全性能也就越佳。

（3）环境因素

煤矿企业的生产环境主要是指来自煤矿自身的一些事故隐患，如果对这些潜在的隐患认识不清或控制不当，那么将对煤矿安全生产造成威胁，导致事故发生，对企业、人员等造成危害，在此主要分析煤矿自身地质环境因素，包括煤层厚度变异系数、煤尘爆炸指数、瓦斯相对涌出量、顶板管理难度及水文地质条件。

①顶板管理

在煤矿开采过程中，巷道顶部的岩层要往下落，这个顶部岩层的重量就压在巷道的两帮上，这个顶部岩层就是顶板。在实际开采过程中，由于掘进工作面的不断推进，顶板暴露面积也会逐渐变大，那么顶板极易出现垮落等问题，会造成生产瘫痪甚至人员伤亡等事故。

相关数据显示，在我国煤矿生产事故中，顶板事故占37.11%，居第一位。我国的露天开采仅占4.8%，95%以上是地下开采，井下开采是我国煤炭生产的主要来源。而从地质条件来看，我国大部分矿井地质构造极为复杂，约有36%的矿井顶板易破碎，在掘进和采煤过程中极易冒落；约有15%的矿井顶板尤为坚硬，采煤以后会悬空，但当形成一定条件的时候会大面积地垮落，造成的后果不堪设想。还有的矿井由于冲击地压重，也会造成严重的顶板事故。我国煤矿顶板条件差异较大，多数大中型煤矿顶板属于“局部不平”类型或“裂隙比较发育”类型，顶板平整的约占11%，破碎与松软的占5%。

②瓦斯状况

瓦斯是威胁煤矿安全的主要危害源。其主要包括三种类型的危害：第一，如果瓦斯在空气中的含量较大，那么会降低空气中的氧含量，工作人员可能因为缺氧而窒息。第二，在具备一定条件可能会发生瓦斯爆炸。从本质上来讲，瓦斯爆炸是由一定浓度的甲烷和空气中的氧气产生的强烈的氧化反应。瓦斯爆炸的摧毁力极大。第三，煤与瓦斯突出，它是指在压力作用下，瓦斯与破碎的煤瞬间喷向采掘工作面有限的空间内，这样不仅破坏性损坏巷道内的各种设施，而且使附近区域的井全部充满瓦斯与煤粉，造成作业人员瓦斯窒息、煤流埋人，甚至会造成煤尘和瓦斯爆炸等严重后果。以上三种类型的瓦斯事故，多数专家的研究与分析都确定瓦斯的浓度是最主要的因素。我国所有的井工矿都是瓦斯矿井，据统计，国有重点煤矿中，高瓦斯矿井比例为21%；煤与瓦斯突出矿井占21.3%；低瓦斯矿井占57.7%。在国有地方煤矿与乡镇煤矿中，高瓦斯矿井和煤与瓦斯突出的矿井占15%。而且随着开采深度的不断增加，还有瓦斯涌出量的增加，高瓦斯矿井和煤与瓦斯突出矿井的数量还会增加。

③煤尘因素

煤尘是指在矿井建设和采煤过程中所产生的微粒，其具有极大的危害性。煤尘会污染工作场所，引发人员呼吸道问题，甚至导致肺病和皮肤病；这些小微粒一旦进入机器设备，会加快机器的磨损与老化，特别是精密仪器可能因为煤尘而报废；煤尘在特定条件下会发生爆炸，将产生严重后果。此外，煤尘会使工作场所的能见度下降，使作业人员因“模糊”指挥或操作而引发事故，所以将煤尘因素作为煤矿安全生产评价的指标。我国煤矿具有煤尘爆炸性危险的矿井普遍存在。具有煤尘爆炸危险的矿井占煤矿总数的60%以上，煤尘爆炸指数在45%以上的煤矿占16.3%。其中，在大中型煤矿中，93.18%的煤矿具有煤尘爆炸危险，而且约70.38%的煤矿的煤尘具有强爆炸性；在小煤矿中，91.35%的煤矿具有爆炸性，其中57.41%具有强爆炸性。

④水文地质条件

水文地质条件是煤矿在勘探、设计与开采过程中必须明确的关键因素。相关部门对矿井的突水源要进行认真的调查研究，掌握可能出水的断层及裂隙分布等可能引发水灾的因素，要建立完善的防水、治水的管理系统。综合多位专家学者的分析与研究，将煤层富水系数作为衡量水文地质条件的指标。我国煤矿水文地质条件极为复杂，国有重点煤矿中，水文地质条件属于复杂或极为复杂的矿井比例为27%，属于简单的矿井比例为34%。在国有地方煤矿及乡镇煤矿中，水文地质条件属于复杂或极为复杂的矿井的比例为8.5%。

⑤煤层厚度变异系数

煤层厚度变异系数可以评价煤层的稳定程度，确定勘探类型。煤层厚度的变异系数越大，对采煤方法的要求也就越高，若方法不得当，将会引发事故，所以煤矿的设计、建设及开采都应该充分考虑煤层厚度的变异系数，以避免或减少事故的发生。据有关部门调查，我国大中型煤矿中，地质构造复杂、极为复杂的煤矿所占的比重为33.09%，属于简单类型的煤矿只占23.09%。

⑥煤层自燃发火危险

我国具有自燃发火危险的煤矿所占的比例很大，而且覆盖的面积也很广。在大中型煤矿中，自燃发火危险程度严重或者较为严重的煤矿比重为72.9%。在国有重点煤矿中，具有自燃发火危险的矿井比例为47.3%。而在小煤矿中，其比例为85.3%。

（4）管理因素

引发煤矿事故的主要因素体现在煤矿固有条件、机器设备及人员方面，但是历年事故的统计资料研究表明，还有一个主要诱因是安全管理失效或存在漏洞。因为管理工作贯穿于整个煤矿生产活动，时刻都影响着其他生产因素的状态。

上述内容已经详细分析了影响我国煤矿安全生产的微观因素，也有很多学者从这四个维度对煤矿安全进行了分析与评价，但是对四个因素下层的指标层选取的衡量指标存在很大的差别，而且衡量指标的计算方法也有区别。还有学者从多维的角度分析了影响我国煤矿安全的因素，包括宏观、微观的。还有学者认为单一的影响因素是我国煤矿生产事故发生的根本原因。所以，在评价过程中，指标的选取、算法不同，评价方法选择的不同，都会产生不同的结论，有时甚至结果不符合实际情况。而评价结果不合理可能会产生一些问题：第一，评价结果不合理会使评价煤矿的安全状况失真，不能够真正反映煤矿存在的主要事故隐患，致使作业人员忽视不良因素，从而引发事故；第二，因为评价结果反映的主要问题并不是事故发生的主要原因，所以可能会使企业不能抓住安全生产工作的重点，既不能有效地降低事故的发生率，也造成了企业安全投入资源的浪费；第三，如果事故认定评价结果不科学，那么便不能找出事故的真正责任主体。所以，指标选取的合理性是整个评价过程的关键。

4.6.3 煤矿企业安全生产评价实证分析

（1）煤矿企业安全生产评价模型使用依据

使用因子分析法进行评价，优点在于其评价结果能够全面地、客观地反映评价对象的整体状态，并且运行的过程能够实现指标的聚类，这样便于对评价指标特征的了解与掌握，同时根据评价结果可进行比较分析。

（2）因子分析法简介

①因子分析数学模型

因子分析通过研究多个变量之间的内部依赖关系，寻找能够解释所有变量的少数几个重要因子。然后根据变量相关程度进行分组，使因子之间互不相关。因此，所有的变量都能够表示成公共因子的线性组合，设有N个样本，P个指标，$X=(X_1, X_2, \cdots, X_p)^T$为随机向量，那么，公共因子为$F=(F_1, F_2, \cdots, F_m)^T$，可以通过下面的数学模型来表示：

$$
\begin{aligned}
X_1 &= a_{11}F_1 + a_{12}F_2 + \cdots + a_{1m}F_m + a_1\varepsilon_1 \\
X_2 &= a_{21}F_1 + a_{22}F_2 + \cdots + a_{2m}F_m + a_2\varepsilon_2 \\
&\vdots \\
X_p &= a_{p1}F_1 + a_{p2}F_2 + \cdots + a_{pm}F_m + a_p\varepsilon_p
\end{aligned}
$$

上式叫作因子模型。其中，$A=(a_{ij})$为因子载荷矩阵，a_{ij}为因子载荷，其本质就是公因子F_i和变量X_j的相关系数$F_1, F_2, \cdots, F_m$。称为公共因子。$\varepsilon_I(I=1, 2, \cdots, p)$则表示影响$X_i$的独特因子，是原有变量所不能被因子变量解释的部分。

②因子分析模型中各统计量的含义

为了更好地了解模型，需对在因子分析中涉及的统计量进行说明：

A.因子载荷a_{ij}。它表示变量X_i依赖因子F_i的程度，反映了第i个变量在第j个主因子的相对重要性。

B.变量X_i的变量共同度。m个公因子对第i个变量方差的贡献称为第i个变量的共同度，又称为公因子方差比，记作h_i^2，计算公式如下：

$$h_i^2 = \sum_{i=1}^{p} a_{ij}^2 \qquad (j = 1, 2, \cdots, m)$$

C.公因子F_j的方差贡献率。在载荷矩阵$A = (a_{ij})$中，每列的元素a_j平方和记作g_j^2，计算公式为：

$$g_j^2 = \sum_{j=1}^{m} a_{ij}^2 \qquad (i = 1, 2, \cdots, p)$$

③因子分析法的基本步骤

在实际应用过程中，因子分析法主要包括以下几个步骤：

A.检验是否能用因子分析法

通常用巴特利特球体检验和KMO检验两种方法进行统计检验。

B.提取公因子

根据特定的规则确定公因子个数。

C.进行旋转

在实际操作过程中，对负荷矩阵进行适当的旋转，这样可以改变每个变量在各个因子负荷量的大小，以便于解释。

D.因子命名

根据旋转后获得的公因子包含的指标，总结特征，然后根据特点进行命名。

E.计算因子得分

因子得分计算公式为：

$$R_i = b_{i1}x_1 + b_{i2}x_2 + b_{i3}x_3 + \cdots + b_{im}x_m \qquad (i = 1, 2, \cdots, p)$$

式中：x_1，x_2，…，x_m——标准化变量；b_{i1}，b_{i2}，…，b_{im}——因子得分系数；R_i——第i个因子的得分。

F.综合评价计算

综合评价的计算公式为：

$$R = \sum_{i=1}^{p} a_i R_i$$

式中：R——综合评价得分。

（3）实证分析

①数据来源及归一化处理

根据某省煤炭工业管理局、矿山安全监察局提供的矿井安全原始数据，分析和整理得到了20个煤矿数据作为样本。

②分析评价

SPSS13.0软件运行结果如下：

A.判定数据能否用因子分析，结果见表4-35。

表4-35 KMO and Bartlett检验

Kaiser-Meyer-Olkin Measure of Sampling Adequacy.		0.671
Bartlett's Test of Sphericity	Approx. Chi-Square	527.451
	df	171
	Sig.	0.000

表4-35中显示统计量KMO=0.671，Bartlett球体检验的p=0.000，根据规则通过检验。

B.确定公因子

根据累计百分数比例大于85%来确定因子个数，从表4-36中可以看出4个公因子的累积贡献为85.976%，所以能够解释原始数据的绝大部分信息。

表4-36 总方差分解表

Component	Initial Eigenvalues			Extraction Sums of Squared Loadings			Rotation Sums of Squared Loadings		
	Total	% of Variance	Cumulative %	Total	% of Variance	Cumulative %	Total	% of Variance	Cumulative %
1	11.462	60.326	60.326	11.462	60.326	60.326	9.090	47.843	47.843
2	2.345	12.342	72.668	2.345	12.342	72.668	3.580	18.841	66.684
3	1.550	8.157	80.825	1.550	8.157	80.825	2.563	13.488	80.172
4	0.979	5.152	85.976	0.979	5.152	85.976	1.103	5.805	85.976

C.公因子命名

表4-37　旋转后的因子载荷矩阵

项目	Component			
	1	2	3	4
管理人员受教育年限	0.893			
技术人员受教育年限	0.862			
基层人员平均受训时间	0.863			
基层工人平均工龄	0.801			
煤层厚度变异系数	-0.940			
煤尘爆炸指数	0.932			
相对瓦斯涌出量	0.823			
煤层自燃发火期	-0.858			
采掘工作面富水系数	0.834			
顶板管理难易程度	-0.898			
设备机械化水平		0.666		
设备完好率		0.835		
设备运行可靠性		0.779		
设备维修合格率		0.708		
设备更新改造率		0.770		
安全管理制度及落实情况			0.858	
安全操作规程及落实情况			0.669	
安全费用提取及使用合格率			0.921	
管理人员资格合格率				0.722

Extraction Method：Principal Component Analysis.

Rotation Method：Varimax with Kaiser Normalization.

Rotation converged in 6 iterations.

根据表4-37对公因子命名：

该表将整个指标体系分为四列，即分为四个公因子。

第一列因子包括煤层厚度变异系数、技术人员受教育年限等10个指标，它们的系数较大，说明对于煤矿安全生产所起的作用比较大，指标的特点主要集中在人员、自然生产环境两方面，故命名为人-自然综合因子。

第二列因子包括设备机械化水平等5个指标，主要反映机器的运行可靠性方面，故命名为机器运行可靠性。

第三列因子包括安全费用提取及使用合格率等3个指标，主要反映了管理方面的信息，故命名为管理效率。

第四列因子仅1个指标，为管理人员资格合格率，故命名为管理人员能力。

D.计算公因子得分及综合得分

根据表4-38可得到公因子的得分计算式：

$$R_1=0.119x_1+0.156x_2+0.108x_3+0.126x_4+0.056x_5-0.147x_6-0.062x_7-0.001x_8-0.127x_9-0.178x_{10}+0.129x_{11}+0.071x_{12}-0.083x_{13}+0.074x_{14}-0.116x_{15}+0.023x_{16}-0.125x_{17}+0.068x_{18}-0.144x_{19}$$

$$R_2=-0.045x_1-0.075x_2-0.022x_3-0.071x_4+0.164x_5+0.342x_6+0.283x_7+0.208x_8+0.320x_9+0.072x_{10}-0.043x_{11}+0.007x_{12}+0.004x_{13}+0.011x_{14}+0.022x_{15}-0.006x_{16}+0.089x_{17}-0.174x_{18}+0.026x_{19}$$

$$R_3=-0.016x_1-0.119x_2+0.004x_3+0.045x_4-0.059x_5+0.074x_6-0.015x_7+0.026x_8+0.012x_9+0.150x_{10}-0.031x_{11}+0.002x_{12}-0.041x_{13}-0.011x_{14}+0.045x_{15}-0.044x_{16}+0.440x_{17}+0.251x_{18}+0.478x_{19}$$

$$R_4=0.007x_1-0.007x_2-0.067x_3-0.265x_4-0.361x_5+0.272x_6-0.092x_7-0.298x_8+0.206x_9+0.076x_{10}-0.021x_{11}+0.176x_{12}-0.018x_{13}+0.181x_{14}-0.030x_{15}+0.646x_{16}-0.107x_{17}-0.121x_{18}+0.218x_{19}$$

根据表4-36可知各个公因子的方差贡献率，然后将各个公因子的方差贡献率进行归一化处理，可得到如下综合值计算公式：

$$R=0.556R_1+0.219R_2+0.157R_3+0.068R_4$$

表4-38 **因子得分系数矩阵**

指标	因子			
	1	2	3	4
管理人员受教育年限	0.119	-0.045	-0.016	0.007
技术人员受教育年限	0.156	-0.075	-0.119	-0.007
基层人员平均受训时间	0.108	-0.022	0.004	-0.067
基层工人平均工龄	0.126	-0.071	0.045	-0.265
设备机械化水平	0.056	0.164	-0.059	-0.361
设备完好率	-0.147	0.342	0.074	0.272
设备运行可靠性	-0.062	0.283	-0.015	-0.092
设备维修合格率	-0.001	0.208	0.026	-0.298
设备更新改造率	-0.127	0.320	0.012	0.206
煤层厚度变异系数	-0.178	0.072	0.150	0.076
煤尘爆炸指数	0.129	-0.043	-0.031	-0.021
相对瓦斯涌出量	0.071	0.007	0.002	0.176
煤层自燃发火期	-0.083	0.004	-0.041	-0.018
采掘工作面富水系数	0.074	0.011	-0.011	0.181
顶板管理难易程度	-0.116	0.022	0.045	-0.030
管理人员资格合格率	0.023	-0.006	-0.044	0.646
安全管理制度及落实情况	-0.125	0.089	0.440	-0.107
安全操作规程及落实情况	0.068	-0.174	0.251	-0.121
安全费用提取及使用合格率	-0.144	0.026	0.478	0.218

Extraction Method: Principal Component Analysis.

Rotation Method: Varimax with Kaiser Normalization.

Component Scores.

从SPSS13.0软件能够直接得到公因子的得分，然后根据综合值计算公式计算出各个煤炭企业的综合得分，结果见表4-39。

表4-39　　各个煤矿企业公因子得分及综合得分

企业名称	R_1	R_2	R_3	R_4	R
M_1	1.52711	−0.13476	1.14722	0.29992	0.87736
M_2	−0.08745	−1.20705	−1.94485	0.45055	−0.50550
M_3	1.80416	−1.27644	0.68033	0.24274	0.72845
M_4	−0.30482	−0.36505	−1.23192	−1.06764	−0.44277
M_5	0.73921	0.77165	1.36035	0.48249	0.71059
M_6	−0.80162	1.77244	−0.88520	−1.15980	−0.23619
M_7	1.01747	0.21857	0.48008	0.17086	0.60265
M_8	−0.90704	−1.58261	1.06896	−2.03285	−0.70606
M_9	0.64906	1.43594	−0.33212	−0.85738	0.48659
M_{10}	−0.72710	−1.66357	0.22177	−1.24122	−0.70354
M_{11}	0.79914	−1.09353	0.64670	0.39698	0.52299
M_{12}	−2.03843	−0.47700	0.96451	2.35845	−0.79815
M_{13}	0.25512	1.11538	0.79352	−0.58691	0.40523
M_{14}	−0.28979	−0.23892	−1.30966	0.29808	−0.34302
M_{15}	0.15745	1.03896	0.00879	0.41780	0.29658
M_{16}	−2.06489	0.67171	1.32326	0.32389	−0.66403
M_{17}	−0.07168	0.31773	0.32681	−0.99090	0.01215
M_{18}	0.02108	−0.04216	−1.22097	1.01388	−0.10369
M_{19}	0.27607	0.44936	−0.80709	0.47908	0.13572
M_{20}	0.04693	0.28935	−0.69050	0.70198	0.02460

E.聚类分析

为了更加具体地了解上述企业安全生产方面存在的优点与不足，根据表4-39内各个因子得分进行聚类分析，找出样本煤矿的共同点与区别，这样便有利于了解煤矿企业的整体安全水平。采用K-Means方法进行聚类分析，选择分为五类。

对样本煤矿进行类别特征分析（见表4-40）：

表4-40 所属类成员表

Case Number	Cluster	Distance	Case Number	Cluster	Distance
M_1	3	0.751	M_{11}	3	0.961
M_2	4	1.271	M_{12}	2	1.182
M_3	3	0.886	M_{13}	5	0.607
M_4	4	1.414	M_{14}	4	0.263
M_5	5	1.619	M_{15}	5	0.891
M_6	5	1.763	M_{16}	2	1.182
M_7	3	0.861	M_{17}	5	0.965
M_8	1	0.588	M_{18}	4	0.720
M_9	5	0.915	M_{19}	4	0.835
M_{10}	1	0.588	M_{20}	4	0.805

M_8、M_{10}第一类，综合得分值偏低，此类型煤矿为2个，占样本数的10%，其特征是机器运行可靠性因子得分最低，管理人员能力因子得分最低。

M_{12}、M_{16}第二类，综合得分值偏低，此类型煤矿为2个，占样本数的10%，其特征是人-自然综合因子得分最低，管理效率因子得分很高。

M_1、M_3、M_7、M_{11}第三类，综合得分值偏高，此类型煤矿为4个，占样本数的20%，其特征是人-自然综合因子得分偏高，管理效率得分偏高。

M_2、M_4、M_{14}、M_{18}、M_{19}、M_{20}第四类，综合得分值居中，此类型煤矿为6个，占样本数的30%，其特征是管理效率因子得分很低。

M_5、M_6、M_9、M_{13}、M_{15}、M_{17}第五类，综合得分值居中，此类型煤矿为6个，占样本数的30%，其特征是各个因子值大都集中在中间位置。

综上所述，样本中综合得分值高的煤矿主要是人-自然综合、管理效率两因子起到了决定性的作用，但这类煤矿在样本中的比例仅占20%。综合得分值处于中间位置的煤矿约占60%，其特征是各个因子得分均不高也不低，其中一类煤矿是由于管理效率很低，而使综合评价值处于中间位置。综合得分值低的煤矿比例为20%，其中一类是由于机器运行可靠性、管理人员能力两因子值极低，另一类是由于人-自然因子值极低，但管理效率因子的分值很高。

第5章 低碳经济下的能源安全预警

能源安全预警是保障能源安全的重要手段，通过预警及时掌握能源的供求情况，指导能源的开发利用，有效地进行宏观调控。本章论述了能源安全预警的理论方法，讨论了能源安全预警模型，以石油为例，构建了基于概率神经网络、BP神经网络与SVM的石油安全预警模型，并通过实例研究对比，最终选择基于支持向量机预警模型作为石油安全预警模型。

低碳经济下，能源安全预警具有特殊的目的和重要的意义。能源安全预警与预测和监测有着本质的不同。

5.1 能源安全预警的含义与基本要素

5.1.1 能源安全预警的含义

预警即预先警告，存在于事物发生之前，目的在于事先警告，提醒人们注意和警惕。相当长时期内，预警主要应用于军事领域，随着社会的不断发展，其应用才逐渐扩展至经济社会领域。为适应经济社会的发展需要，预警的意义也在某种程度上发生转变。所谓预警，便是预测可能存在的风险，继而给予警告，换言之，预警就是对某一要素的现状或未来状况进行测试，预报其存在异常状态的时空范围及可能产生的危害程度，对此提出相应的预防措施，以此防范风险。能源安全预警就是指对能源安全的现状和未来动向进行测试，发现可能存在的危险因素，从而因地制宜地采取与之相应的措施，达到消除危险、保障安全的目的，它不同于能源安全预测。能源安全预测是指根据能源潜在的资源状况、经济社会发展态势及环境现状，预测未来时刻能源的供应稳定和能源使用安全的态势。但是，能源安全预警以能源安全预测为基础，没有能源安全预测就没有能源安全预警。

本章以保障国民经济持续发展为基本出发点，根据能源与社会经济发展的关系，研究在市场经济体制下的能源供给与需求的动态变化规律，并以此及时监控、分析当前和未来能源的供求发展趋势。

5.1.2 能源安全预警基本要素

能源安全预警的基本要素主要包括警义、警源、警兆以及排警措施。

警义是指警情的含义。能源安全包括能源供需稳定和能源使用安全，低碳经济约束下的能源安全是指能源供需稳定和能源使用过程中二氧化碳的低排放。所以，能源供需稳定和二氧化碳低排放是能源安全预警的关键。

警源是指引发警情的根源，依据其产生原因或产生机理可分为内生警源、外生警源、自然警源。能源安全预警的警源主要包括能源供需因素、经济因素、环境因素等。

警兆是警素发生异常变动进而诱发警情的先兆，一般分为景气警兆、动向警兆。景气警兆直接反映能源安全的景气或警情程度，是由警源过渡到警情过程中所产生的各种外部现象，一般以价值规律为基础，比如能源消费增长率与其投资增长率不协调，主要能源供求差额异常等。动向警兆，主要用来表示由警源过渡到警情过程中，非常可能产生的各种外部经济现象。

排警措施是指解除能源安全问题的措施，可分为短期排警措施和长期排警措施。短期排警措施是应急性措施，主要针对突发性危机实施的，如临时调配、启动能源储备、使用替代能源等；长期排警措施是政策性措施，具有前瞻性，能够解决能源安全存在的根本性问题。

能源安全预警的各个要素之间关系密切、相互影响。警义是能源安全预警的根本，警源是警情产生的根源，警兆是能源安全预警的前提和判断依据，排警措施是能源安全预警的最终目标，最终根据能源安全预警的警度分析采用相应的排警措施。

5.1.3 能源安全预警机制

西方经济发展中，经济波动理论是宏观经济管理的重要理论基础，由于经济波动现象的存在以及国家宏观调控的需要，对宏观经济进行监测的预警研究也就应运而生。能源安全预警的研究也是基于能源安全的周期波动理论的存在而产生的，一般思路是明确警义，寻找警源，分析警兆，预报警度。

明确警义就是确定能源安全预警的对象，针对能源生产和消费过程中存在的问题进行预警。寻找警源是能源安全预警的起点。它可能是内生警源也可能是外生警源。内生警源主要指影响能源安全的内部因素，如能源自给率、能源储备量等；外生警源是指影响能源安全的外部因素，如一国的军事影响力、综合国力等。警源只有通过量变的积累达到质变时，才能引起警情，是分析警兆的基础。分析警兆是能源安全预警的关键，主要是通过观察能源安全警素的异常变动，分析警情发生前警源产生过程中的各种经济现象以及分散过程中的相同或相似现象，进而分析能源安全所处的状态，在此基础上预报警度，即预报警情的危险程度。

5.1.4 警限确定的基本方法和原则

警限是划分不同警度的依据。能源安全的发展演化过程中存在着一些特殊的临界值，代表了能源安全质量的底线，它的两端表示不同的发展方向和安全程度。一旦超越这个底线，能源安全状况就会被界定为能源安全态势危险或安全。目前研究中，对能源安全警限的界定并没有明确、统一的界定方法，往往根据实际需要或研究需要，进行人为划分。常用的划分方法有系统化方法、控制图方法、突变论方法和专家确定方法。

系统化方法主要是定性分析大量历史数据，依据各种并列原则或标准确定警限，结合实际情况和经验，综合考量多方面因素进行适当调整。划分过程中主要坚持多数原则和半数原则或中数原则，均数原则和众数原则以及少数原则。

控制图法主要是基于小概率事件发生理论进行限定的。控制图方法设定的报警系统是因异常点的存在而引发的，并且主要依据小概率事件能否发生作为异常点存在的判定依据。使用控制图方法划分能源安全警限，既要考虑能源安全处于稳定状态时，拥有维持报警系统稳定状态的能力，又要考虑当能源安全系统存在异常波动时，能够及时发出警报。既要保证不虚报能源安全状况，也不漏报能源安全警报。

突变论法是一种定量确定能源安全警限的方法，基于预警指标变化的潜在规律，构建数学模型，采用拓扑学、奇点等数学理论，研究能源安全预警指标发生突变的临界点，这个临界点便是能源安全警限。这种划分方法具有明显的科学性和严谨性，但是要求研究者具有深厚的数学基础。

专家确定法基于各个领域专家的意见或经验，对能源安全预警指标的警限进行判断，警限设定的准确程度依赖于评判者所掌握的资料信息，以及自身的知识水平和判断能力。这种判定方法带有浓厚的个人主观色彩。

5.2 石油安全预警研究

根据能源的重要程度，现选择石油进行预警研究。石油安全预警是指在对石油的未来供需趋势进行测度的基础上，预报不正常状态的时空范围和警情程度，进而提出防范措施[151]。

5.2.1 警情指标的选择

按照我国石油安全评价的结果，确定警情指标如下：

$$石油储采比=\frac{石油剩余可采量}{石油年产量}$$

$$石油占总能源的比重=\frac{石油年消费量}{年能源消费总量}$$

$$石油对外依存度=\frac{石油进口量-石油出口量}{石油消费量}$$

$$石油消费弹性=\frac{石油消费增长速度}{经济增长速度}$$

5.2.2 警度的确定

根据预警理论、我国石油评价结果，在专家调查的基础上确定警度为：无警度、轻警度、中警度、重警度，其度量见表5-1。

表5-1 石油安全警度表

无警	轻警	中警	重警
0	1	2	3

5.2.3 石油安全预警研究

为更好地得到一种好的预警方法，本章根据石油安全的样本特性，分别采用概率神经网络、BP神经网络与支持向量机三种模型进行预警研究，然后对比分析三种方法的预测结果，得出了基于SVM的预警方法比较好的结论。

（1）基于PNN的石油安全预警

我们选取了1993—2017年的石油储采比、石油占总能源的比重、石油对外依存度、石油消费弹性和石油价格，作为网络输入的5个神经元，见表5-2。

①对训练样本值进行归一化处理，结果见表5-3。

②进行PNN预警。

③进行预测分类。

表5-2　　　　**石油安全预警所用相关指标数据**

年份	石油储采比（%）	石油占总能源的比重（%）	石油对外依存度（%）	石油消费弹性	石油价格（美元/桶）	安全程度
1993	15.39	18.20	6.19	0.75	23.09	0
1994	15.22	17.40	1.74	0.13	21.07	0
1995	14.85	17.50	5.09	0.78	22.03	0
1996	14.29	18.00	7.97	0.88	25.94	1
1997	14.48	20.40	18.33	1.45	23.51	1
1998	14.89	21.50	14.69	0.07	15.71	1
1999	15.35	23.20	21.92	0.90	21.41	1
2000	15.07	24.60	31.13	0.80	32.88	1
2001	14.69	24.30	28.46	0.22	27.34	2
2002	14.24	24.00	30.00	0.92	27.36	2
2003	14.08	22.70	36.45	0.97	30.62	2
2004	13.97	22.70	45.15	1.60	39.57	3
2005	13.00	22.70	42.90	0.21	54.52	3
2006	12.98	22.50	43.56	0.58	59.00	3
2007	12.87	22.30	43.79	0.56	64.00	3
2008	12.56	21.87	43.88	0.61	96.00	3
2009	15.70	19.20	52.00	0.58	61.92	3
2010	10.0	19.0	55.00	1.25	77.70	3
2011	9.90	19.08	56.50	0.36	111.23	3
2012	11.4	18.9	57.8	0.60	112	3
2013	11.9	17.0	58.1	0.36	97.47	3
2014	11.9	17.1	59.6	0.80	99.23	3
2015	16.0	18.1	60.6	0.70	45.29	3
2016	17.5	18.3	65.4	0.84	34.50	3
2017	18.3	19.0	67.4	0.87	56.08	3

表5-3　　　　石油安全预警所用相关指标数据归一化

年份	石油储采比	石油占总能源的比重	石油对外依存度	石油消费弹性	石油价格	安全程度
1993	0.6536	0.1579	0.0678	0.4444	0.0766	0.0000
1994	0.6333	0.0526	0.0000	0.0392	0.0557	0.0000
1995	0.5893	0.0658	0.0510	0.4641	0.0656	0.0000
1996	0.5226	0.1316	0.0949	0.5294	0.1062	0.3333
1997	0.5452	0.4474	0.2527	0.9020	0.0810	0.3333
1998	0.5940	0.5921	0.1972	0.0000	0.0000	0.3333
1999	0.6488	0.8158	0.3073	0.5425	0.0592	0.3333
2000	0.6155	1.0000	0.4476	0.4771	0.1783	0.3333
2001	0.5702	0.9605	0.4069	0.0980	0.1208	0.6667
2002	0.5167	0.9211	0.4304	0.5556	0.1210	0.6667
2003	0.4976	0.7500	0.5286	0.5882	0.1548	0.6667
2004	0.4845	0.7500	0.6611	1.0000	0.2478	1.0000
2005	0.3690	0.7500	0.6269	0.0915	0.4031	1.0000
2006	0.3667	0.7237	0.6369	0.3333	0.4496	1.0000
2007	0.3536	0.6974	0.6404	0.3203	0.5015	1.0000
2008	0.3167	0.6408	0.6418	0.3529	0.8338	1.0000
2009	0.6905	0.2895	0.7655	0.3333	0.4799	1.0000
2010	0.0119	0.2632	0.8111	0.7712	0.6438	1.0000
2011	0.0000	0.2737	0.8340	0.1895	0.9920	1.0000
2012	0.1786	0.2500	0.8538	0.3464	1.0000	1.0000
2013	0.2381	0.0000	0.8584	0.1895	0.8491	1.0000
2014	0.2381	0.0132	0.8812	0.4771	0.8674	1.0000
2015	0.7262	0.1447	0.8964	0.4118	0.3072	1.0000
2016	0.9048	0.1711	0.9695	0.5033	0.1951	1.0000
2017	1.0000	0.2632	1.0000	0.5229	0.4193	1.0000

将前18组数据作为样本数据，后7组作为测试数据，共构建了5个输入层单元数（对应5个指标），18个模式层单元数（对应18个样本），4个类别层单元（对应4个安全等级）的PNN。利用Matlab创建了概率神经网络，代码为：

```
net=newpnn（P，T，SPREAD）
```

其中，P，T分别是输入向量和目标向量；SPREAD为径向基函数的分布密度，默认为0.1。

④误差分析

从表5-4可以看出，概率神经网络的分类结果的准确率不是太高，这与样本的数量有一定的关系，导致神经网络的分类结果误差较大。但可以作为一种尝试，用它进行石油安全的预警。

表5-4　概率神经网络安全程度预测结果与实际情况对比表

年份	预测安全程度	实际安全程度	符合程度
1993	1	0	错误
1994	1	0	错误
1995	1	0	错误
1996	1	1	正确
1997	1	1	正确
1998	1	1	正确
1999	1	1	正确
2000	1	1	正确
2001	1	2	错误
2002	2	2	正确
2003	2	2	正确
2004	1	3	错误
2005	3	3	正确
2006	3	3	正确
2007	3	3	正确
2008	2	3	错误
2009	3	3	正确
2010	2	3	错误
2011	2	3	错误

续表

年份	预测安全程度	实际安全程度	符合程度
2012	3	3	正确
2013	2	3	错误
2014	2	3	错误
2015	3	3	错误
2016	3	3	正确
2017	3	3	正确

⑤预警结果分析

利用已经训练好的概率神经网络，对2020年、2025年的数据进行预测分类。

```
net=newpnn（p0，t0，0.8）
ptest=［p1（:，26） p1（:，27）］;
yc=sim（net，ptest）； %仿真预测
out=vec2ind（yc）;
out
%反归一化
y=postmnmx （out， min（t）， max（t））
y
```

结果见表5-5。

表5-5 **概率神经网络石油安全预警预测数据**

年份	石油储采比	石油占总能源的比重	石油对外依存度	石油消费弹性	石油价格	预测安全程度
2020	15.00	21.50	70.00	0.23	90.00	2
2025	10.00	20.10	65.00	0.21	80.00	2

从概率神经网络安全程度预测结果与实际情况对比表可以看出，在训练样本比较少的情况下，概率神经网络的预测分类功能不是太理想。

（2）基于BP神经网络的石油安全预警

其基本步骤可用流程图来表示，如图5-1所示。

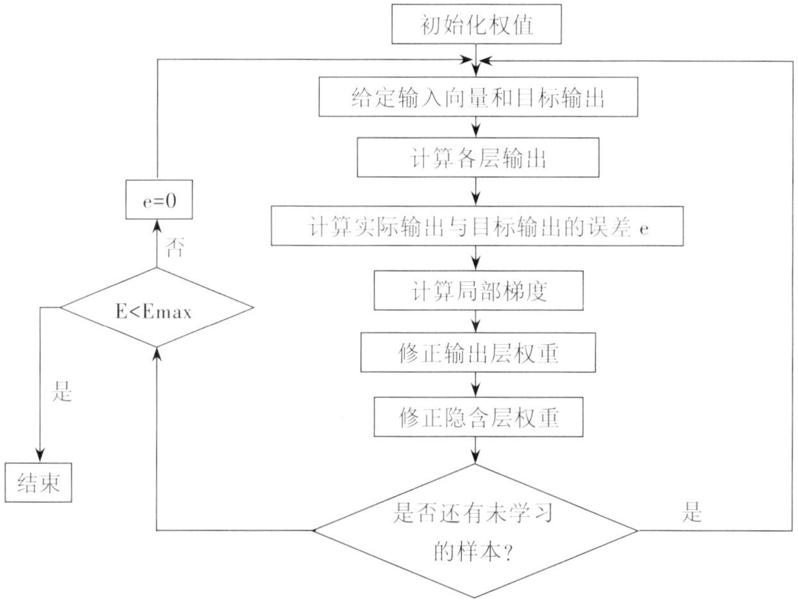

图5-1 BP算法流程图

基于BP神经网络的石油安全预警实例步骤如下：

①输入节点指标的确定

确定网络输入神经元：石油储采比、石油占总能源的比重、石油对外依存度、石油消费弹性、石油价格，然后，经归一化预处理，使其在[0，1]区间内。

②隐藏层节点数的选择

本研究的样本数为25，经对比，建立3层神经网络，隐藏层为11个节点的神经网络较为合适。

③输出节点的选择

根据警度的确定标准，小于0表示处于无警警区；[0，1）表示处于轻警警区；[1，2）表示处于中警警区；[2，3]表示处于重警警区。

④神经网络模型的训练与检测

训练参数为net.trainParam.goal=0.001；训练次数net.trainParam.epochs=5000；训练结束的目标LP.lr=0.1；学习率net.trainParam.show=

20；误差曲线如图 5-2 所示，训练样本仿真输出与实际输出如图 5-3 所示，两者一致性较好。仿真输出与实际输出之间的线性回归关系如图 5-4 所示，图中 A 表示预测值，T 表示实际值，图中直线表示最佳拟合直线。结果表明训练网络良好。

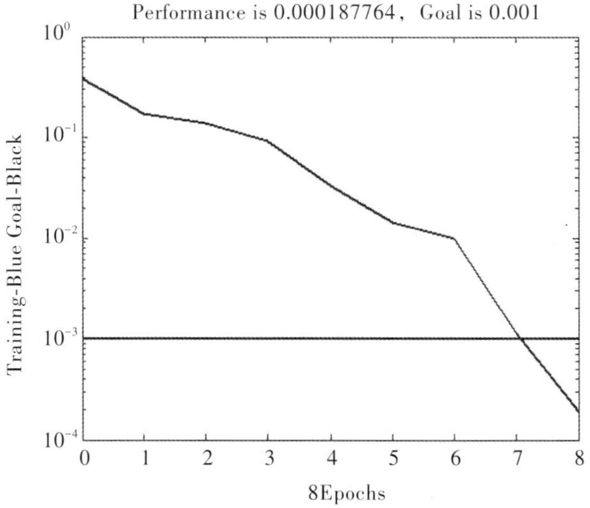

图 5-2 BP 神经网络训练误差曲线图

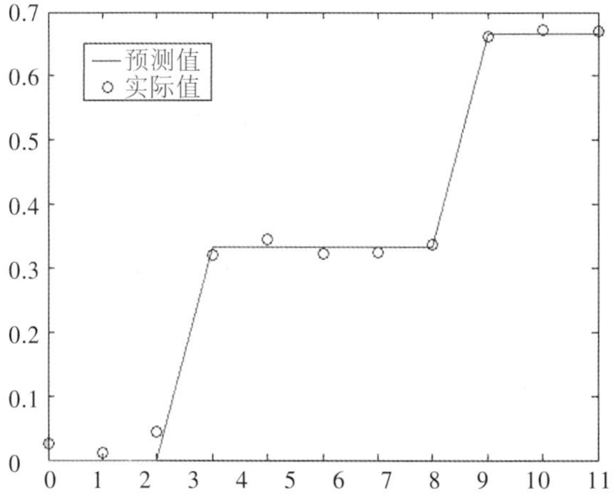

图 5-3 训练样本仿真输出与实际输出图

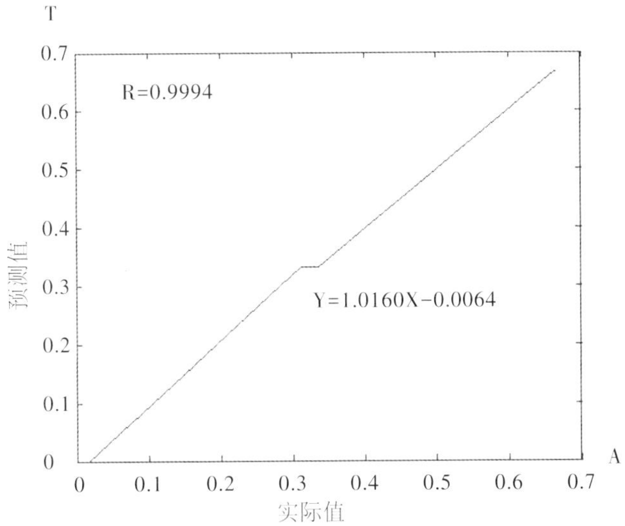

图5-4 仿真输出与实际输出之间的线性回归关系图

表5-6 BP神经网络安全程度预测结果与实际情况对比表

年份	预测值	实际安全程度	预测安全程度	符合程度
1993	0.5075	0	1	错误
1994	0.5021	0	1	错误
1995	0.5062	0	1	错误
1996	0.9763	1	1	正确
1997	0.9997	1	1	正确
1998	0.9959	1	2	正确
1999	2.0169	1	3	错误
2000	2.0471	1	3	错误
2001	1.5652	2	2	正确
2002	2.5277	2	3	错误
2003	2.5351	2	3	正确
2004	2.9961	3	3	正确
2005	3.0000	3	3	正确
2006	2.9845	1	3	错误

续表

年份	预测值	实际安全程度	预测安全程度	符合程度
2007	2.4578	3	3	正确
2008	2.7543	2	3	错误
2009	2.3648	3	2	错误
2010	2.4837	3	2	错误
2011	2.9764	3	3	正确
2012	2.9857	3	3	正确
2013	2.9987	3	3	正确
2014	2.4638	3	2	错误
2015	2.7963	3	3	正确
2016	2.4235	3	2	错误
2017	2.8647	3	3	正确

但是从5-6表中可以看出，BP神经网络的预测效果不是太好，这与样本数太少有一定的关系。

⑤预警结果分析

预警结果分析见表5-7。

表5-7 **石油安全预警表**

年份	石油储采比	石油占总能源的比重	石油对外依存度	石油消费弹性	石油价格	预测安全程度
2020	13.00	20.30	65.00	0.21	85.00	3
2025	10.00	19.50	63.00	0.19	80.00	3

根据预警结果，两个年份我国石油安全属于重警区，需加强安全防范。

（3）基于SVM的石油安全预警

①线性支持向量回归

设样本集合为：(x_1, y_1)，…，(x_n, y_n)，$x \in R^n$，$y \in R$，回归函数

用下列线性方程来表示：

$$f(x) = x \cdot w + b \tag{5-1}$$

使用 Vapnik 的 ε - insensitive 的损失函数，则当 $|y - f(x)| \leqslant \varepsilon$ 时，取 k=1/2，则此时，SVM 的回归问题就可以表示为如下的二次规划问题：

$$\mathrm{Min}\frac{1}{2}\|w\|^2 \tag{5-2}$$

约束条件：

$$\begin{cases} y_i - w \cdot x_i - b \leqslant \varepsilon \\ w \cdot x_i + b - y_i \leqslant \varepsilon \end{cases} \tag{5-3}$$

实际中可以允许有一定的拟合误差，故引入松弛因子 ξ_i 和 ξ_i^*，$\xi_i \geqslant 0$ 和 $\xi_i^* \geqslant 0$ 满足：

$$\begin{cases} y_i - w \cdot x_i - b \leqslant \varepsilon + \xi_i \\ w \cdot x_i + b - y_i \leqslant \varepsilon + \xi_i^* \end{cases}$$

回归估计问题转化为：

$$\min\frac{1}{2}\|w\|^2 - C\sum_{i=1}^{n}(\xi_i + \xi_i^*) \tag{5-4}$$

约束条件：

$$\begin{cases} y_i - w \cdot x_i - b \leqslant \varepsilon + \xi_i \\ w \cdot x_i + b - y_i \leqslant \varepsilon + \xi_i^* \\ \xi_i \geqslant 0 \\ \xi_i^* \geqslant 0 \end{cases} \tag{5-5}$$

建立 Lagrange 方程

$$l(w,\ \xi,\ \xi^*) = \frac{1}{2}(w \cdot w') + C\sum_{i=1}^{n}(\xi_i + \xi_i^*) - \sum_{i=1}^{n}a_i(\varepsilon + \xi_i + y_i - (w \cdot x_i) - b) - \sum_{i=1}^{n}a_i(\varepsilon + \xi_i^* + y_i - (w \cdot x_i) - b) - \sum_{i=1}^{n}(\eta_i\xi_i + \eta_i^*\xi_i^*) \tag{5-6}$$

上式对于参数 w，b，ξ_i，ξ_i^* 的偏导数都应等于零，此条件代入上式得到对偶优化问题：

$$\min_{a^{(*)} \in R^{2l}} \frac{1}{2}\sum_{i,j=1}^{l}(a_i^* - a_i)(a_j^* - a_j)(x_i \cdot x_j) + \varepsilon\sum_{i=1}^{l}(a_i^* + a_i) - \sum_{i=1}^{l}y_i(a_i^* - a_i) \tag{5-7}$$

约束条件：

$$\begin{cases}\sum_{i=1}^{n}(a_i - a_i^*) = 0 \\ a_i,\ a_i^* \in [0,\ C]\end{cases} \tag{5-8}$$

通过求解该对偶问题得到最优解 $\bar{a}^{(*)} = \left(\bar{a}_1,\ \bar{a}_1^*,\ \ldots,\ \bar{a}_l,\ \bar{a}_l^*\right)^T$，并根据KKT条件计算得到$\bar{b}$，构造线性回归函数

$$f(x) = \sum_{i=1}^{l}\left(\bar{a}_i^* - \bar{a}_i\right)\left(x_i \cdot x\right) + \bar{b} \tag{5-9}$$

②非线性支持向量回归

$$R(w) = R_{emp} + \lambda\|w\|^2 = \sum_{i=1}^{l}L(f(x_i) - y_i) + \lambda\|w\|^2 \tag{5-10}$$

式中：l——样本的数目；L——损失函数；λ——调整的常数。最小化R(w)便得到用数据点表示的w：

$$w = \sum_{i=1}^{l}(a_i - a_i^*)\varphi(x_i) \tag{5-11}$$

a_i和a_i^*是最小化R(w)的解，从而得到回归函数：

$$f(x) = \sum_{i=1}^{l}(a_i - a_i^*)(\varphi(x) - \varphi(x_i)) + b = \sum_{i=1}^{l}(a_i - a_i^*)K(x,\ x_i) + b \tag{5-12}$$

A. d阶多项式核函数：

$$K(x_i,\ x) = (\gamma < x_i,\ x > +r)^d,\ \gamma > 0 \tag{5-13}$$

B. 径向基函数核函数：

$$K(x_i,\ x) = \exp(-\gamma\|x_i - x\|^2),\ \gamma > 0 \tag{5-14}$$

C. 二层神经网络Sigmoid核函数：

$$K(x_i,\ x) = \tanh(\gamma < x_i,\ x > +r),\ \gamma > 0 \tag{5-15}$$

D. B样条函数：

$$K(x_i,\ x) = B_{2p+1}(x_i - x) \tag{5-16}$$

常见的损失函数为：

A. ε-insensitive损失函数：

$$L_\varepsilon(y) = \begin{cases} 0 & |y - f(x)| \leqslant \varepsilon \\ |y - f(x)| - \varepsilon & \text{其他}\end{cases} \tag{5-17}$$

B. 二次ε-insensitive损失函数：

$$L_\varepsilon(y,\ f(x,\ a)) = |y - f(x,\ a)|^2\varepsilon \tag{5-18}$$

C. Huber损失函数：

$$L_{\varepsilon}(y, f(x, a)) = \begin{cases} c|y - f(x, a)| - \dfrac{c^2}{2} & |y - f(x)| > c \\ \dfrac{1}{2}|y - f(x, a)|^2 & |y - f(x)| \leqslant c \end{cases} \tag{5-19}$$

③基于SVM的石油安全预警预测

预测的流程图如图5-5所示。

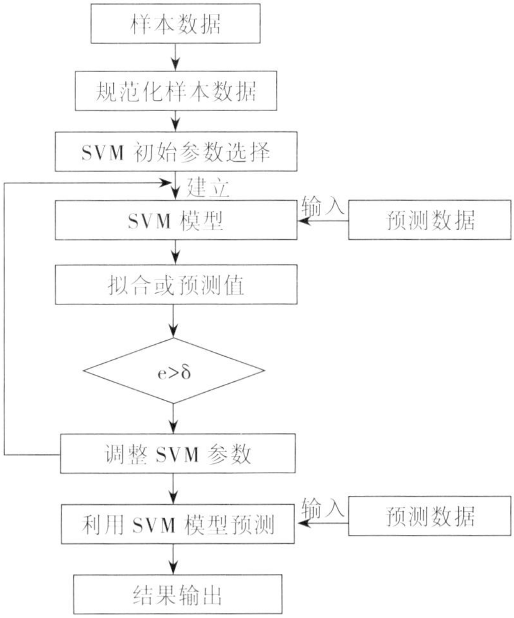

图5-5 石油安全SVM预警算法流程图

预测步骤：

第一，研究参量选择。研究参量仍为石油储采比、石油占总能源的比重、石油对外依存度、石油消费弹性、石油价格。

第二，数据预处理。对训练样本值进行归一化处理，结果见表5-3。

第三，误差分析。利用SVM预测的结果见表5-8。通过与实际情况进行对比，可以看出，SVM在训练样本比较少的情况下也能得到比较好的预测结果。SVM的预测结果精度是比较好的，基本达到了预期的目标，可以用来对石油安全进行预警。

表5-8　　支持向量机安全程度预测结果与实际情况对比表

年份	预测安全值	实际安全程度	误差	预测安全程度	符合程度
1993	0.100213	0	0.100213	0	正确
1994	0.0703482	0	0.0703482	0	正确
1995	0.142474	0	0.142474	0	正确
1996	0.588637	1	-0.411363	0	错误
1997	0.927686	1	-0.072314	1	正确
1998	0.921575	1	-0.078425	1	正确
1999	1.01438	1	0.01438	1	正确
2000	1.74091	1	0.74091	2	错误
2001	1.89971	2	-0.10029	2	正确
2002	1.83642	2	-0.16358	2	正确
2003	2.09971	2	0.09971	2	正确
2004	2.76736	3	-0.23264	3	正确
2005	3.10038	3	0.10038	3	正确
2006	2.79842	3	-0.20158	3	正确
2007	2.65483	3	-0.34517	3	正确
2008	2.19212	3	-0.80788	2	错误
2009	2.78654	3	-0.21346	3	正确
2010	2.83263	3	-0.16737	3	正确
2011	2.94382	3	-0.05618	3	正确
2012	2.98564	3	-0.01436	3	正确
2013	2.99863	3	-0.00137	3	正确
2014	2.32482	3	-0.67518	2	错误
2015	3.12483	3	0.12483	3	正确
2016	2.89741	3	-0.10259	3	正确
2017	2.98735	3	-0.01265	3	正确

第四，预警结果分析。预警结果见表5-9。

表5-9 支持向量机安全程度预测结果表

年份	石油储采比	石油占总能源的比重	石油对外依存度	石油消费弹性	石油价格	预测安全程度
2020	10.00	21.50	70.00	0.22	90.00	3
2025	9.50	19.50	65.00	0.20	85.00	3

结果表明，2020年、2025年石油安全程度仍属于重警区间。

5.3 煤炭安全预警研究

5.3.1 煤炭安全生产预警

能源是人类活动的物质基础，是经济发展、社会进步的生命之血，而煤炭是我国重要的能源资源，资源赋存的特征从根本上决定了我国长期以来保持“以煤为主”的能源消费结构特征。20世纪60年代以前，煤炭在我国能源生产与消费结构中的比例保持在90%以上。20世纪70—80年代，煤炭在我国能源生产与消费结构中的比例逐步下降到80%以下，其中1976年时曾降到70%以下。20世纪80—90年代，其在我国能源生产与消费结构中的比例基本保持在75%以上。在未来的一段时间里，煤炭仍然是我国的重要能源。

煤炭安全生产形势依然很严峻。煤炭行业在我国是属于高风险、影响面广的行业，例如瓦斯、水、火、煤尘、顶板等对人员的职业健康安全造成巨大影响的灾害，在煤炭行业中时刻存在着；一旦发生重大安全事故，将对企业的正常运行造成重大影响。近年来国家相关部门加大了对煤炭行业的监管力度，主要体现在安全管理与安全投入这两方面，虽然死亡率在减少，但是安全风险仍未得到有效控制。

改革开放以来，在各级党委政府正确领导下，以及广大煤炭企业的共同努力下，全国煤炭产量快速增长，大型煤炭企业不断发展，科技进步加快，自主创新能力显著增强，大型现代化煤矿生产比重逐渐增长，行业经济效益增加，全国煤矿安全生产形势稳步好转，但是，影响煤矿安全生产形势持续好转的深层次问题依然存在。一是我国能源总体供应偏紧，而作为能源结构中重要组成部分的煤炭主导地位短期不会改变；二是煤炭分布与经济发展不匹配，生产与使用存在不平衡；三是煤炭运输能力依然有限，致使部分运输不畅地区用煤紧张，从而为当地落后产能、安全生产条件差的煤矿的长期存在提供了客观条件；四是安全投入严重不足，煤炭企业安全保障设施设备落后，矿井安全保障能力不足，导致事故频频发生。而在这些问题中，安全投入严重不足对煤炭企业安全生产造成深远的不利影响。

近些年来，煤炭企业的安全问题一直受到各领域的关注，如经济管理、化学、物理、信息等领域。安全投入是安全生产中对其影响至深的因素，而对煤炭企业安全投入问题，至今在国内学术界依然缺乏广泛、具体的体系研究，特别是涉及微观角度对煤炭企业安全投入结构的研究，以至于在理论上还未能深入了解煤矿安全投入的内在机理，在实践上影响我国煤炭企业安全投入的决策方案及其有效性。

煤矿安全生产管理是一个系统工程，相关安全政策的实施往往导致整体利益与局部利益、当前利益与长远利益的不一致，必须以系统的思维去制定相关的对策，而对策制定的基础是对影响我国煤炭安全现状的各因素的致因分析，为此引入博弈分析的方法对各因素的成因进行探究并为政策的制定提供依据。

（1）国家、地方政府、煤炭企业、一线工人四方博弈

一般n人博弈（对策）模型可描述为：

① 局中人集合：$I=\{1, 2, \cdots, n\}$。

② 每个局中人的策略集：S_1，S_2，…，S_n（均为有限集）。

③ 局势：$s=(s_1, s_2, \cdots, s_n)\in S_1\times\cdots\times S_n$。

④ 每个局中人i的赢得函数记为$H_i(s)$，一般说来，$\sum_{i=1}^{n}H_i(s)\neq 0$。一个n人博弈（对策）一般用符号$G=\{I,\{S_i\},\{H_i\}\}$表示。

为讨论n人博弈（对策）的平衡局势，引入记号：

$s\| s_i^0=(s_1, \cdots, s_{i-1}, s_i^0, s_{i+1}, \cdots, s_n)$，它的含义是：在局势 $s=$

$(s_1, s_2, \cdots, s_n)$中，局中人i将自己的策略由s_i换成s_i^0，其他局中人的策略不变而得到的一个新局势。如果存在一个局势s，使得对任意$s_i^0 \in s_i$，有

$$H_i(s) \geqslant H_i(s \| s_i^0)$$

则称局势s对局中人i有利，也就是说，若局势s对局中人i有利，则不论局中人i将自己的策略如何置换，都不会得到比在局势s下更多的赢得。显然，在n人博弈的条件下，每个局中人都力图选择对自己最有利的局势。

如果局势s对所有的局中人都有利，即对任意$i \in I$，$s_i^0 \in s_i$，有

$$H_i(s) \geqslant H_i(s \| s_i^0)$$

则称s为n人博弈对策的一个平衡局势（或平衡点）。

定理1：（Nash定理）非合作n人对策在混合策略意义下的平衡局势一定存在。

四方博弈的特点如下：

①收益的不确定性

收益的不确定性具有两方面的含义：一是指四方中任何一方的某一混合策略的收益都要受到其他三方策略的影响。二是指局中人对某种局势下自己的收益的认识不是一成不变的，不同的决策者在不同环境下对各种策略的收益的认识是不同的。

②平衡局势计算的不可能性

虽然定理1指出n方对策一定存在混合策略意义下的平衡局势，但是n方对策的平衡点计算问题还远没有解决，四方对策也不例外。由收益的不确定性可知，四方中任一方的混合策略收益都要受到其他三方策略的影响，由此产生的策略与收益的组合数量庞大，使纯数值计算变得不可能，局中人对自己收益认识的不确定性，使得平衡局势的计算更加困难。

③平衡局势的可操作性

四方对各种策略的收益认识不是一成不变的，由收益的不确定性可知，不同的决策者在不同环境下对各种策略的收益的认识是不同的，因

此可以通过一些措施和方法调节决策者对各种收益的认识程度，从而影响和操纵平衡局势向我们希望的方向发展。这也正是进行博弈分析的目的。

综上所述，我们认为国家、地方政府、煤炭企业、一线工人四方博弈过程为局中人是有限理性的且不完全信息的博弈更加符合实际。

（2）四方策略与期望收益分析

策略的设定和相应策略的收益分析是进行博弈分析的前提，下面对四方可能采取的策略和每种策略可能带来的期望收益进行分析。

①国家

国家的策略和期望收益分析，也就是执政党的策略和收益分析。

策略1（a_1）：采取一切可能的措施，对煤矿安全生产事故进行严格控制。

对煤矿安全生产事故进行严格控制，对煤炭企业的健康发展和保证未来经济发展的能源供应具有十分重要的战略意义，同时能不能控制煤矿安全生产事故也是一个政党执政能力的重要体现，策略1的实施可以给执政党带来积极的社会影响。负面影响是，策略1的实施意味着对不符合安全生产规程的煤矿的关闭或整改，这样必然导致短期煤炭总体供应的紧张和煤炭价格的上涨，对短期内经济发展造成不利影响。

策略2（a_2）：为了短期的经济目标，对煤矿安全生产事故的控制保持现状。

策略2虽然保证了短期内的能源供应，但是很难保证煤炭企业的健康发展和未来长期经济发展的能源供应，同时也使执政党面临着巨大的国内和国际的舆论压力。

对国家来说，到底采用策略1还是策略2还是两种策略的混合策略，取决于一个国家的执政党对两种策略收益的认识程度。

②地方政府

策略1（b_1）：严格监查，坚决查处违规生产的煤炭企业和个人，取缔不符合安全生产条件的煤矿。

策略2（b_2）：为了达到某些经济指标的要求，片面追求经济利益最大化，对煤炭企业违规生产行为睁一只眼闭一只眼。

对地方政府来说，其收益主要来源于两个方面：一是煤炭企业发展所带来的地方性经济收益；二是煤矿安全事故发生所带来的负面社会收益和国家的处罚。

③煤炭企业

由于经济体制的特殊性，我国煤炭企业可分为两类：国有煤炭企业和小集体或个体所有制煤炭企业。由于二者体制的不同，其行为方式有很大差异，下面对二者可能采取的策略分别加以讨论：

A.国有煤炭企业

策略1（c_{11}）：保证足够的安全投入，加强内部控制，杜绝违规生产行为。

策略2（c_{12}）：把企业自身的经济收益放在首位，尽量减少安全投入，以利润最大化为目标。

由于国有煤炭企业的经济收益并不直接全部归属于经营者，其只能以年终奖或红利的形式反映出来，另外由于我国很多国有企业的特殊性，对国有企业的经营者来说经济收益只是一方面，他们还要考虑政绩的影响，而政绩和年终奖都要受到总体经营状况的影响，一旦出现安全事故，总体经营状况不佳也会对政绩和年终奖产生负面影响。

B.小集体或个体所有制煤炭企业

策略1（c_{21}）：保证足够的安全投入，加强内部控制，杜绝违规生产行为。

策略2（c_{22}）：把企业自身的经济收益放在首位，尽量减少安全投入，以年终利润最大化为目标。

与国有煤炭企业不同的是，小集体或个体所有制煤炭企业的经济收益直接全部归属于经营者，其经营者也不受政绩考核的约束，但是一旦出现安全事故，要受到法律的制裁并要作经济赔偿。

④一线工人

策略1（d_1）：不服从违反安全规程的工作安排，主动维护自己拥有安全工作环境的权利，并对不安全行为进行举报。

策略2（d_2）：为了获得较高的工资，对主管人员违反安全规程的行为不管不问。

一线工人的收益可以用下式表示：

$$H_4(S_4)=\alpha K-pM$$

式中：$H_4(S_4)$——一线工人在某一局势下的收益；K——企业总利润；M——发生安全事故后的损失；p——发生安全事故的概率。对于一线工人而言，其只能得到企业总利润K很少的一部分，所以α是一个很小的常数，而一旦发生煤矿安全事故，一线工人损失的将是生命，所以M趋近于无穷大，即$M\rightarrow+\infty$。

（3）四方冲突分析

①国家和地方政府之间的冲突

国家要求煤炭生产既能保证能源供应，又能保持较低的煤矿安全事故发生率，所以要求地方政府积极监管，加强资金和人力的投入，而地方政府由于本地区经济发展的需要，往往采取一些保护性措施，为了本地区其他行业的发展，有限的资金和人力很难保证对煤炭行业充足的投入。

②国家和煤炭企业之间的冲突

企业经营最终的目的还是获得利润，安全投入对于煤炭企业来说是一项巨大的财力和人力支出，企业可支配资金变少，所以煤炭企业希望国家降低对安全事故的处罚和对安全投入的要求，以获得更高的利润和更多的可支配资金，而这往往导致煤矿安全事故发生率的上升，国家将面临巨大的负面社会影响，这与国家的利益是相冲突的。

③地方政府和煤炭企业之间的冲突

地方政府和煤炭企业的关系是监管与被监管的关系，作为被监管者的煤炭企业基于自身经济利益的考虑希望地方政府从宽执法和放松监管，而作为监管者的地方政府希望煤炭企业积极配合监管，主动进行安全投入。

④煤炭企业和一线工人的冲突

一线工人为了生活和生存的需要，往往要求企业提供安全良好的工作条件和较高的工资，而安全良好的工作条件和较高的工资对于煤炭企业来说意味着大量的资金支出和人力投入，这与煤炭企业的利益是相冲突的。

⑤国家和一线工人利益的冲突

国家为了保证能源供应和较低的煤矿安全事故发生率，要求煤炭企业加强安全投入，采用高效率的作业方式，同时对一线工人的从业资格进行限制，安全投入的增加会导致企业利润的下降，从而使一线工人工资总体水平下降，高效率作业方式的采用会导致一线工人总体需求数量的下降和加班机会的减少，这与一线工人的利益是相冲突的。

（4）煤矿安全生产的四方博弈

安全生产是涵盖经济、政治、文化、社会等多方因素的一个特殊领域。社会需要“平安吉祥”，人们需要“安居乐业”，员工需要“劳动保护”，企业需要“安全生产”。国家也从“安全监管体系”“安全立法”“安全整治”“安全问责”“安全文化”等各个方面进行安全生产工作的管理。但是，由于煤矿安全生产关乎各个利益主体，且利益主体之间又形成了复杂而多变的利益追逐局势，造成安全生产问题十分复杂。

结合我国实行的“企业全面负责、行业管理、国家监察、群众监督、劳动者遵章守纪”的安全工作体系，将安全生产机制分解为四个阶段：第一阶段政策目标差异下的中央政府与地方政府博弈，第二阶段安全投入高成本下的地方政府与煤炭企业博弈，第三阶段事故发生后低赔偿率下的煤炭企业与煤矿工人博弈，第四阶段举报高风险下的煤矿工人与中央政府信息反馈博弈。四方博弈分别从地方政府追求自身利益、企业安全投入高成本、煤矿工人利益保障机制不健全等角度分析我国煤炭安全生产的机制问题。

①中央政府与地方政府的博弈分析

伴随着中央权力下放，安全工作体系逐渐发展为“企业全面负责、行业管理、国家监察、群众监督、劳动者遵章守纪”。同时，中央与地方分权化的改革进程也部分地确立了地方政府的经济地位，增强了其独立的利益目标。中央政府的目标是经济发展、社会稳定，煤矿事故的发生不仅造成经济损失，对煤矿区的稳定发展也带来巨大影响。因此，中央政府为了达到自身目标，将会最大限度地降低煤矿事故的发生。而地方政府作为真正的监督管理人，不仅考虑上面的政策，也考虑自身的利益，如地方经济的发展带来的财政收入、名誉、升迁机会等。两者的利益差别令地方政府可能会因追求自身利益，而选择不积极配合中央政府的政策。

下面通过构建中央政府和地方政府的博弈矩阵来对它们之间的博弈情形进行分析。博弈模型考虑为一个阶段的完全信息静态博弈，与以前的研究内容不同，本阶段博弈将煤炭企业利润向地方政府利益转化部分考虑进博弈矩阵。支付矩阵见表5-10。

表5-10 **中央政府与地方政府的博弈支付矩阵**

		中央政府	
地方政府		监察（θ）	不监察（1 - θ）
	认真（μ）	$L_1 - C_1$，$G_1 - C_2$	$L_1 - C_1$，G_1
	不认真（1 - μ）	$L_2 - F$，$-G_2 - C_2 + F$	L_2，$-G_2$

L为地方政府在执行中央政府的政策后，煤炭企业利润向地方财政收入转化的部分，也代表地方自身利益。通常情况下，由于地方政府认真执行会增加企业安全投入成本，煤炭企业利润向地方财政收入L转化的部分会减少，即L_1小于L_2，认真执行时需投入成本C_1，不认真执行会面临惩罚F。由于地方官员面对的惩罚不仅有经济惩罚，还要面临被“罢官”的风险，因此这里我们假设$L_2 - F < L_1 - C_1$（1）。G为煤矿经济发展带来的社会效益。在地方政府认真执行国家政策时，中央政府收益为G_1（包含经济增长、高水平安全生产下的社会稳定等），否则收益为$-G_2$（发生矿难的社会损失等），显然$-G_2 < G_1$（2）。由于地方政府不认真监督会减弱对煤炭企业的安全生产管制，此时中央政府对地方政府是否认真执行的监察成本为C_2，对其不认真执行还有一个惩罚收入F（对中央政府来说，F意味着打击不认真监督带来的社会效益和查处不负责官员带来的政治效益）。

当$-C_2 + F < 0$（3）时，根据假设及推论（1）、（2）可知，博弈存在一个纯策略（不认真，不监察），显然这不是博弈的最优阶段，中央政府会加大对地方政府不认真履行职责的惩罚，使得不等式$-C_2 + F > 0$（4）成立，又根据假设及推论（1）、（2），可知博弈存在混合战略纳什均衡。

假设中央政府选择“监察”的概率为θ，选择“不监察”的概率为$1-\theta$；而地方政府选择“认真执行”策略的概率为μ，选择“不认真执行”的概率为$1-\mu$。

A.当给定地方政府“认真执行”的概率为μ时，中央政府“监察”与“不监察”的期望得益分别为：

$$\begin{cases} E_1(1,\ 0)=\mu(G_1-C_2)+(1-\mu)(-G_2-C_2+F) \\ E_1(0,\ 1)=\mu G_1+(1-\mu)(-G_2) \end{cases}$$

B.当给定中央政府“监察”的概率θ时，地方政府“认真执行”与“不认真执行”的期望得益分别为：

$$\begin{cases} E_2(1,\ 0)=\theta(L_1-C_1)+(1-\theta)(L_1-C_1) \\ E_2(0,\ 1)=(1-\theta)(L_2-F)+(1-\theta)L_{23} \end{cases}$$

当$E_1(1,\ 0)=E_1(0,\ 1)$，$E_2(1,\ 0)=E_2(0,\ 1)$时，模型有均衡解：

$$\theta^*=\frac{L_2-L_1+C_1}{F},\ \mu^*=1-\frac{C_2}{F}$$

模型分析：

中央政府的监察力度与地方政府的执行成本C_1呈正方向变动，与对地方政府“不认真执行”的惩罚F呈反方向变动，与蔚力兵等的研究结论一致。但是与之不同的是，在考虑地方利益之后，模型的结论产生了新的变动，即中央政府的监察力度与地方政府追求认真监督与否的利润差“L_2-L_1”成正比，即分权体制下，由于地方政府存在追求自身利益的动机，中央政府也会加大对安全生产的监督力度。而地方政府的认真执行力度与惩罚F呈正方向变动，与中央政府的监察成本C_2呈反方向变化。这样的一组博弈均衡解符合目前我国安全监管的现状，即地方政府存在对利益差“L_2-L_1”的追逐而选择包庇安全投入不足，但能为地方带来经济效益的煤炭企业，导致安全生产状况恶化，中央政府不得不加大安全监督力度。而中央政府监督力度较小时，地方政府将加大对利益差“L_2-L_1”的追逐。特别地，地方政府作为“理性人”在选择是否认真监管时，只有惩罚F足够大时，μ^*才趋向于1，即中央政府首先必须对地方政府不认真执行情况非常清楚的情况之下，且对其不认真执行的惩罚足够大才能足以威慑地方政府认真履行职责；否则，在目前我国中央政府权力下放的体制下，中央政府与地方政府的信息不对称导致中央政府监察成本过高，即C_2很大的情况下，由于中央政府对地方政府执行情况的信息不是完全清楚，导致的结果是中央政府监察效力减弱，而地方政府认真监督的可能性总是很小的。

这一阶段的博弈表明，在存在地方政府与中央政府利益冲突的情况下，由于地方政府存在追求自身利益的内在动机，且中央政府监察成本较高，两者信息不对称使得地方政府不进行安全监督管理的可能性加大。这与现实情况中煤矿区地方政府出于地方利益的保护而疏于职守的情况也是比较符合的。

②地方政府与煤炭企业的博弈分析

煤矿生产可以为当地政府创造税源、扩大就业等，地方政府是煤矿生产的直接受益人之一。根据上一阶段的分析，我们考察了分权管理的情况下，由于权益大于责任，地方政府存在不认真执行的动机，其行为存在削弱垂直监管力度的可能。下面我们从地方政府与煤炭企业的博弈中寻找地方政府不认真执行监管职责的深层机制。

地方政府作为煤矿安全生产的实际监管者，不仅要考虑企业利润向地区利润的转化，还要兼顾企业安全生产带来的社会影响，从而一方面希望获得更高的收益，另一方面希望煤炭企业进行安全生产，减少煤矿事故。而作为被监管者的煤炭企业出于自身经济利益的考虑则更希望地方政府从宽执法和放松监管，以减少自身安全投入，获取更高利润。

基于上述分析，本阶段博弈考虑为一阶段静态博弈，并且考虑现实原因将煤炭企业利润向地方性收益转化考虑入模型，构造矩阵见表5-11。

表5-11 **地方政府与煤炭企业的博弈支付矩阵**

		煤炭企业	
		安全投入充足（e）	安全投入不足（1 - e）
地方政府	认真监管（w）	$rR_1 - C$ $(1-r)R_1$	$rR_2 + F_1 - C$ $(1-r)R_2 - F_1 - PM$
	不认真监管（1 - w）	rR_1 $(1-r)R_1$	$rR_2 - PS$ $(1-r)R_2 - PM$

其中，地方政府的策略有两个：认真监管、不认真监管。而面对地方政府这一策略组合，煤炭企业的应对策略是进行“安全投入”和不进行“安全投入”。

R_1和R_2分别为企业安全投入充足、不充足时的收益。P为在安全投入不充足条件下，由于企业安全生产环境恶劣而导致矿难发生的可能性，M为由于煤矿企业安全投入不充足时导致发生矿难后企业的损失。这种损失不仅包括对一线煤矿工人的经济赔偿，还包括一些惩罚性支出，例如矿难发生后政府勒令企业关闭的损失等。r为煤炭企业利润转化为地方性收益（如地方财政收入、经济增长为地方官员带来的潜在政绩等）的转化率。C为地方政府监管成本。F_1为由于未提足安全投入地方政府对企业的罚款。S为地方政府由于工作不尽职尽责，所管辖区域内的煤炭企业不按照安全生产标准进行安全生产，导致企业发生矿难，被中央政府查处而遭受处罚的预期损失。

由于我国伤亡赔付标准与企业安全投入反差巨大，矿难发生后企业对工人的赔偿、政府对企业的处罚不足以刺激企业增加安全生产和劳动保护等安全投入，此时$(1-r)R_2-PM>(1-r)R_1$。另外，由于不等式$(1-r)R_2-PM>(1-r)R_2-F_1-PM$，$rR_2-PS<rR_2+F_1-C$，$rR_1>rR_1-C$恒成立，可知该博弈存在混合策略纳什均衡。

假设地方政府选择“认真监管”的概率为w，选择“不认真监管”的概率为1-w；而煤炭企业选择进行“安全投入”的概率为e，选择不进行“安全投入”的概率为1-e。

A.当给定煤炭企业进行“安全投入”的概率为e时，地方政府“认真监管”与“不认真监管”的期望得益分别为：

$$\begin{cases} E_3(1,\ 0)=e(rR_1-C)+(1-e)(R_2+F_1-C) \\ E_3(0,\ 1)=eR_1+(1-e)(rR_2-PS) \end{cases}$$

B.当给定地方政府“认真监管”的概率w时，煤炭企业进行“安全投入”与不进行“安全投入”的期望得益分别为：

$$\begin{cases} E_4(1,\ 0)=w(1-r)R_1+(1-w)(1-r)R_1 \\ E_4(0,\ 1)=w[(1-r)R_2-F_1-PM]+(1-w)[(1-r)R_2-PM] \end{cases}$$

当$E_3(1,\ 0)=E_3(0,\ 1)$，$E_4(1,\ 0)=E_4(0,\ 1)$时，模型有均衡解：

$$(w^*, e^*) = \left(\frac{(1-r)(R_2-R_1)-PM}{F_1}, 1-\frac{C}{PS+F_1}\right)$$

模型分析：

A. 煤矿企业进行安全投入的概率e^*与地方政府的监管成本C成反比，这就意味着为了促进煤矿企业以较高的概率进行安全投入，保证企业安全生产，地方政府需要降低自身的监管成本C，以提高政府积极监察的效力，以便形成良好且高效的监察环境。且当矿难发生的概率P一定时，通过加大S即加大中央政府对地方政府监管不力而进行的罚款、问责等惩罚程度，也可以提高煤矿企业进行安全投入的倾向度e^*，即煤炭企业可以通过安全生产监督体系的第一阶段中中央政府对地方政府的惩罚力度观测到地方政府履行职责的认真程度，从而在第二阶段依靠这一信息来决定是否应该提高自身的安全投入状况，改善企业的安全生产环境，以利于最大限度地保证自身利益最大化。

B. 地方政府监管的力度w^*与煤炭企业利润向地方利益转化率r成反比，即煤炭企业利润向地方利益转化得越多，地方政府对煤炭企业的管制就会越宽松，这与现实情况中地方政府追求自身利益不顾中央政府政策的大量违规现状相一致。而地方政府的监管力度w^*与矿难发生后煤炭企业的损失M成反比。一般情况下，地方政府监督力度w^*越低，企业进行安全投入的动机就越小，安全事故发生的概率就越大，引发的企业损失也就越大。另外，为了达到监督管理效率，地方政府往往通过加大对安全投入不足的企业的罚款F_1来弥补监管成本，以达到自身利益的最大化。

从上述分析可知，在博弈的第二阶段，对于地方政府来说，由于存在煤炭企业利益向地方利益的转化，地方政府的利益同时受到企业利润的影响，因此地方政府和煤炭企业的利益有相同的一面。特别是在地方政府的利益受到企业利润影响比较大的情况下，出现的结果通常就是地方政府为了保证税源而放松对煤炭企业的监督管理。但是同时由于存在中央政府的监察，对地方政府不认真执行管理工作有直接的行政惩罚，对地方政府在衡量是否认真执行其职责，放松监管还是加强监管时具有约束作用。而煤炭企业则受到地方政府和中央政府的双重管制，其安全行为更多地受到自身损失和惩罚力度的影响。综合来看，目前我国地方政府与煤炭企业由于存在利益相同点，且中央政府的监察机制和惩罚机制不完善，导致煤炭企业安全投入动机不足，安全隐患巨大。

③煤炭企业与煤矿工人的博弈分析

根据调查分析，“违章”结果的出现有两个原因：一是工人素质低；二是抵触心理导致工作积极性不高。而此时煤炭企业有进行安全培训或者不进行安全培训两种选择。

该阶段将安全投入成本下的企业收益考虑入内，且假设企业不进行安全投入、煤矿工人不遵守安全操作规则都会导致矿难的发生，构造博弈矩阵，见表5-12。

表5-12 **煤炭企业与煤矿工人的博弈支付矩阵**

		煤炭企业	
		安全投入充足（e）	安全投入不充足（1 - e）
煤矿工人	遵章（ε）	$tR_1 - D_1$ $(1 - r - t)R_1$	$tR_2 - D_1$ $(1 - r - t)R_2$
	违章（1 - ε）	$tR_1 - D_2 + PM$ $(1 - r - t)R_1 - PM$	$tR_2 - D_2 + PM$ $(1 - r - t)R_2 - PM$

R_1、R_2分别为企业是否进行安全投入时企业的收入，由于安全投入成本属于隐性成本，短期内看不到经济效益，且成本较高，因此对企业来说显然$R_2 > R_1$。r为企业利润向地方政府收益的转化率，t为工人工资占企业收入的比例。D为煤矿工人注重安全所付出的努力，$D_1 > D_2$。P为工人违规操作引发矿难的可能性，M为煤炭企业在矿难发生下对工人的补偿。由于我国矿难发生后，无论煤矿工人是否存在违章操作，煤炭企业总是要对其赔偿一部分“补偿金”。所以，策略组合（违章，安全投入不充足）较于（违章，安全投入充足），企业的收益差别只在于事故发生前的安全投入成本差。

由上文分析可知$(1 - r - t)R_2 - PM > (1 - r - t)R_1 - PM$，$(1 - r - t)R_2 > tR_1 - D_1$，那么，对于煤炭企业来说，不投入就是一个“占优策略”。对于煤矿工人来说，由于注重安全所付出的努力D是无法控制的，所以，其遵章与否是一个随机的结果。而且，即使企业进行安全培训，由于目前我国煤矿开采人员流动性较大，对企业来说进行安全培训的效益无法得到保证。这样，无论是长期还是短期，对于追求利润最大化的煤炭企业来说，造就的一种趋势就是进行安全投入及劳动保护投入的积极性严重不足，而真正遵章的矿工利益依然得不到切实保护。

那么在安全生产的第三个阶段，凸显的问题就是由于整体煤矿工人素质不高，安全意识较低，且人员流动性较高，对于注重短期利润的企业来说，无论在长期还是短期，进行安全投入的动机都不足，安全生产隐患重重。

④煤矿工人与中央政府的信息反馈博弈

在我国，群众有义务对煤矿安全生产进行监督，而煤矿工人作为煤矿安全生产的参与者对监督工作的影响更为直接。但是煤矿工人检举的同时也面临失业的危险，下面我们分析存在检举风险的煤矿工人信息反馈博弈。作为安全生产体制中的最后一个阶段，该博弈将“生产者与监督者”联系起来，主要考虑煤矿工人在安全生产中的“信息举报人”的角色。

中央政府查办下，煤矿工人举报的奖励为I，将会面临失业的危险，收益为0。不举报，工人衡有一个工资收入V。U是政府打击不安全生产的社会效益，T是调查的成本，-H为政府不查办的负的社会效益。特别地，在工人举报的情况下，政府依然不查办将会有名誉受损-N。博弈矩阵见表5-13。

表5-13 **煤矿工人与中央政府的博弈支付矩阵**

		中央政府	
煤矿工人		查办（p）	不查办（1 - p）
	举报（m）	I，U - T	0，-H - N
	不举报（1 - m）	V，U - T	V，-H

模型分析：

矿工的期望效用：

$$EW = m[pI + (1-p)\times 0] + (1-m)[pV + (1-p)V]$$

$$\frac{\partial EW}{\partial m} = pI - V$$，令 $pI-V=0$，得 $pI=V$。

推论1：在政府选择查办时，即 $p = 1$ 时，令 $I = V$ 才能使矿工举报与不举报收益无差异。那么，为了提高矿工及时举报的积极性，政府起码要使矿工举报所得与其不举报时的工资相等，否则在矿工生活无法保障的情况下，是不会选择“举报”的。

政府的期望效用：

$$EC = p[m(U - T) + (1 - m)(U - T)] + (1 - p)[m(-H - N) + (1 - m) \times (-H)]$$

$$\frac{\partial EC}{\partial p} = U + H + mN - T$$，令 $U + H + mN - T = 0$。

推论2：在煤矿工人选择举报时，即 $m = 1$ 时，$U + H + N = T$ 才能使中央政府有效查办煤炭企业不安全生产的动机加大。此时，政府查办后获得的社会效益和挽回的经济损失以及名誉损失大于查办成本。

在这一信息反馈阶段，由于目前我国社会举报体制不健全，失业员工的再就业体制不完善，而从事高危工作的人员大多为经济来源少、生活保障程度低的农民工，他们举报后就面临失业的风险，且再就业的机会也比较少。那么对于无其他收入保障的矿工来说，举报的高风险性也决定了他们必须忍受低安全保障的生产环境，而举报的后果导致的失业风险也让他们选择缄口。那么在这一阶段，信息反馈对政府的监督管理的协助功能不能得到充分的体现，安全生产工作的信息不对称程度也无法得到缓解。

基于我国目前实行的“企业全面负责、行业管理、国家监察、群众监督、劳动者遵章守纪”的安全工作体系，将安全生产机制分解为四个阶段，从地方政府追求自身利益，企业降低安全投入的动机，煤矿工人利益保障机制不健全等角度分析我国煤炭安全生产的机制问题。特别地，将企业利润向地方政府收益转化率r、安全生产利益差“$L_1 - L_2$”等概念引入博弈模型，并通过分析得出以下结论：

第一，在中央与地方分权化的改革进程部分地确立了地方政府的经济地位，增强地方独立的管理权力的同时，也削弱了中央政府的管制效能。特别是在权益大于责任的情况下，当监管所要求的安全技术标准会抑制煤矿目前企业效益时，由于地方政府的收入由煤炭企业利润转化而来，那么为了保证煤炭企业的利润，地方政府行为就存在削弱垂直监管力度的可能。

第二，地方政府在平衡自身利益过程中受到中央政府和煤炭企业两方面的影响，且影响的方向不同。一方面它要考虑中央政府对其是否认真履行职责而采取的监督行为进行问责，另一方面要考虑煤炭企业安全生产与否对自身的利益影响差别的大小。当存在煤炭企业利润向地方政府收入转化较大的情况下，地方政府有可能为了自身利益铤而走险，包庇不合法或安全生产条件差的煤炭企业，以此确保自身利益最大化。

第三，由于煤矿工人流动性较高，煤矿工人不遵章生产存在随机性，且事故发生后的责任不明确或无法追究，导致煤炭企业花费安全软投入进行培训的收益在短期内无法看到明显的效果。同时低素质煤矿工人的不安全操作和事故发生后的低赔偿率，也导致煤炭企业进行安全投入的动机不足。而这些行为的直接后果就是企业安全投入不足，安全生产环境恶化，煤矿事故频繁发生，煤矿工人生命安全得不到足够的保障。

第四，作为煤矿开采的直接执行人，煤矿工人作为煤矿安全生产的直接参与者，对煤矿安全生产监督效力的影响更为直接，煤矿工人的信息反馈职能在协助政府进行监督管理工作过程中尤为重要。但是由于煤矿工人检举企业安全生产环境恶劣的同时也将面临失业的风险，而目前我国对失业人员的生活保障体系构建还不是很完善，煤矿工人向上级部门举报煤炭企业不安全生产的可能性比较小。

5.3.2 煤炭安全财务预警

我国煤炭安全财务预警理论的研究历史并不长，在实践中的应用也不广泛，并且近年由于利益驱动，我国煤炭企业纷纷上市，因此对煤炭行业上市公司加强风险预警意识，进行财务预警研究是十分必要的。

尽管传统财务预警研究在理论上已基本成型：建立了比较全面的财务预警指标体系；通过多种方法构建财务预警模型；建立财务预警系统。但是也存在不足：传统的财务预警指标体系中，突出行业的普遍适用性而忽略了行业的特殊适用性，无法满足有财务特色和行业特征的企业进行财务预警研究；大部分传统财务预警模型的实证研究是以制造业上市公司的财务资料为基础的，而我国煤炭企业经历其特殊而漫长的发展历程，具有专属其自身的财务特性与行业特色：资产负债率普遍偏高，近年来由于利润驱动而进行固定资产巨额投资等。因此，通过我国传统财务预警指标体系与我国煤炭行业的财务特色相结合，作者补充了若干财务预警指标，形成既满足煤炭行业一般特征，又突出其特色的煤炭企业财务预警指标体系，如图5-6所示。

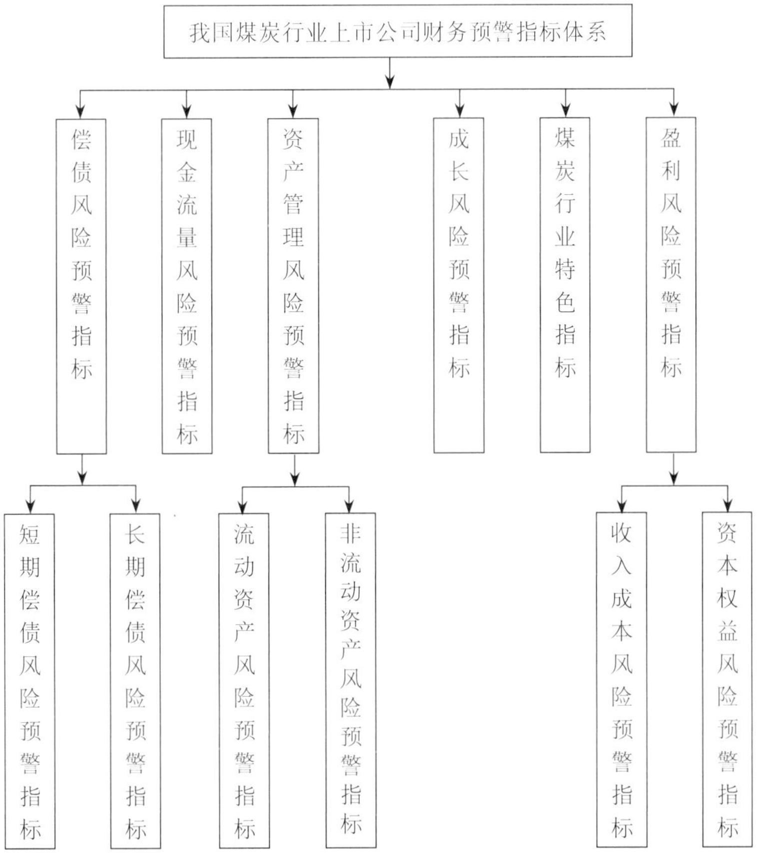

图5-6 我国煤炭行业上市公司财务预警指标体系

（1）短期偿债风险预警指标

①流动比率

流动比率=流动资产/流动负债

②现金比率

现金比率=（货币资金+交易性金融资产）/流动负债

③流动负债经营活动净现金流比

流动负债经营活动净现金流比=经营活动净现金流量/流动负债

④营运资本配置比率

营运资本配置比率=营运资本/流动资产

（2）长期偿债风险预警指标

①利息保障倍数

利息保障倍数=税息前利润/当期利息费用

②股东权益比率

股东权益比率=股东权益/总资产

③有形资产负债率

有形资产负债率=负债总额/（资产总额-待摊费用-待处理损溢-递延资产-无形资产）

④长期资本负债率

长期资本负债率=长期负债/长期资本

⑤经营净现金流负债比率

经营净现金流负债比率=经营活动净现金流量/总负债

（3）资产管理风险预警指标

①流动资产风险预警指标

A.应收账款周转率

应收账款周转率=（销售收入/应收账款平均余额）

B.流动资产周转率

流动资产周转率=销售收入/平均流动资产

②非流动资产风险预警指标

A.长期资产适合率

长期资产适合率=（股东权益+长期负债）/（固定资产净值+长期投资净值）

B.总资产周转率

总资产周转率=主营业务收入/平均资产总额

C.不良资产比率

不良资产比率=（三年以上应收账款+待摊费用+长期待摊费用+待处理流动资产净损失+待处理固定资产损失+递延资产）/年末资产总额

（4）企业盈利风险预警指标

①收入成本风险的预警指标

A.主营业务毛利率

主营业务毛利率=（主营业务收入-主营业务成本）/主营业务收入

B.成本费用利润率

成本费用利润率=净利润/（主营业务成本+销售费用+管理费用+财务费用）

C.主营业务比率

主营业务比率=主营业务利润/利润总额

D.主营业务现金比率

主营业务现金比率=经营活动现金净流量/主营业务收入

②资本权益报酬风险的预警指标

A.净资产收益率

净资产收益率=利润总额/平均股东权益

B.总资产利润率

总资产利润率=利润总额/平均资产总额

C.权益净利率

权益净利率=净利润/平均股东权益

③收入现金流量预警指标

主营业务现金比率=经营活动现金净流量/主营业务收入

（5）企业成长风险预警指标

①主营业务收入增长率

主营业务收入增长率=（本年主营业务收入-上一年主营业务收入）/上一年主营业务收入

②净利润增长率

净利润增长率=（本年净利润-上一年净利润）/上一年净利润

③总资产扩张率

总资产扩张率=（本年资产总额-上一年资产总额）/上一年资产总额

④每股收益增长率

每股收益增长率=（本年每股收益-上一年每股收益）/上一年每股收益

（6）企业现金流量风险预警指标

①每股营业现金流量

每股营业现金流量=经营活动产生的现金净流量/年末普通股股数

②现金流量结构

现金流量结构=经营活动产生的净现金流量/总现金净流量

③营业活动收益质量

营业活动收益质量=经营活动产生的现金净流量/营业利润

④经营活动产生的现金净流量增长率

$$\text{经营活动产生的现金净流量增长率}=\left(\text{本年经营活动产生的现金净流量}-\text{上年经营活动产生的现金净流量}\right)/\text{上年经营活动产生的现金净流量}$$

⑤经营活动现金流率

经营活动现金流率=经营活动现金流入量/经营活动现金流出量

（7）我国煤炭行业财务预警特色指标

①固定资产投资回报率

$$\text{固定资产投资回报率}=\text{本年度经营活动净现金流量}/\text{本年度购建固定资产、无形资产及其他长期资产的现金流出量}$$

②固定资产现金周转率

固定资产现金周转率=年度经营活动净现金流量/平均固定资产

第6章 基于Voronoi的能源储备

能源储备是保障能源安全的重要措施。在确定能源储备的作用与原则的基础上，定量分析能源储备的相关经济效益，以石油为例，构建能源储备量的确定模型，基于Voronoi图确定我国合理的石油储备地点和供应区域。

6.1 能源储备的作用与原则

能源的储备对于能源安全具有重要的作用，能源储备的确定是一系统工程，应依据成本-效益原则，结合储备的作用加以科学确定。

能源储备的原则是满足能源安全下的成本-效益原则。

6.2 我国建立能源储备的必要性分析

能源储备早已被提上议事日程，并已部分实施。虽然目前仍有争议，主要集中在实施的方法、方式、数量与时机问题等，但实施的必要性已得到众多专家、业界的认同。

（1）我国石油的进口依存度不断提高

我国近年来原油进口数据和增速见表6-1、图6-1。

表6-1 我国近年来原油进口数据和增速统计表

年份	进口量（亿吨）	进口增速
2008	1.79	9.6%
2009	2.04	13.9%
2010	2.39	17.4%
2011	2.54	6.0%
2012	2.71	6.8%
2013	2.82	4.1%
2014	3.08	9.2%
2015	3.34	8.4%
2016	3.81	14.1%
2017	4.20	10.2%

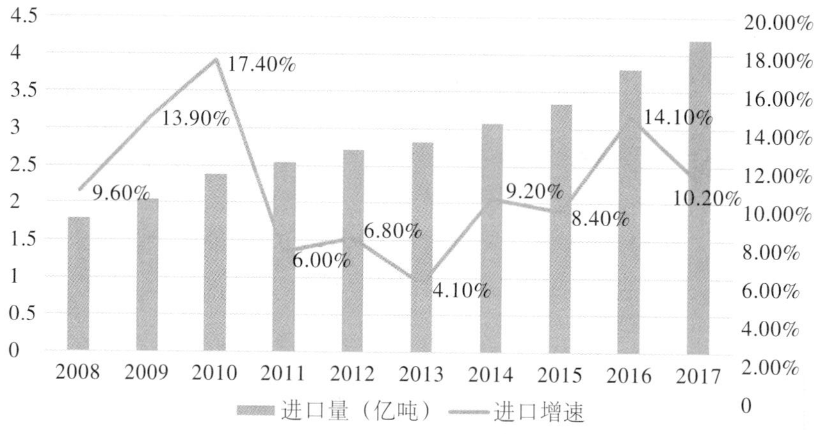

图6-1 我国近年来原油进口数据和增速统计图

我国石油的对外依存度2014年、2015年、2016年和2017年分别达到59.6%、60.6%、65.4%和67.4%，如图6-2所示。

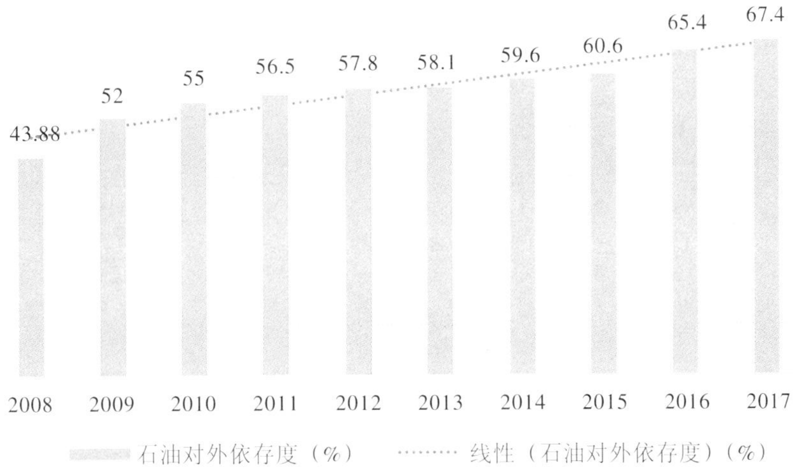

图6-2　我国近年来石油对外依存度示意图

（2）我国石油的消费不断增长

2017年，我国原油表观消费量为6.10亿吨，原油消费仍呈持续增长态势。

（3）供求关系矛盾日益突出

按照我国石油的生产量和消费量、供应量和需求量的对比，我国石油的供求关系矛盾日益突出。

（4）原油进口渠道多元化进展缓慢

2013年，我国十大原油来源国的进口量及占比等情况见表6-2、图6-3。

表6-2　　2013年我国十大原油来源国一览表

排名	国家	进口量（万吨）	同比增减（%）
1	沙特阿拉伯	5 390.1165	-0.03
2	安哥拉	4 000.096	-0.36
3	阿曼	2 547.347	30.18
4	俄罗斯	2 434.7583	0.07
5	伊拉克	2 351.2941	49.92
6	伊朗	2 144.8047	-2.2
7	委内瑞拉	1 574.8579	2.98
8	哈萨克斯坦	1 198.0826	-0.03

续表

排名	国家	进口量（万吨）	同比增减（%）
9	阿联酋	1 027.5840	7.52
10	科威特	934.3907	10.92
合计		23 603.3318	

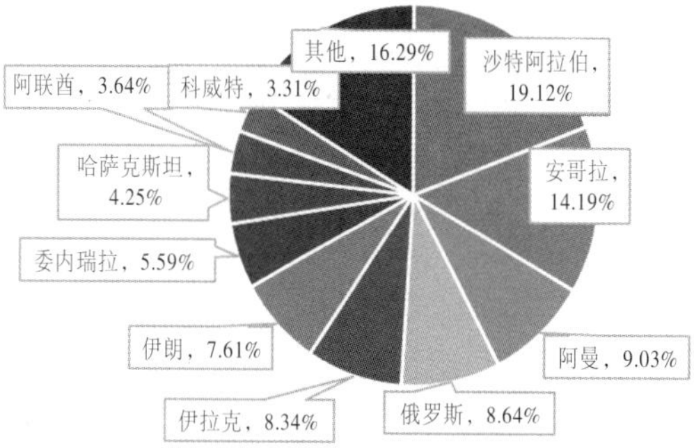

图6-3 2013年我国十大原油来源国各占总进口比示意图

2017年，我国十大原油来源国的进口量及占比等情况见表6-3、图6-4。

表6-3 **2017年我国十大原油来源国一览表**

排名	国家	进口量（万吨）	占总量比例（%）	进口金额（百万美元）
1	俄罗斯	5 979.6	14.20	23 512.7
2	沙特阿拉伯	5 218.4	12.40	20 438.7
3	安哥拉	5 043.0	12.01	19 490.1
4	伊拉克	3 686.5	8.78	13 722.8
5	伊朗	3 115.0	7.42	11 895.2
6	阿曼	3 101.0	7.38	12 018.7
7	巴西	2 308.3	5.50	8 702.0
8	委内瑞拉	2 177.0	5.18	6 527.5
9	科威特	1 824.5	4.34	7 050.0
10	阿联酋	1 016.2	2.42	4 085.0
	其他国家	8 527.2	20.37	33 308.2
合计		41 996.7	100	160 750.9

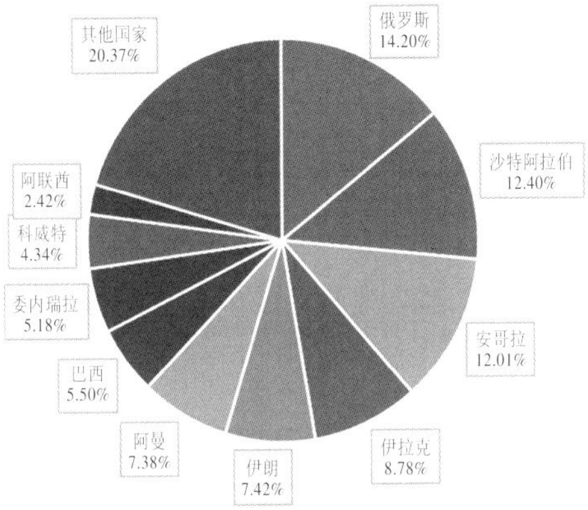

图6-4　2017年我国十大原油来源国各占总进口比示意图

（5）应对石油风险的能力较弱

对互相分享他国储备，国际能源署（IEA）一直没有形成有效的办法。通过建立战略石油储备，可以缓冲石油供应全部中断对国家经济的打击。虽然石油供应中断在现实中出现的概率并不大，但根据能源储备的作用与我国目前的石油供需及使用情况，建立适当的石油储备是必要的。考虑到我国的能源总体消费结构仍以煤炭为主及建立石油战略储备国家的经验教训，我国应从保障经济安全出发，积极探索适合本国国情的石油储备制度。

6.3　能源储备的相关经济效益分析

6.3.1　能源价格-GDP弹性

能源价格的波动对国家的经济冲击较大。能源储备的效益主要体现在能源的价格与宏观经济的关系。我们可以用能源价格与GDP之间的弹性来予以分析，现以石油为例分析如下：

表6-4是根据历史数据所计算出的亚太经合组织部分国家和地区石油价格和GDP弹性的关系。

表6-4 亚太经合组织部分国家（地区）石油价格与GDP的弹性关系

国家	石油价格上升 （上升一倍使GDP）损失	石油价格下降 （下降50%使GDP）增加
日本	-5.8%	+2.1%
韩国	-8.7%	-6.7%
马来西亚	-5.6%	+8.6%
菲律宾	-3.6%	统计上不显著
印度尼西亚	-4.3%	统计上不显著
泰国	-8.4%	统计上不显著
新加坡	-4.2%	统计上不显著
中国香港	-6.5%	统计上不显著
中国台湾	-8.4%	+4.1%

资料来源：Jones（1999）.

6.3.2 能源价格变动对国民经济的影响

（1）能源价格对国民经济影响的投入产出模型

①一个部门价格变动模型

假设第j部门的产品价格由p_j变化为$p_j+\Delta p_j$，相应地，该部门的产值由x_jp_j变化为$x_j(p_j+\Delta p_j)$，由于其他部门都要直接或间接地消耗第j部门的价格变动了的产品，所以，其他部门产品的价格由原来的p_i变化为$p_i+\Delta p_i$，按现行价格计算出来的总产值由原来的x_ip_i变为$x_i(p_i+\Delta p_i)$。

根据投入产出模型，得：

$$p_j+\Delta p_j=\sum_{i=1}^{n}a_{ij}(p_i+\Delta p_i)+(a_{dj}+a_{vj}+a_{mj})=\sum_{i=1}^{n}a_{ij}p_i+(a_{dj}+a_{vj}+a_{mj})+\sum_{i=1}^{n}a_{ij}\Delta p_i$$

$$=p_j+\sum_{i=1}^{n}a_{ij}\Delta p_i \qquad j=1,2,\cdots,n$$

从而

$$\sum_{i=1}^{n}a_{ij}\Delta p_i=\Delta p_j \qquad j=1,2,\cdots,n \tag{6-1}$$

写成方程组形式为：

$$\begin{cases} a_{11}\Delta p_1 + a_{21}\Delta p_2 + \cdots + a_{n1}\Delta p_n = \Delta p_1 \\ a_{12}\Delta p_1 + a_{22}\Delta p_2 + \cdots + a_{n2}\Delta p_n = \Delta p_2 \\ \cdots\cdots \\ a_{1n}\Delta p_1 + a_{2n}\Delta p_2 + \cdots + a_{nn}\Delta p_n = \Delta p_n \end{cases} \tag{6-2}$$

（6-2）式经变换得：

$$\begin{bmatrix} \Delta p_2 \\ \vdots \\ \Delta p_{n-1} \\ \Delta p_n \end{bmatrix} = \begin{bmatrix} 1-a_{22} & \cdots & -a_{n-1,2} & -a_{n2} \\ \vdots & & & \\ -a_{2,n-1} & \cdots & 1-a_{n-1,n-1} & -a_{n,n-1} \\ -a_{2n} & \cdots & -a_{n-1,n} & 1-a_{nn} \end{bmatrix}^{-1} * \begin{bmatrix} a_{12} \\ \vdots \\ a_{1,n-1} \\ a_{1n} \end{bmatrix} \Delta p_1 \tag{6-3}$$

（6-3）式即为第一部门产品价格变动Δp_1对其余$n-1$个部门产品价格的影响模型。

同理，可得第n个部门产品价格变动Δp_n对其余$n-1$个部门产品价格的影响模型：

$$\begin{bmatrix} \Delta p_1 \\ \Delta p_2 \\ \vdots \\ \Delta p_{n-1} \end{bmatrix} = \begin{bmatrix} 1-a_{11} & -a_{21} & \cdots & -a_{n-1,1} \\ -a_{12} & 1-a_{22} & \cdots & -a_{n-1,2} \\ \vdots & & & \\ -a_{1n} & -a_{2n} & \cdots & 1-a_{n-1,n-1} \end{bmatrix}^{-1} * \begin{bmatrix} a_{n1} \\ a_{n2} \\ \vdots \\ a_{n,n-1} \end{bmatrix} \Delta p_n \tag{6-4}$$

②两个部门价格变动模型

假定第$n-1$和第n部门产品的价格变动分别为Δp_{n-1}和Δp_n，那么第$1\sim(n-2)$部门产品的价格因为直接或间接消耗了第$n-1$和第n部门的产品而导致物价的变动以及随之而来的总产值的变动。由于第j部门（$j=1, 2, \cdots, n-2$）总产值的变动是由于原材料等劳动对象的价格变化引起的，因此第j部门总产值的增量$x_j\Delta p_j$等于中间投入的增量$\sum_{i=1}^{n} x_{ij}\Delta p_i$，即：

$$\sum_{i=1}^{n} x_{ij}\Delta p_i = x_j\Delta p_j,\ j=1, 2, \cdots, n-2$$

两边除以x_j，有：

$$\sum_{i=1}^{n} a_{ij}\Delta p_i = \Delta p_j,\ j=1, 2, \cdots, n-2$$

写成矩阵形式：

$$\begin{bmatrix} a_{11} & a_{21} & \cdots & a_{n-2,1} \\ a_{12} & a_{22} & \cdots & a_{n-2,2} \\ \vdots & & & \\ a_{1,n-2} & a_{2,n-2} & \cdots & a_{n-2,n-2} \end{bmatrix} \begin{bmatrix} \Delta p_1 \\ \Delta p_2 \\ \vdots \\ \Delta p_{n-2} \end{bmatrix} + \begin{bmatrix} a_{n-1,1} & a_{n1} \\ a_{n-1,2} & a_{n2} \\ \vdots & \\ a_{n-1,n-2} & a_{n,n-2} \end{bmatrix} \begin{bmatrix} \Delta p_{n-1} \\ \\ \Delta p_n \end{bmatrix} = \begin{bmatrix} \Delta p_1 \\ \Delta p_2 \\ \vdots \\ \Delta p_{n-2} \end{bmatrix} \tag{6-5}$$

从而可得：

$$\begin{bmatrix} \Delta p_1 \\ \Delta p_2 \\ \vdots \\ \Delta p_{n-2} \end{bmatrix} = (I - A_{n-2}^{T})^{-1} \begin{bmatrix} a_{n-1,1} & a_{n1} \\ a_{n-1,2} & a_{n2} \\ \vdots & \\ a_{n-1,n-2} & a_{n,n-2} \end{bmatrix} \begin{bmatrix} \Delta p_{n-1} \\ \\ \Delta p_n \end{bmatrix} \tag{6-6}$$

（6-6）式即为两部门价格变动影响模型。

（2）能源价格变动对国民经济价格指数的影响

能源价格变动会产生连锁反应，会使价格总水平发生变化，可用下式计算价格指数的变动幅度：

$$\pi = \left(\sum_{j=1}^{n} \Delta p_j x_j\right) / \left(\sum_{j=1}^{n} p_j x_j\right) \tag{6-7}$$

如果用各最终需求的列向量替代上式中 x_j，就可以计算相应的价格指数。在价值投入产出表中p代表元素为1的行向量。

（3）实例计算

现以石油为例分别计算。按照与石油相关的部门调整投入产出表（按照2002年投入产出表124个部门价值表，将相关的部门予以合并），石油开采单部门价格变动，计算的结果见表6-5、表6-6、表6-7和表6-8。

表6-5 **原油价格变动对相关部门价格的影响（%）**

Δp	畜牧业	石油加工业	非金属与其他矿采选业	化学工业	建材	冶金	机电	电力	其他工业	交通运输	其他第三产业
10	0.02	5.85	0.07	0.31	0.08	0.19	0.48	0.32	0.04	0.07	0.05
20	0.04	11.16	0.14	0.62	0.16	0.38	0.96	0.64	0.08	0.14	0.10
40	0.08	23.40	0.28	1.24	0.32	0.76	1.92	1.28	0.16	0.28	0.20
60	0.12	35.10	0.42	1.86	0.48	1.14	2.88	1.92	0.24	0.42	0.30
80	0.16	46.80	0.56	2.48	0.64	1.52	3.84	2.56	0.32	0.56	0.40
100	0.20	58.50	0.70	3.10	0.80	1.90	4.80	3.20	0.40	0.70	0.50

表6-6　　成品油价格变动对相关部门价格的影响（%）

Δp	石油开采	畜牧业	非金属与其他矿采选业	化学工业	建材	冶金	机电	电力	其他工业	交通运输	其他第三产业
10	0.21	0.02	0.49	0.33	0.34	0.34	0.57	0.65	0.10	0.56	0.25
20	0.42	0.04	0.98	0.66	0.68	0.68	1.14	1.30	0.20	1.12	0.50
40	0.84	0.08	1.96	1.32	1.36	1.36	2.28	2.60	0.40	2.24	1.00
60	1.26	0.12	2.94	1.98	2.04	2.04	3.42	3.90	0.60	3.36	1.50
80	1.68	0.16	3.92	2.64	2.72	2.72	4.56	5.20	0.80	4.48	2.00
100	2.10	0.20	4.90	3.30	3.40	3.40	5.70	6.50	1.00	5.60	2.50

表6-7　原油、成品油价格同时变动对相关部门价格的影响（%）

Δp	畜牧业	非金属与其他矿采选业	化学工业	建材	冶金	机电	电力	其他工业	交通运输	其他第三产业
10	0.04	0.55	0.45	0.35	0.41	0.62	0.86	0.12	5.64	0.26
20	0.08	1.10	0.90	0.70	0.82	1.24	1.72	0.24	11.28	0.52
40	0.16	2.20	1.80	1.40	1.64	2.48	3.44	0.48	22.56	1.04
60	0.24	3.30	2.70	2.10	2.46	3.72	5.16	0.72	33.84	1.56
80	0.32	4.40	3.60	2.80	3.28	4.96	6.88	0.96	45.12	2.08
100	0.40	5.50	4.50	3.50	4.10	6.20	8.60	1.20	56.40	2.60

表6-8　　部门价格变动对物价总水平的影响（%）

	10	20	40	60	80	100
原油价格变动	0.57	1.14	2.28	3.42	4.56	5.70
成品油价格变动	0.65	1.30	2.60	3.90	5.20	6.50
原油与成品油二者同时变动	0.92	1.84	3.68	5.52	7.36	9.20

6.3.3 能源价格变动对国民经济影响模拟的启示

第一，原油及成品油价格变动会造成相关部门行业产品价格的波动，进而对总的价格水平产生影响。

第二，原油及成品油价格变动对相关部门行业产品价格的影响不仅与成本变动有关，还与相关行业的竞争状况有关。

第三，原油及成品油价格变动对价格总水平影响较小，主要缘于石油在我国非第一能源，但由于其替代性较弱故也不能小视。

第四，原油与成品油的价格还可按不同比例变动，也可用此法予以模拟计算[152]。

6.4 能源储备量的确定

6.4.1 模型原理

能源的专项储备量主要取决于资源可供量的波动情况、储备效率、储备成本、国家财政情况和资源生产的机会成本等。其中诸多因素都处于变动状况，可根据其主要影响因素对资源可供量的波动情况予以动态模拟和调整。

引入如下变量与模型：

$$v_t = (y_t - \hat{y}_t)/\hat{y}_t \tag{6-8}$$

式中：v_t——能源可供量波动指数。它反映了资源可供量偏离资源趋势可供量的程度，其值越大，说明资源可供量偏离趋势可供量越远，资源供给的稳定性越差；其值越小，说明资源可供量偏离趋势可供量越小，说明资源供给的稳定性较好。y_t——t年能源实际可供量，其值等于资源产量与净进口之和。$\hat{y}_t$——t年能源趋势可供量，反映资源可供量随时间推移所表现出来的一种较为稳定的增长或下降趋势，它代表着资源可供量的基本方向。其值可由简单趋势回归法求得，即将年份作为变量，资源可供量作为因变量进行回归计算。

专项储备量的计算引入如下变量与模型：

$$S = Max(|S_t|, |W_t|) \tag{6-9}$$

$$S_t = Max(\sum_{t=1}^{1} Q_t, \sum_{t=1}^{2} Q_t, \cdots, \sum_{t=1}^{n} Q_t) \tag{6-10}$$

$$W_t = Min(\sum_{t=1}^{1} Q_t, \sum_{t=1}^{2} Q_t, \cdots, \sum_{t=1}^{n} Q_t) \tag{6-11}$$

$$Q_t = \begin{cases} (y_t - \hat{y}_t)(1 - \frac{\alpha}{v_t}) & 0 \leqslant \alpha < v_t \\ 0 & \beta \leqslant v_t \leqslant \alpha \\ (y_t - \hat{y}_t)(1 - \frac{\beta}{v_t}) & v_t < \beta \leqslant 0 \end{cases} \tag{6-12}$$

$$M_t = |Q_t| \tag{6-13}$$

式中：S——专项储备量；S_t——最大累计能源储备量；W_t——最小累计能源储备量；Q_t——第t年储备量，反映能源的调控幅度；M_t——第t年绝对储备量；α，β(0 ≤ α，β ≤ 0)——事先设定的能源可供量的波动范围，体现为一定的能源安全及其成本水平。

6.4.2 模型应用

现以石油为例，模拟计算其专项储备。

（1）我国石油可供量的计算

近年来我国石油可供量的计算见表6-9。

（2）石油可供量趋势预测值与波动指数的计算

根据表6-9中的数据建立石油可供量与年份的回归方程如下：

$Y=-3\ 559\ 194+1\ 792x \quad R^2=0.9700$

方程的拟合程度较好，用该方程计算石油可供量趋势预测值进而计算波动指数（见表6-10），石油可供量与可供量趋势预测值的对比如图6-5所示。

（3）模拟方案计算与比较

根据式（6-10）、（6-11）、（6-12）、（6-13），计算了四种方案的相关储备量，见表6-11。

表6-9 **近年来我国石油可供量**

年份	石油生产量（万吨）	石油消费量（万吨）	石油生产量与消费量的差（万吨）	石油净进口量（万吨）	石油可供量（万吨）
1990	13 831	11 486	2 345	2 355（净出口量）	11 476
1991	14 099	12 384	1 716	1 455（净出口量）	12 644
1992	14 210	13 354	856	565（净出口量）	13 354
1993	14 524	14 721	-197	988	15 512
1994	14 608	14 956	-348	290	14 898
1995	15 005	16 065	-1 060	1 005	16 010
1996	15 733	17 436	-1 703	1 395	17 128
1997	16 074	19 692	-3 618	3 384	19 458
1998	16 100	19 818	-3 718	2 913	19 013
1999	16 000	21 131	-5 131	4 381	20 381
2000	16 300	22 437	-6 137	6 874	23 274
2001	16 500	21 806	-5 306	7 416	23 916
2002	16 700	24 600	-7 900	6 220	22 920
2003	17 010	26 470	-9 460	9 735	26 745
2004	17 502	31 659	-14 157	14 374	31 876
2005	18 150	32 730	-14 580	13 643	31 793
2006	18 368	34 700	-16 332	16 287	34 655
2007	18 665	34 640	-15 975	16 457	35 122
2008	18 958	34 945	-16 785	16 598	35 556
2009	18 900	40 838	-21 938	21 889	40 789
2010	20 200	45 500	-25 300	25 500	45 700
2011	20 361	45 388	-25 027	25 012	45 373
2012	20 748	47 613	-26 865	26 865	47 613
2013	21 000	48 800	-27 800	27 800	48 800
2014	21 100	51 900	-30 800	30 800	51 900
2015	21 500	54 300	-32 800	32 800	54 300
2016	20 000	55 600	-35 600	35 600	55 600
2017	19 200	58 800	-39 600	39 600	58 800

资料来源：国家统计局、海关总署。

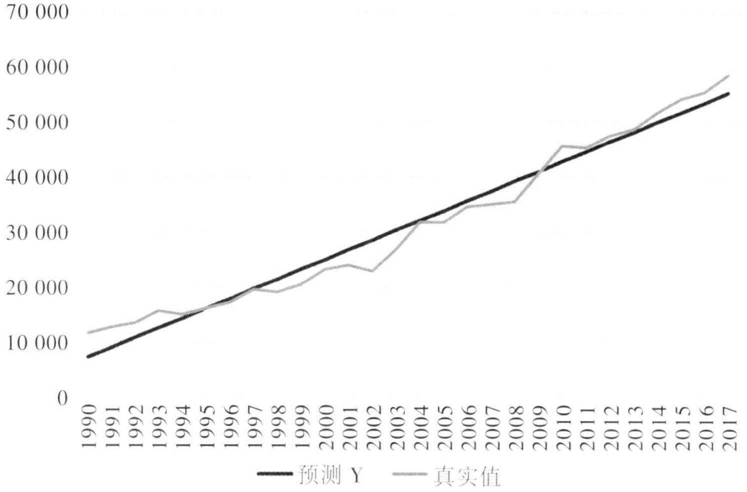

图6-5 历年石油可供量与其趋势预测值对比

表6-10 石油可供量趋势预测值与波动指数

年份	石油可供量（万吨）	石油可供量趋势预测值（万吨）	波动指数（%）
1990	11 476	7 043	62.95
1991	12 644	8 835	43.11
1992	13 354	10 627	25.66
1993	15 512	12 419	24.90
1994	14 898	14 211	4.83
1995	16 010	16 003	0.04
1996	17 128	17 795	-3.75
1997	19 458	19 587	-0.66
1998	19 013	21 379	-11.07
1999	20 381	23 172	-12.04
2000	23 274	24 964	-6.77
2001	23 916	26 756	-10.61
2002	22 920	28 548	-19.71
2003	26 745	30 340	-11.85
2004	31 875	32 132	-0.80
2005	31 793	33 924	-6.28
2006	34 655	35 716	-2.97
2007	35 122	37 508	-6.36
2008	35 556	39 300	-9.53
2009	40 789	41 092	-0.74
2010	45 700	42 884	6.57
2011	45 373	44 677	1.56
2012	47 613	46 469	2.46
2013	48 800	48 261	1.12
2014	51 900	50 053	3.69
2015	54 300	51 845	4.74
2016	55 600	53 637	3.66
2017	58 800	55 429	6.08

表6-11 **不同方案的储备量计算** 单位：万吨

年份	波动指数	方案一（0，0）			方案二（+3%，-3%）		
		年储备量	累计储备量	绝对储备量	年储备量	累计储备量	绝对储备量
1990	62.95	4 433	4 433	4 433	4 222	4 222	4 222
1991	43.11	3 809	8 242	3 809	3 544	7 766	3 544
1992	25.66	2 727	10 969	2 727	2 408	10 174	2 408
1993	24.90	3 093	14 062	3 093	2 720	12 894	2 720
1994	4.83	687	14 749	687	260	13 154	260
1995	0.04	7	14 756	7	0	13 154	0
1996	-3.75	-667	14 089	667	-133	13 021	133
1997	-0.66	-129	13 960	129	0	13 021	0
1998	-11.07	-2 366	11 594	2 366	-1 725	11 296	1 725
1999	-12.04	-2 791	8 803	2 791	-2 096	9 200	2 096
2000	-6.77	-1 690	7 113	1 690	-941	8 259	941
2001	-10.61	-2 840	4 273	2 840	-2 037	6 222	2 037
2002	-19.71	-5 628	-1 355	5 628	-4 771	1 451	4 771
2003	-11.85	-3 595	-4 950	3 595	-2 685	-1 234	2 685
2004	-0.80	-257	-5 207	257	0	-1 234	0
2005	-6.28	-2 131	-7 338	2 131	-1 113	-2 347	1 113
2006	-2.97	-1 061	-8 399	1 061	0	-2 347	0
2007	-6.36	-2 386	-10 785	2 386	-1 261	-3 608	1 261
2008	-9.53	-3 744	-14 529	3 744	-2 565	-6 173	2 565
2009	-0.74	-303	-14 832	303	0	-6 173	0
2010	6.57	2 816	-12 016	2 816	1 530	-4 643	1 530
2011	1.56	696	-11 320	696	0	-4 643	0
2012	2.46	1 144	-10 176	1 144	0	-4 643	0
2013	1.12	539	-9 637	539	0	-4 643	0
2014	3.69	1 847	-7 790	1 847	345	-4 298	345
2015	4.74	2 455	-5 335	2 455	901	-3 397	901
2016	3.66	1 963	-3 372	1 963	354	-3 043	354
2017	6.08	3 371	-1	3 371	1 708	-1 335	1 708

续表

年份	波动指数	方案三（+4%，-2%）			方案四（+2%，-4%）		
		年储备量	累计储备量	绝对储备量	年储备量	累计储备量	绝对储备量
1990	62.95	4 151	4 151	4 151	4 292	4 292	4 292
1991	43.11	3 456	7 607	3 456	3 632	7 924	3 632
1992	25.66	2 302	9 909	2 302	2 514	10 438	2 514
1993	24.90	2 596	12 505	2 596	2 845	13 283	2 845
1994	4.83	118	12 623	118	403	13 686	403
1995	0.04	0	12 623	0	0	13 686	0
1996	-3.75	-311	12 312	311	0	13 686	0
1997	-0.66	0	12 312	0	0	13 686	0
1998	-11.07	-1 939	10 373	1 939	-1 511	12 175	1 511
1999	-12.04	-2 327	8 046	2 327	-1 864	10 311	1 864
2000	-6.77	-1 191	6 855	1 191	-691	9 620	691
2001	-10.61	-2 305	4 550	2 305	-1 769	7 851	1 769
2002	-19.71	-5 057	-507	5 057	-4 486	3 365	4 486
2003	-11.85	-2 988	-3 495	2 988	-2 381	984	2 381
2004	-0.80	0	-3 495	0	0	984	0
2005	-6.28	-1 452	-4 947	1 452	-774	210	774
2006	-2.97	-347	-5 294	347	0	210	0
2007	-6.36	-1 636	-6 930	1 636	-885	-675	885
2008	-9.53	-2 958	-9 888	2 958	-2 173	-2 848	2 173
2009	-0.74	0	-9 888	0	0	-2 848	0
2010	6.57	1 102	-8 786	1102	1 959	-889	1 959
2011	1.56	0	-8 786	0	0	-889	0
2012	2.46	0	-8 786	0	214	-675	214
2013	1.12	0	-8 786	0	0	-675	0
2014	3.69	0	-8 786	0	846	171	846
2015	4.74	383	-8 403	383	1 419	1 590	1 419
2016	3.66	0	-8 403	0	890	2 480	890
2017	6.08	1 153	-7 250	1 153	2 262	4 742	2 262

表6-12　　各方案石油专项储备比较　　单位：万吨

比较指标	方案一	方案二	方案三	方案四
最大累计储备量	14 756	13 154	12 623	13 686
最小累计储备量	-9 888	-6 173	-9 888	-2 848
专项储备规模	14 756	13 154	12 623	13 686
绝对储备量合计	59 175	37 319	37 772	37 810

模拟方案说明：

根据式（6-9）、（6-13）及表6-11的结果，可以计算出不同方案下2017年的石油储备规模与其绝对储备量（见表6-12）。从表6-12可以看出：

方案一（0，0）：在这种情形下，石油的可供量发生任何波动都由国家进行干涉调节，石油的专项储备量为14 756万吨。

方案二（+3%，-3%）：当石油的可供量与趋势可供量之间的变动超过±3%时，国家可通过市场的资源配置作用进行调控。正负3%的控制幅度，根据我国的石油消费弹性系数一般为0.6左右，需求量变动3%相对应的GDP变动幅度为5%，对我国经济的影响不大。此种情况下石油的专项储备量为13 154万吨，绝对储备量为37 319万吨。与方案一在经济性方面对比，方案二优于方案一。

方案三（+4%，-2%）：当石油可供量与趋势可供量之间的变动超过4%时进行储备释放，而当石油波动超过负2%时进行储备吞入。该方案的设计宗旨为缩小石油供小于求并扩大供过于求的波动幅度，以达到更好地维护石油消费者的利益，同时避免出现石油过剩还大量进口的情况。此种情况下石油的专项储备量为12 623万吨，小于方案四。

方案四（+2%，-4%）：当石油可供量与趋势可供量之间的变动超过2%时进行储备释放，而当石油波动超过负4%时进行储备吞入。该方案的设计宗旨正好与方案三相反。此种情况下石油的专项储备量为13 686万吨，绝对储备量为37 810万吨。与方案一对比，其专项储备量低于方案一，绝对储备量也远小于方案一。

上述各方案波动指数的选取可根据国家的经济发展状况与对资源的

依赖程度予以动态调整。根据我国对石油的依赖程度与经济发展状况，方案四所确定的石油专项储备规模较为合理[153, 154]。

6.4.3 能源专项储备的量化研究结论

第一，目前，我国急需建立适合自身发展的能源储备体系，首先需要研究专项储备量的合理确定问题，专项储备的合理确定应考虑能有效地弥补能源现实可供量与趋势可供量之间的差距，同时还要探索周期储备与战略储备的合理确定以及包括法律体系等诸多因素的综合协同作用。

第二，能源的可供量与趋势可供量之间的波动关系可较好地用于资源专项储备量的确定，根据国家的实际情况可分别采用不同的储备方案予以模拟。通过对2017年石油专项储备不同方案的模拟计算，合理的方案应是当石油可供量与趋势可供量之间的变动超过2%时进行储备释放，而当石油波动超过负4%时进行储备吞入。此种情况下石油的专项储备量为13 686万吨，绝对储备量为37 810万吨。

第三，利用该方法确定能源的长期或短期专项储备量，需要对包括能源的可供量与趋势可供量之间的波动关系在内的诸多因素进行预测。若经过预测，能源处于一种较为明显的供不应求状态，则应考虑甚至在可供量与趋势可供量之间的变动（$v_t > 0$）较小时就进行储备释放，而在可供量与趋势可供量之间的变动（$v_t < 0$）较大时才进行储备吞入。

6.5 储备基地选址优化

确定了能源的储备量，我们还需确定储备地点与供应范围。通过对比分析发现，Voronoi图中顶点的影响区域与石油储备点的供应区域有很大的相似性，即可以利用Voronoi图来求解石油储备点选址问题，但是，在实际情况中还有许多诸如储备条件、交通运输条件、地区资源储量等因素需要考虑，本研究结合这些因素利用加权Voronoi图来解决石油储备点合理选址与供应范围确定问题。

6.5.1 影响选址的因素及指标选取与权重计算

储备点选址的影响因素及指标较多。我们选取了如下因素及指标：①储备因素：储备条件、交通运输条件。②资源获取因素：地区资源储量，与港口、运输管线的关系（主要指距离）。③经济及产业结构与环境因素：地区GDP、资源产业结构、环保与低碳要求（如图6-6所示）。

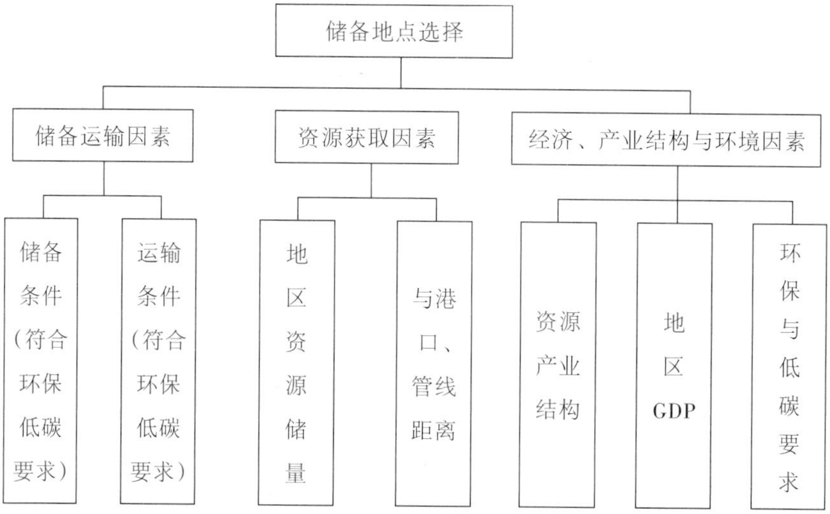

图6-6 储备选址影响因素及指标层次结构图

（1）储备运输因素

石油的储备在供应危机出现时，应能快速、便捷地运往需求地。这就要求储备地点的交通发达。

（2）资源获取因素

我国石油储量较丰富，根据石油供需与国家安全之间的关系，国产石油也应为石油储备的重要来源。同时，根据“两种资源，两个市场”的原则，要求利用国外的石油资源，将我国的沿海港口、石油运输管线或与它们距离较近的区域作为储备地点，充分利用已有设施，并在此基础上进行改扩建，可取得事半功倍的效果。

（3）经济及产业结构因素

石油储备地点的选择还应考虑区域的经济发展水平、产业结构与环保低碳因素，特别是对石油的需求以及区域的石油上下游产业。宜在对石油需求量大的地区建立储备库，在石油上下游产业发达的地区建立储备库。

我们运用层次分析方法，对全国的储备拟选基地进行了综合的评定。计算所得各个拟选储备基地综合权重分别是：舟山（0.170）、黄岛（0.135）、大连（0.125）、大亚湾（0.145）、大庆（0.080）、瑞丽（0.080）、鄯善（0.065）、南阳（0.110）、兰州（0.090）。

6.5.2 储备点空间影响范围的划分

实际情况中，每个储备点都有一个供应区域，而这个供应区域不但与距离储备点的远近有关，还与许多影响储备因素有关，根据拟选储备点的权重，对各个拟选储备点的空间影响范围进行了空间划分，划分结果见表6-13。

表6-13　储备基地拟选址结果

储备地点	供应地区	权重	专项储备量（万吨）	绝对储备量（万吨）	战略储备量（万吨）	
			2012	2012	方案1	方案2
舟山	浙江，江苏，上海，安徽，福建	0.170	1 600	4 984	2 060	1 449
黄岛	内蒙古，河北，北京，天津，山东，山西	0.135	1 270	3 958	1 636	1 151
大连	黑龙江，内蒙古，吉林，辽宁，河北，山东	0.125	1 176	3 665	1 514	1 065
大亚湾	四川，重庆，江西，湖南，贵州，广东，广西，海南，福建	0.145	1 365	4 251	1 757	1 236
大庆	黑龙江，内蒙古，吉林，辽宁	0.080	753	2 345	969	682
瑞丽	青海，西藏，云南，贵州	0.080	753	2 345	969	682
鄯善	新疆，西藏，云南，青海	0.065	612	1 906	787	554
南阳	内蒙古，甘肃，河南，湖北，安徽，江西，山西	0.110	1 035	3 225	1 333	938
兰州	甘肃，四川，青海，宁夏，陕西	0.090	847	2 639	1 090	767
合计			9 411	29 318	12 115	8 523

6.6 能源储备体系的建设

目前我国的石油储备能力不足，储备体系尚不完整，急需加以建设。应从储备资金投入，期货市场完善，基地建设，企业、民间机构参与，法律法规建设及储备时机选择等多层面予以考虑。

6.6.1 储备制度的建立

针对我国的石油开发、使用的现状，应颁布有关石油方面的立法，如石油储备法，对储备资金的来源、储备体制、储备管理方式等多方面重要问题予以法律方面的规范与界定。

6.6.2 储备时机的选择

笔者认为，石油储备时机的选择宜建立在对石油价格预测相对准确与国家石油安全科学度量基础上，即将国家石油安全对经济、社会、政治的影响以福利函数的形式进行量化，然后依据成本效益原则加以确定。同时，还可考虑利用金融期货等手段规避石油价格变动所带来的风险。

第7章 低碳约束下我国能源供应保障的空间效应

一个地区的能源供应保障程度的提升究竟会对其他地区能源供应保障产生什么样的影响以及影响程度的大小的测度尤为重要。能源供应保障的影响因素较多，且相互之间存在相关性，在对这些因素进行初步处理和筛选的基础上，建立空间计量模型，将影响能源供应保障的时空因素和低碳约束纳入模型，分析影响我国能源供应保障的主要因素及其影响程度的大小，并对我国能源供应保障程度进行评价，为我国各地区采取有效措施保障能源供应安全提供依据。

7.1 理论模型与数据来源

7.1.1 影响因素分析

我国各省份在能源消费和能源供应方面是相互影响、互相联系的。进行时间序列分析时不能忽视不同年份的变量对目标年份变量的影响。

同样，在用省份数据来研究能源供应保障时，也不能忽视省份之间的相互影响。

各省份之间的交通设施、制定的相关政策以及省份之间的资源流动都会对能源供应保障产生影响。以往关于能源供应保障影响因素的研究大多忽视了该问题。据此，本章将空间因素纳入我国能源供应保障影响因素中。另外，由于我国能源供应保障长期以来一直忽视环境要求，因此将低碳约束纳入研究模型中，运用因子分析法对影响我国能源供应保障的诸多因素进行初步处理和筛选，最终选取地区经济发展水平、产业结构、能源产量、能源消费结构、能源利用效率和低碳约束 6 个指标作为能源供应保障的主要影响因素。

7.1.2 能源供应保障影响因素的空间计量模型

Gallo J. Le 等人指出，在确定空间依赖性时，基于空间面板数据的模型主要有空间滞后模型、空间误差模型和空间 Durbin 模型。空间滞后模型又称空间混合自回归模型（Spatial Lag Model，SLM），主要探讨各变量在某一地区是否存在溢出效应，即某一地区的能源供应保障的所有解释变量都会通过一定的空间传导机制作用于其他地区。研究我国区域能源供应保障的外部性，即邻近地区的能源供应保障情况对本地区能源供应的影响，建立以下空间滞后模型：

（1）空间滞后模型

研究我国区域煤炭供应保障的外部性，即邻近地区的煤炭供应保障情况对本地区煤炭供应保障的影响，建立模型如下：

$$\begin{aligned}\ln ES_{it} = \delta \sum_{i=1}^{n} w_{ij} ES_{ij} + \alpha + \beta_1 \ln ER_{it} + \beta_2 \ln SI_{it} + \beta_3 \ln EGDP_{it} + \\ \beta_4 \ln EC_{it} + \beta_5 \ln EE_{it} + \beta_6 \ln CP_{it} + \mu_i + \lambda_t + \varepsilon_{it}\end{aligned} \quad (7\text{-}1)$$

式中：ES——煤炭供应保障程度；δ——空间回归系数；w_{ij}——n × n阶的空间权重矩阵；ER——煤炭产量；SI——第二产业增加值占 GDP 的比重；EGDP——地区人均 GDP；EC——能源消费结构；EE——能源利用效率；CP——碳排放量；μ，λ，ε——随机误差项。

（2）空间误差模型

研究我国区域煤炭供应保障的另一个外部性，模型表示为：

$$\ln ES_{it} = \alpha + \beta_1 \ln ER_{it} + \beta_2 \ln SI_{it} + \beta_3 \ln EGDP_{it} + \beta_4 \ln EC_{it} + \beta_5 \ln EE_{it} + \beta_6 \ln CP_{it} + \mu_i + \lambda_t + \rho \sum_{j=1}^{n} \omega_{ij}\varphi_{ij} + \varepsilon_{it} \tag{7-2}$$

式中：ρ——误差项中空间相关强度。

（3）空间Durbin模型

基于上述理论分析，构建如下煤炭供应保障时空影响因素评价模型：

$$\ln ES_{it} = \delta \sum_{j=1}^{n} \omega_{ij} ES_{jt} + \beta_1 \ln ER_{it} + \beta_2 \ln SI_{it} + \beta_3 \ln EGDP_{it} + \beta_4 \ln EC_{it} + \beta_5 \ln EE_{it} + \beta_6 \ln CP_{it} + \theta_1 \sum_{j=1}^{n} \omega_{ij} ES_{ijt} + \theta_2 \sum_{j=1}^{n} \omega_{ij} ER_{ijt} + \theta_3 \sum_{j=1}^{n} \omega_{ij} CP_{ijt} + \theta_4 \sum_{j=1}^{n} \omega_{ij} SI_{ijt} + \theta_5 \sum_{j=1}^{n} \omega_{ij} GDP_{ijt} + \theta_6 \sum_{j=1}^{n} \omega_{ij} EC_{ijt} + \theta_7 \sum_{j=1}^{n} \omega_{ij} EE_{it} + \mu_i + \lambda_t + \varepsilon_{it} \tag{7-3}$$

7.1.3 数据来源及变量说明

将我国31个省份的能源供应保障情况作为研究对象，数据区间为2006—2012年，选取的变量包括ES、ER、SI、EC、EGDP、EE、CP七个变量，其代表含义及计算方法如下：

（1）被解释变量的选取

选取能源供应保障程度作为被解释变量，目前，国际通用的能源供应保障的监测指标是能源对外（进口）依存度，实际上能源自给率是对同一个问题的不同指标测算，因为：

$$能源对外（进口）依存度=\frac{能源净进口量}{能源总消费量} = 1 - 能源自给率 \tag{7-4}$$

用煤炭自给率来衡量，变量表示为ES。数据来源于各省份的《能源统计年鉴》。

（2）解释变量的选取

①地区经济发展水平（EGDP），为了消除人口规模对经济增长的影响，用地区人均GDP来衡量经济发展水平，采用GDP平减指数调整为以2006年为基期的实际GDP，单位为元/人，计算公式如下（数据来

源于《中国经济统计年鉴》(2013)):

$$EGDP = \frac{GDP}{人口总数} \tag{7-5}$$

②产业结构(SI),选取第二产业增加值占GDP的比重来衡量,其中地区GDP和第二产业GDP分别采用GDP平减指数调整为以2006年为基期的实际GDP。数据来源于我国知网《中国统计年鉴数据库》。

③煤炭产量(ER),用地区煤炭产量来衡量。数据来源于《中国能源统计年鉴》(2007)和《中国能源统计年鉴》(2013)。

④能源消费结构(EC),用地区煤炭消费量占能源消费总量的比重来衡量。数据来源于我国知网《中国统计年鉴数据库》和《中国能源统计年鉴》。

⑤能源利用效率(EE),用地区单位GDP能耗来度量,即能源消耗总量除以实际GDP。数据来源于《中国能源统计年鉴》。

⑥低碳约束(CP),用地区碳排放量来衡量低碳指标。因为倡导低碳最直接的控制指标就是碳排放量的控制,煤炭消费量越大,碳排放也会越多,也会越背离低碳经济的发展要求。基于IPCC《国家温室气体排放清单指南》,根据公式,计算出地区碳排放量。数据来源于《中国能源统计年鉴》和我国经济统计网。

$$碳排放量=能源i的消费量 \times 能源i的排放系数(i为能源种类) \tag{7-6}$$

7.2 能源供应保障的空间计量实证分析

7.2.1 空间相关性检验

空间自相关检验是空间计量分析中的重要内容。根据空间数据的分布特征可分为两类:一类是全局空间相关性检验(Moran 指数I和Geary指数G);另一类是局部空间相关性检验(LISA指数)。这两类检验最常用的是Moran 指数I。Moran 指数I是用来检验整个研究区域中相邻地区间是否相似、相异(空间正相关、负相关),还是相互独立。Moran 指数I的定义为:

$$\text{Moran I} = \frac{\sum_{i=1}^{n}\sum_{j\neq 1}^{n} w_{ij}(x_i - \bar{x})(x_j - \bar{x})}{s^2\sum_{i=1}^{n}\sum_{j\neq 1}^{n} w_{ij}} \tag{7-7}$$

式中：n——研究区域的地区总数；x_i，x_j——地区i和地区j的属性；$S^2 = \frac{1}{n}\sum_{i=1}^{n}(x_i - \bar{x})^2$——属性的方差；$\bar{x} = \frac{1}{n}\sum_{i=1}^{n}x_i$——属性的平均值；$w_{ij}$——相邻距离测算出的空间权重，它定义了空间对象的相互邻近关系。如果i = j，w_{ij}= 0，则i ≠ j，w_{ij}=1。

选用Moran指数I对我国31个省份的能源供应保障情况进行空间自相关检验，检验结果见表7-1。从P检验值可见，我国的能源供应保障存在显著的空间依赖关系。Moran I的值为0.6237，说明我国31个省份之间的能源供应保障存在正向的空间自相关性，即在空间上相邻的个体区域之间相互影响，表现出具有相似的属性值。

对我国31个省份的能源供应保障情况进行空间自相关检验，检验邻近省份之间是否存在空间依赖关系。检验结果见表7-1。

表7-1　　空间自相关检验结果

Moran I	Moran I-statistic	Moran I prob.
0.6237	16.4881	0.0000

7.2.2　模型检验与估计

运用EViews6.0对构建的空间滞后模型和空间误差模型进行LM检验，检验结果分别见表7-2和表7-3。从表7-2和表7-3可以看出，空间滞后模型和空间误差模型都没有通过检验，因此都不能很好地对我国煤炭供应保障时空响应的影响因素进行模拟。

表7-2　　LM检验结果——空间滞后模型

检验值	地区固定	时间固定	地区时间固定
LM值	6.7098**	1.4322	1.1127
	(0.017)	(0.312)	(0.1093)
LM Robust值	1.3569	3.2049	21.3011***
	(0.215)	(0.068)	(0.001)

注：***和**分别表示1%和5%的显著性水平；括号内的数据为卡方统计量的概率值。

表7-3 **LM检验结果——空间误差模型**

检验值	地区固定	时间固定	地区时间固定
LM值	6.5253**	0.0821	0.0116
	(0.011)	(0.564)	(0.963)
LM Robust值	2.2687	1.8765	22.3006***
	(0.420)	(0.173)	(0.000)

注：***和**分别表示1%和5%的显著性水平；括号内的数据为卡方统计量的概率值。

对空间杜宾模型进行Wald检验，检验结果见表7-4。从表7-4可以看出，在1%的显著性水平下，地区固定和时间地区固定的H_0^1: $\theta = 0$和H_0^2: $\theta + \delta\beta = 0$被拒绝，即地区固定和地区时间固定的空间杜宾模型通过了统计检验。

表7-4 **Wald检验结果——空间杜宾模型**

检验类型	时间固定	地区固定	地区时间固定
H_0^1: $\theta = 0$	9.2876	135.1132***	25.6697***
	(0.2331)	(0.0000)	(0.0005)
H_0^2: $\theta + \delta\beta = 0$	7.9085	123.0453***	28.9677***
	(0.3412)	(0.0000)	(0.0003)

注：***表示1%的显著性水平。

对地区固定和地区时间固定的空间杜宾模型进行估计，结果见表7-5。从表7-5可以看出，相对于地区固定的空间杜宾模型，地区时间固定的空间杜宾模型的R^2和对数似然值均较大。因此，选择地区时间固定的空间杜宾模型能够更好地模拟我国煤炭供应保障时空响应的影响因素。

表7-5 **两种模型的估计结果**

变量	地区固定的空间杜宾模型	地区、时间固定的空间杜宾模型
lnER	0.56981***	0.79801***
	(23.08584)	(24.04307)
lnSI	2.37301***	2.26128*
	(7.703219)	(7.563018)
lnEC	-0.47792**	-0.51283**
	(-8.717583)	(-6.994435)
lnCP	-0.67762**	-0.55321***
	(-1.477982)	(-1.799869)
lnEGDP	-0.41326***	-0.12506***
	(-3.209668)	(-0.846980)
lnEE	-0.148616**	-0.033383***
	(4.553891)	(0.850468)
β	-0.356297**	-0.306395***
	(-2.777555)	(-2.144351)
logL	-20.49631	9.757774
R-squared	0.862227	0.886657

注：括号内数据为统计量的值，***、**和*分别表示1%、5%和10%的显著性水平。

对基于地区时间固定的空间杜宾模型进行直接和间接效应检验。直接效应是指观测对象特定解释变量的变动对本单元被解释变量的影响程度；间接效应是指观测对象特定解释变量的变动对其他单元被解释变量的影响程度，这种间接效应就是空间溢出效应。我国各省份能源供应保障程度的各个影响因素的直接、间接效应及总效应见表7-6。

表7-6　我国能源供应保障程度影响因素的直接、间接及总效应

变量	直接效应	间接效应	总效应
lnER	0.4325***	0.3321**	0.7646***
	(4.1132)	(2.4954)	(2.9697)
lnSI	-0.1667**	-0.1124*	-0.2791**
	(-1.7155)	(-2.2643)	(-2.3134)
lnEC	-0.2243**	-0.1021**	-0.3264**
	(-1.7753)	(-2.6651)	(-2.2814)
lnCP	-0.3056***	-0.2065**	-0.5121***
	(-3.6643)	(-2.8097)	(-4.2736)
lnEGDP	-0.1125**	-0.1012**	-0.2137**
	(-1.5466)	(-2.0963)	(-5.5782)
lnEE	0.3023***	0.1125**	0.4148***
	(-3.0598)	(-2.1964)	(-0.8985)

注：括号内数据为统计量的值，***、**和*分别表示1%、5%和10%的显著性水平。

7.2.3　计量结果

通过对比三种空间面板模型的检验结果，最终确定选择空间杜宾模型。使用该模型的估计结果进行分析，主要结论如下：

第一，通过空间相关性检验，表明我国相邻地区的煤炭供应保障在空间上相互影响，即省域之间煤炭供应保障存在明显的空间依赖性。

第二，煤炭产量对我国省域煤炭供应保障程度总体上是积极的，总效应为0.7646，其中直接效应为0.4325，间接效应为0.3321，即本地区的煤炭产量每增加1%，煤炭供应保障程度就会提高0.4325%，而相邻地区煤炭产量每提高1%，会使本地区的煤炭供应保障程度提高0.3321%。

第三，产业结构对煤炭供应保障程度的总体影响是消极的，总效应

为-0.2791，其中直接效应为-0.1667，间接效应为-0.1124，即本地区第二产业增加值占GDP的比重每提高1%，煤炭供应保障程度就会降低0.1667%，而相邻地区第二产业增加值占GDP的比重每提高1%，会导致本地区煤炭供应保障程度降低0.1124%。研究时限内，各省份第二产业增加值占GDP的比重平均都高于48%，而且第二产业中钢铁、电力、化工等能源密集型行业增长很快，因此产业结构对煤炭供应保障程度的影响最终表现为负面的。

第四，能源消费结构对煤炭供应保障程度的影响是负面的，总效应为-0.3264，其中直接效应为-0.2243，间接效应为-0.1021，即本地区煤炭消费量占能源消费总量提高1%，煤炭供应保障程度就会降低0.2243%，而相邻地区煤炭消费量占能源消费总量提高1%，会导致本地区煤炭供应保障程度降低0.1021。这表明煤炭消费量占能源消费比重越大，煤炭的供应保障程度也越低。一方面是直接加大供需矛盾，另一方面也说明我国能源消费结构不合理，亟须改善。

第五，从总体来看，碳排放量对我国煤炭供应保障程度的影响是消极的，总效应为-0.5121，其中，直接效应为-0.3056，间接效应为-0.2065，即本地区碳排放每增加1%，会造成本地区煤炭供应保障程度降低0.3056%，而相邻地区碳排放量增加1%，会使本地区煤炭供应保障程度降低0.2065%。随着经济发展水平的提高，我国的环境问题也越来越严重，面对日益严峻的环境问题，我国开始倡导和践行低碳生活，严格控制碳排放量，然而居高不下的碳排放量主要来自高耗能产业，由于这些产业是支持我国经济发展的主力，而在短时间内改变产业结构难度较大，这就直接导致了碳排放量对我国煤炭供应保障程度的影响是消极的，同时也说明在低碳背景下，我国煤炭供应保障面临新挑战。

第六，人均GDP对我国煤炭供应保障程度的影响总体是消极的，总效应为-0.2137，其中直接效应为-0.1125，间接效应为-0.1012，即本地区每增加1%的人均GDP，就会使本地区的煤炭供应保障程度降低0.1125%，而相邻地区每增加1%的人均GDP，会使本地区的煤炭供应保障程度降低0.1012%。这表明经济发展水平是影响我国能源供应保障程度的重要因素，人均GDP的增长会给煤炭供应带来压力。但是随着产业结构和能源消费结构的改善，人均GDP会逐渐减轻煤炭供应压力，增加现代能源（石油和天然气）和新能源的供应压力。

第七，从总体上看，能源利用效率对煤炭供应保障程度的影响是积极的，总效应为0.4148，其中，直接效应为0.3023，间接效应为0.1125，即本地区单位产值能耗每降低1%，就会带来本地区煤炭供应保障程度提高0.3023%，而相邻地区单位产值能耗每降低1%，会造成本地区煤炭供应保障程度提高0.1125%。改革开放以来，我国经济高速发展，然而带动GDP增长的行业主要是基础设施建设、电力、化工等高耗能产业，因此GDP增长的同时，单位产值能耗也在增长，直接导致了煤炭供应紧张，因此能源利用效率有待进一步提高，减轻煤炭供应保障的压力。

综上所述，影响我国煤炭供应保障的主要因素有煤炭产量、能源利用效率、能源结构、产业结构、人均GDP和碳排放量，长期以来我国煤炭的产量与煤炭能源的消费总量基本保持平衡，但是资源是有限的，如果我国一直保持目前的能源利用效率水平、能源结构和产业结构、碳排放水平，长期来看，我国煤炭的供应保障也会朝着不平衡的方向发展。

第8章　国内外能源开发协同优化

对我国来说，通过开发两个市场、利用两种资源提高能源安全程度是一种可行的策略。本章在论述开发两个市场、利用两种资源的必要性与原则的基础上，针对我国存在的问题，以石油资源博弈、开发国外市场能源项目为例，构建博弈、目标规划模型，得到了相关结果。

8.1　开发国外能源的必要性

8.1.1　利用国际市场的必要性

（1）我国未来能源的保证程度堪忧，形势严峻

我国能源具有双重性，一方面资源总量较大，种类较齐全；另一方面按人口平均，则人均占有能源少，能源相对短缺。这就要求我们充分利用国外资源、国外市场。

（2）国外能源市场的特点，为我国利用“两个市场、两种资源”提供了机遇

任何一个国家都不可能拥有自身经济发展所必需的一切能源，由于比较优势的存在，通过国际贸易出口本国优势的能源，进口本国稀缺的能源，实现国家间能源互补与转换是促进经济增长的重要途径。而世界能源分布极度不均，为国际贸易奠定了基础。一方面能源短缺国家，急需进口大量能源；另一方面世界能源富集国家，能源产品生产过剩。

（3）积极快速应对，赢得先动优势

在充分认识经济全球化及单边主义给我国能源开发利用带来机遇的同时，还必须认清其所带来的挑战。实际上，上述过程乃是一动态博弈过程，该博弈存在“先动优势”。鉴于此，我国必须积极快速应对，制定相应策略以赢得此优势。此“先动优势”主要是存在于与其他发展中国家在部分矿种的竞争中。

8.1.2 利用国内外能源的原则

（1）比较优势原则

改革开放以前，我国能源所奉行的是完全自给自足的政策，强调的是“自力更生”策略。这主要源于当时的政治需要。事实上，根据国际贸易中的比较优势原则，当两个国家只要有任意的两个品种产品的价格比例不相等，就会产生国际贸易。通过国际贸易，各国的生活水平都得到提高，或者至少一个国家的生活水平得到提高，而另一国家的生活水平保持不变。这就是所谓的“双赢”或“多赢”的结局。

（2）国家安全原则

有些能源是战略物资，如石油往往涉及国家安全，因此在进口该种能源时，不仅要考虑比较优势原则，更要从国家安全的角度来认识。

（3）产业发展与产业结构调整原则

我国应利用发达国家新一轮能源产业结构调整的机会，推动国内能源企业与跨国公司的合作，增强实力，并充分发挥“引进来”与“走出去”的互动作用。具体运作中应注意：第一，利用“两个市场、两种资源”要有利于我国能源产业的结构调整与结构升级；第二，利用“两个

市场、两种资源”要兼顾能源产业与其他产业的关联作用；第三，利用“两个市场、两种资源”在促进产业发展与产业结构调整的同时，要充分重视其对就业的作用与影响。

（4）可持续发展原则

在利用“两个市场、两种资源”时，必然要与经济、技术、社会、生态环境等若干个系统发生关系；在可持续发展原则的要求下，它们应当是相互作用、相互制约、相互促进的。当利用“两个市场、两种资源”与可持续发展某一（或某些）约束条件相矛盾时，必须坚持可持续发展原则，注意协调处理好它们之间的关系。

8.1.3 发达国家的全球能源战略

目前，发达国家已从买断或控股能源企业、境外投资或合资勘查开发、收购和兼并等方式向控制行业上下游的策略转变。

8.2 基于动态博弈网络技术的开发国外能源供应策略选择

8.2.1 模型选择

以石油为例，在进行国外石油资源供应我国的策略选择上，为了避开马六甲海峡进行运输，形成了较多的石油进口运输方案。但对众多方案的选择莫衷一是，而动态博弈网络技术恰恰为解决该问题提供了定量评价与决策的工具。

8.2.2 模型应用及策略选择

根据动态博弈模型，对我国石油开发策略的选择进行博弈分析。

设定：

（1）局中人

“危机管理者”与“危机事件”，其中“危机管理者”为我国政府，“危机事件”为石油供应危机。

（2）策略空间

危机事件：根据我国进口石油运输线路的安全情况，将石油供应危机事件划分为两种状态 S_1、S_2，危机事件的状态空间表示为 $S=\{S_1, S_2\}$，其中，S_1 代表我国石油进口通过马六甲海峡处于正常通航条件下的我国石油供应状态，S_2 代表马六甲海峡处于不能正常通航条件下的我国石油供应状态。两种状态之间的转移概率为 $p_{ij}(i, j=1, 2)$。危机管理者即我国政府在石油供应危机中可选择的策略见表8-1。

表8-1 我国政府在石油供应危机中可选择的策略表

策略	方案（管线）	长度（千米）	运输能力（万吨/年）	预期投资及成本
北连策略	1.泰舍特至纳霍德卡石油管道（d_1）	2 800	3 000	一期工程约40亿美元，总投资107亿~160亿美元
西进策略	2.巴基斯坦的瓜达尔港至新疆的红其拉甫山口间修一条石油管线（d_2）	7 000	不确定	60亿美元
南下策略	3.把来自中东和非洲的石油，经远洋油轮从印度洋运至缅甸实兑港输送上岸，再通过长达900公里的输油管线经过缅甸曼德勒、云南瑞丽，直达昆明，或延伸至重庆（d_3） 4.直接从印度洋的安达曼海进入太平洋的泰国暹罗湾，走海路抵达我国（d_4）	900	不确定	20亿美元
东引策略	5.从东部引入海洋石油（d_5）	400	1 000	不确定

（3）石油供应量与保障率的关系

根据策略选择的不同，石油供应保障的程度也不同。石油供应保障程度用供应保障率a表示，其取值范围为0到100%；按照我国石油的需求量与各方案的相关因素，结合专家调查法确定石油供应量与保障率之间的关系，见表8-2。

表8-2　　石油供应量与保障率的关系

当危机状态分别为S_1、S_2时	
石油进口供应量（万吨）	保障率（%）
20 000	100
8 000	75
5 000	67
3 000	60
1 000	55

（4）方案评价

根据我国石油进口各路径、管线的长度、运输能力、预期投资及成本等因素对各方案评价如下：$d_1>d_3>d_4>d_5>d_2$。

假定博弈双方危机管理者（我国政府）与危机事件（石油供应危机）共进行两轮博弈：在博弈的第一阶段，危机管理者先将本国生产的石油用于消费，将其记为方案Ⅰ；在博弈的第二阶段，我国政府有五大类方案可供选择，即$\{d_1, d_2, d_3, d_4, d_5\}$。按照方案的评价结果$d_1$，$d_3$为较优的备选方案，分别将它们记为Ⅱ，Ⅲ；由此形成的博弈的第一阶段的策略空间为｛Ⅰ｝，博弈的第二阶段的策略空间为｛Ⅱ，Ⅲ｝。

（5）支付函数

设危机管理者的支付向量为二维向量，其中第一分量表示供应保障率，第二分量表示成本。各方案的成本转换见表8-3。

表8-3　　各方案成本转换表

方案	供应保障率（%）	成本（转化为每单位）
Ⅰ	50	100
Ⅱ	75	200
Ⅲ	100	350

（6）状态转移函数

在博弈的第一阶段，危机事件以概率p_i选择第i种危机状态，定义第二阶段的状态转移函数为$p_{ij} = f(a^1, i, j)$，其中，a^1表示在博弈第一阶段针对危机采取某种方案后预计达到的保障率；i表示转出状态，j表示转入状态。根据预先的信息设$p_{11}=0.95$，$p_{12}=0.05$；$p_{21}=0.5$，$p_{22}=0.5$。

（7）两阶段动态博弈过程及支付情况

两阶段博弈的过程及支付情况如图8-1所示。

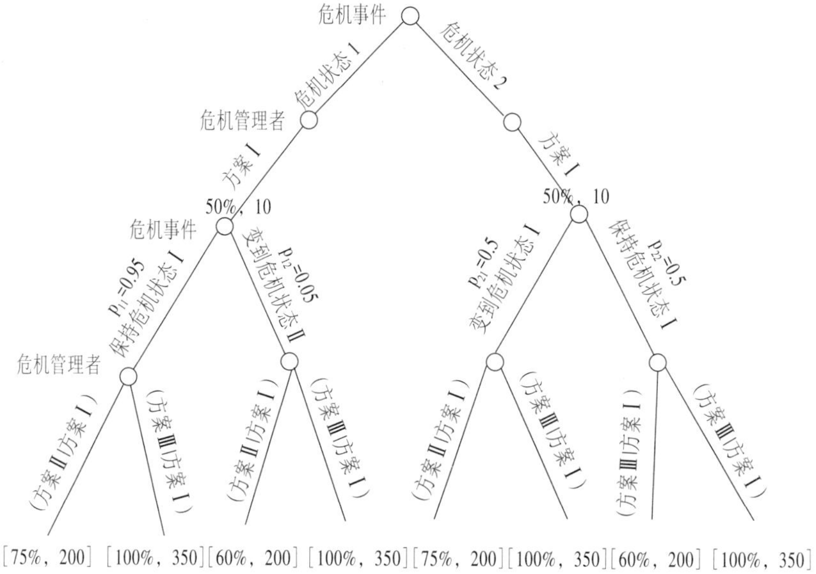

图8-1 两阶段博弈的过程及支付情况

（8）危机管理者的决策目标、决策准则与预案的生成

①决策目标

在第二阶段博弈结束后，石油供应危机应能被控制（即第二阶段的预期保障率要尽可能达到100%），在此约束下成本越小越好。如果第二阶段博弈结束时保障率没有达到相应的标准，可以通过支付较高的补偿成本，预计补偿1%的保障率所需支付的成本为5单位，决策准则采用期望成本最小原则，成本用C表示，则：

C（方案Ⅰ；方案Ⅱ | S_1）=［100%-（75%*0.95+60%*0.05）］*100*5+200=328.75

C（方案Ⅰ；方案Ⅲ | S_1）=［100%-（100%*0.95+100%*0.05）］*100*5+350=350

C（方案Ⅰ；方案Ⅱ | S_2）=［100%-（75%*0.5+60%*0.5）］*100*5+200=362.5

C（方案Ⅰ；方案Ⅲ | S_2）=［100%-（100%*0.5+100%*0.5）］*100*5+350=350

②预案生成

通过计算、比较可知：如果在博弈的第一阶段危机事件以状态S_1

出现，则危机管理者的最优策略是在博弈的第一阶段选择方案Ⅰ，在博弈的第二阶段选方案Ⅱ；如果在博弈的第一阶段危机事件以状态S_2出现，则危机管理者的最优策略是在第一阶段选择方案Ⅰ，在博弈的第二阶段选方案Ⅲ。

8.3 我国开发利用国外能源项目的优化方法与模型研究及应用

8.3.1 开发国外能源项目的优化方法

我国应在有利的国际贸易条件下，较好地利用进出口，实现能源的国内外并轨。由于我国能源赋存的条件较差，一部分能源成本将不可避免地高出国际水平。通过利用“两个市场、两种资源”不仅可以降低成本，增加利税；还可使部分能源进口与我国优势的劳动力资源相结合，发展能源的深加工产品，扩大就业，扩大出口；另外，扩大利用国外低价能源还有利于我国环境资源的保护。“两个市场、两种资源”优化就是要在国内外能源产业或项目上进行增加值、利、税、就业机会与环境保护等方面的比较，进而在利用“两个市场、两种资源”上进行优化决策。

（1）存在多重目标条件下的单目标逐次优化方法

①衡量能源替代的指标体系及判定标准

利用“两个市场、两种资源”往往需要在国外能源产业或项目与国内能源产业或项目之间进行增加值、利、税、就业机会和环境等方面的比较，若国外能源产业或项目在这些方面优于国内，则应优先上马国外能源项目，反之亦然，即二者之间存在着替代关系。

利用“两个市场、两种资源”，实际上是对其他国家某一能源中若干个待选项目的选择。

为了便于讨论，假设项目建设期为零，即项目j在T^j年上马的同时就可以有产出。

在第一种标准的衡量下，能源的替代过程可表示为：

$$x_i^{(k)}(t)-x_i^{(k)}(1)+\sum_{j=1}^{n}Z_i^j(t)\geqslant 0,\quad i=1,2,3,4,5,\ t\in[1,m],\ k\in[1,l] \tag{8-1}$$

用向量形式表示为：

$$x^{(k)}(t)-x^{(k)}(1)+\sum_{j=1}^{n}Z^j(t)\geqslant 0,\quad t\in[1,m] \tag{8-2}$$

在第二种标准的衡量下，能源的替代过程可表示为：

$$x_i^{(k)}(m)-x_i^{(k)}(1)+\sum_{j=1}^{n}Z_i^j(m)\geqslant 0,\quad i=1,2,3,4,5,\ k\in[1,l] \tag{8-3}$$

用向量形式表示为：

$$x^{(k)}(m)-x^{(k)}(1)+\sum_{j=1}^{n}Z_i^j(m)\geqslant 0 \tag{8-4}$$

在利用“两个市场、两种资源”进行能源的替代中，采用第二种标准可行性较强。在采用第一种标准时，由于要求在替代期间的任何一年都要满足式（8-3），条件过于苛刻。再者，替代项目在替代期间的产值、利、税有一变化过程，在本国能源开采结束或大于某一时刻时（$t=m$）达到标准即可。

②替代能源产业项目选择的优化模型

利用“两个市场、两种资源”进行能源的替代项目选择是一复杂的系统工程。在进行运作时，要遵循前述原则，对项目进行可行性研究，在能源的替代中还要考虑其他一些条件的约束，如资金、技术、环境影响评价等。在国家的宏观决策中，资金的供给将是影响利用“两个市场、两种资源”的主要因素之一。

上述模型在应用时，有时用于评价整个国家经济发展的指标值如增加值、利税、就业机会和环境评价值几个方面不能同时增长，这时，可将上述多重目标条件下的单目标逐次优化模型转化为目标规划、模糊多目标规划模型或转化为以我国与他国（资源被开发与利用国）之间的模糊多目标博弈模型来综合考虑。并且，在具体分析过程中，基于系统科学的视角，应尝试融入人的作用及影响，建立有人参与的有判断、预测和信息反馈等功能的优化模型。

（2）目标规划

由于上述模型中含有增加值、利、税、就业机会和环境评价值等多重目标，在上述多重目标不能同时达到或某些目标之间出现矛盾时，上述模型就不适用。为了解决上述问题，可以定义一总的效用函数，它为各个目标与预定目标水平偏差的加权总和的最小化，即

$$\begin{cases} \min \sum(w_i^+ d_i^+ + w_i^- d_i^-) \\ \text{s.t.}\quad x_i^{(k)}(m) - x_i^{(k)}(1) + \sum\limits_{j=1}^{n} Z_i^j(m) \geqslant 0 \\ \overline{y_i^{(k)}} = x_i^{(k)}(m) - x_i^{(k)}(1) + \sum\limits_{j=1}^{n} Z_i^j(m) - d_i^- + d_i^+ \\ d_i^+,\ d_i^- \geqslant 0 \\ \text{其他约束条件同上} \end{cases} \tag{8-5}$$

式中：$\overline{y_i^{(k)}}$——目标i的预期水平；d_i^+——该目标的偏大量；d_i^-——该目标的偏小量；w_i^+——偏大时权重；w_i^-——偏小时权重。实际应用中确定各个目标变量之间加权的权重问题是个难点，可通过观察政府的一系列决策过程来推测各个权重，也可以通过向政府部门及其官员直接进行访谈调查来获得关于各个权重的信息，同时还可以根据各目标变量的转换因果关系来推测它们的权重。

（3）模糊目标规划

在目标被限定为一区间时，且目标的取值具有偏好时，用模糊目标规划往往更符合实际，通过解出各个目标的隶属度，从而能更进一步地说明各个不同目标的实现程度。上述问题可转化为如下的模糊目标规划问题：

$$\begin{cases} \min \sum w_i d_i^- \\ \text{s.t.}\quad \mu_{A_i}(x_i) + d_i^- - d_i^+ = a_i \\ i = 1,\ 2,\ 3,\ 4,\ 5 \\ d_i^+,\ d_i^- \geqslant 0 \\ \text{其他约束条件同上} \end{cases} \tag{8-6}$$

A_i是以x_i为变量的R上的模糊集，$\mu_{A_i}(x_i)$，a_i为隶属度。

（4）能源替代的最佳时间选择

在运用上述模型进行利用“两个市场、两种资源”对能源进行替代时，最佳替代时间的选择是一重要问题。要根据不同能源的具体情况来

确定。

假定“两种资源”都为非再生性能源，考虑被替代的能源边际开采成本随累积的开采量的增加而增加，而替代能源的边际开采成本较高，但在一段时间内，替代能源的边际开采成本的增长率较低。我们设：

$$C_1(t)=MC_1(t)+MUC_1(t) \tag{8-7}$$

$$R_1(t)=P_1(t)-C_1(t) \tag{8-8}$$

$$C_2(t)=MC_2(t)+MUC_2(t) \tag{8-9}$$

$$R_2(t)=P_2(t)-C_2(t) \tag{8-10}$$

$C_1(t)$，$MC_1(t)$，$MUC_1(t)$，$P_1(t)$，$R_1(t)$，$C_2(t)$，$MC_2(t)$，$MUC_2(t)$，$P_2(t)$，$R_2(t)$分别是被替代能源与替代能源的总边际成本、边际开采成本、边际使用成本、单位价格与单位利润。

最佳替代时间可由$R_1(t)=R_2(t)$解出。实际工作中，考虑到利用“两个市场、两种资源”要有一替代产业建设的周期，另根据博弈论中的先动优势，能源替代的最佳时间应有一提前期。

8.3.2 开发国外能源项目优化方法的运用

（1）基于目标规划法的国外能源（油气）项目选择

① 委内瑞拉奥里诺科重油带呼宁4区块项目

② 伊朗北帕尔斯油气田项目

③ 赤道几内亚石油区块项目

（2）项目优化选择

根据（8-5）等模型的优化计算，排出三个项目的优劣次序为：委内瑞拉奥里诺科重油带呼宁4区块项目、伊朗北帕尔斯油气田项目、赤道几内亚石油区块项目。

第9章　低碳经济下提升我国能源安全的政策建议

提升我国低碳经济下能源安全水平，需通过相关政策的实施加以解决。我国在低碳经济的背景下能源供应、生产开发及储备、使用、区域协同及法律等方面急需加以改革、完善及调整。

9.1　低碳经济下提升我国能源供应安全的政策建议

9.1.1　完善我国能源的分散式供应市场

科学规划能源配置，减少不必要的能源运输浪费。建立完善的市场机制，激活清洁能源生产单元的活力，将部分能源的供应由集中式转化为分散式，清洁能源的生产单元分散化。

9.1.2　逐步提高我国清洁能源供应比例

逐步提高清洁能源供应比例，要做到以下几点：一是使用好补贴这一主要的政策工具，在运用补贴这一工具时，首先要界定什么是补贴，哪些算补贴。二是要在核算真实成本、科学地建立产业补贴评价体系的基础上实施补贴。三是还要建立退出机制，要与税收工具进行很好的结合。补贴的目的是使产业能够充分地融入竞争，而不是依赖补贴形成垄断或成本优势，导致不公平竞争。

在对我国各省份进行能源赋存、经济实力等分类的基础上，可对能源禀赋较差的区域和经济实力较强的区域加大清洁能源产业的补贴力度。在补贴政策运用中，要协调好中央和地方政府补贴的双向促进作用，以期形成政策合力。

能源转型既是一次能源结构的长期演化，也是传统能源和新能源结构长期协同变化的过程[155]。要协调好补贴清洁能源和传统化石能源的关系。煤炭等传统能源在较长时间内仍是我国的主体能源，因此，需要强化传统能源高效利用的体系建设，逐步实现智能、绿色的产业升级[156]。目前，我国对传统化石能源也在补贴（生产领域补贴、资本补贴、公共财政购买的能源服务等）。对于化石能源的补贴，除非涉及重大民生及技术革命等，均应减少补贴，直至取消。同时，对清洁能源的补贴也不是无时限、不分环节的。对于清洁能源所带来的环境影响，也应无差别进行征税。

9.1.3 进一步优化我国进口能源结构

目前，在我国尚不能在短期内大幅度增加清洁能源比例的前提下，适度地增加清洁能源的进口将是有效的政策措施。进口能源中，应逐步增加天然气等比重，降低石油比重。同时，在进口煤炭时，不应只关注价格，要在价格、煤质中寻求平衡。在一定程度上，开发、利用国际能源还是降低补贴的有效手段。

9.1.4 提升低碳条件下我国能源安全预警水平

在传统能源安全预警的基础上，融入低碳要素，将低碳要求纳入能源安全体系中。在能源安全预警体系中，按照能源安全的内涵，要做到既要使低碳的要求发挥作用，同时又要使能源安全预警体系科学地体现其警兆、警情和警度。

9.1.5 完善我国原油期货市场

对于我国的原油期货市场，还需进一步培育完善。要下大力气解决我国原油、炼油市场结构不合理问题。引导境外投资者积极参与，提高其持仓规模，完善交割制度，提高其市场流动性和透明度，把控各个环节的风险，使我国原油期货市场逐步发挥其价格发现功能和规避风险的功能。

9.2 低碳经济下我国能源开发、生产和储备的政策建议

9.2.1 依托煤炭资源，促进煤炭向清洁化转化

按照“一带一路”倡议，大力开发“两种资源、两个市场”。在煤炭资源的选择中，尤为重要的是尽可能选择绿色煤炭资源，即指能够满足煤矿安全、技术、经济、环境等综合条件，并支撑煤炭科学产能和科学开发的煤炭资源。做好绿色煤炭资源评价，拓展煤炭资源开发。在煤炭资源的开发中，按照绿色煤炭资源的评价指标体系科学度量、评价，宜按资源安全度（煤与瓦斯突出、冲击地压、自燃倾向、水文地质）、资源赋存度（埋深，煤层倾角、厚度，地质构造）、生态恢复度（生态恢复、环境保护、资源综合利用）和市场竞争度（矿井全员工效、吨煤成本）等指标进行评价，依据评价结果，科学、合理地拓展煤炭资源开发。

在进行绿色煤炭资源开发的基础上，宜尽早地进行煤炭革命，依托科技创新，对煤炭进行智能化开采，做好煤炭地下气化关键技术研究，实施煤炭无人化开采；在煤炭的利用中做到排放达标直至净零排放。

9.2.2 加强能源储备，提升能源储备的时空响应能力

重视能源储备，科学确定石油、天然气、煤炭等能源储备量及供应范围。强化对能源价格预测等工作，在能源价格低位运行阶段加大能源

储备。继续实施石油储备基地建设。通过制度、财税等手段、工具引导能源企业加入储备建设。

丰富能源储备品种，除石油、天然气外，对煤炭等也要科学谋划储备并实施，同时，对能源未来发展起重要作用的石墨、铀、锂等也要纳入储备范围。例如，在石墨方面，加大勘查及储备力度，建立石墨战略储备制度，包括石墨产品储备、产能储备和优质矿产地储备。挖掘黑龙江省石墨烯产业的潜在比较优势，做好长远规划，使之既符合国家石墨烯发展战略，又能与其他省份错位竞争，将黑龙江省石墨烯产业的潜在比较优势转化为核心竞争力[157]。

9.2.3 强化技术创新，促进能源转型

要高度重视可能对能源产业起到颠覆性作用的能源效率、数字技术、互联网技术、可再生能源、能量储存和脱碳天然气等技术。尤其在资源紧缺、环境污染严峻的情境下，绿色创新已经成为拥有持续竞争力的重要标志[158]。实证研究结果表明，我国能源产业的创新效率与碳减排存在着长期的动态均衡关系[159]。因此，需要对创新要素协调配置进行合理调控，在高度重视能源开发、生产技术的同时，倡导低碳政策和碳定价，通过协调发力达到减排要求，实现经济的高质量可持续发展。

9.3 低碳经济下我国能源使用安全的政策建议

9.3.1 优化能源空间配置，提高能源使用效率

协调市场与政府的关系，发挥市场在能源空间配置上的决定性作用，科学规划，解决由于能源规划造成的能源空间配置效率不高的问题，进而提高能源使用效率。

9.3.2 因地制宜，提高能源利用效率

针对我国区域间能源效率呈现出“东高西低、南高北低”且分化严重的特点，要在能源产业结构调整、优化能源消费结构、技术创新、改

革能源资源价格等方面进行优化组合，从而有针对性地提高能源使用效率。在源头上加大应用清洁能源比例，在生产过程中产生的一些废料，如废石、尾矿等，通过研发、综合利用，减少废物排放。

如对于中西部地区，引入先进适用的能源产业技术是提高能效的关键；对于东北地区，调整能源产业结构，改变能源利用方式将是当务之急；对于东南沿海地区，通过技术创新、产业升级持续保持能源利用高效。

9.3.3 优化减排方案，降低能源使用有害物排放

目前，降低能源使用有害物排放的措施主要包括调整能源结构、能源技术创新和提高能源使用效率、征收碳税等市场化工具。从时限来看，短期内通过技术改变能源结构的作用不明显。要科学利用降低能源使用有害物排放的措施组合，在不同的时点上，采取社会总成本较小的减排方案，降低能源有害物排放。

9.3.4 注重产业与区域关联互动，有效抑制回弹效应

在利用提高能效政策、能源价格、能源税等政策组合抑制能源回弹效应的基础上，在时间动态节点上，分析耗能产业与区域关联互动，将其作为一整体系统，测度回弹效应，以期通过有效的政策、工具组合抑制回弹效应。

9.4 低碳经济下我国能源安全区域协同的政策建议

9.4.1 深化低碳经济下国际区域能源安全发展协作

在区域能源合作中树立并遵循低碳理念，学习先进发达地区能源生产、开发、使用过程中的碳市场的运行、低碳技术开发、融资等经验。

按照习近平总书记强调的能源合作是共建“一带一路”的重点领域的指示要求，在“一带一路”框架下，在金融、技术等层面加深与相关国家低碳能源合作。

优化能源进口区域及运输路线。在巩固、优化现有能源进口区域及路线的基础上，深耕与俄罗斯等能源大国的能源协作。建立运输安全的能源进口通道，化解能源运输风险。

9.4.2 提高我国各省份区域能源和低碳发展的协同保障能力

通过我国能源供应保障的空间效应分析，发现我国各省份能源供应保障因素间存在较强的空间依赖性。基于此，在各省份制定能源政策时，应在满足自身经济社会发展需要的同时，还要考虑对相关区域的影响。目前，制定仅限于能源保障的区域政策过于单一，宜结合国家制定的区域发展战略具体细化能源协同保障政策。

建立和完善能源战略储备体系，加强能源运输承载力建设，实现空间上的协调保障。建立和完善能源战略储备体系，需要确定建立能源战略储备的最佳地理位置以及能源最优战略储备量，需要建立和完善能源战略储备的制度与法律。能源战略储备基地的建设不仅要考虑保障我国能源安全方面的要求，还要综合考察能源的储存成本、运输成本、储存技术等问题。客观评价我国能源的进口依存度、能源进口来源的多样性、能源的价格弹性等因素，根据我国能源安全的实际现状，确定最优能源储备规模。

加强能源运输的承载力建设，扩大能源来源渠道，保障能源供应的及时性、足量性和多样性。加快经济发展速度，提高国家综合能力，增强军事建设，掌握国家对能源运输管道的控制力。扩大铁路运输能力，并辅以公路运输，从而减轻铁路运输的压力，增加能源供应量。

在微观层面，研究结果表明，我国不同区域的企业碳减排行为主动性存在着明显的差异性[160]。因此，在提高我国各省份区域能源协同保障能力过程中，还要注重我国各省份大型国有能源企业协同作用的发挥，同时各大能源企业还要强化法人治理结构的改革，发挥好党组织在决策中的作用，加大对腐败的惩处，提升大型能源企业的核心竞争力，进而有效发挥我国大型能源企业在区域能源协同保障中的重要作用。

9.5 低碳经济下完善我国能源法律的政策建议

9.5.1 建立体系完整的能源法律体系

对微观层面企业碳减排行为主动性驱动因素的研究表明，现行的法规体系对企业主动参与碳减排行为有正向影响，但是尚不显著。贯彻、落实习近平总书记提出的“构建人类命运共同体”的理念，在完善我国能源法律体系过程中，不仅要体现我国能源各相关利益方的权益，也要考虑全球对能源和环境的共同需求。为建立体系完整的我国能源法律体系，加快《中华人民共和国能源法》的建设进程尤为重要。

9.5.2 将低碳发展理念纳入能源法律体系

为了更好地贯彻低碳发展理念，按照习近平总书记提出的以绿色低碳为方向的能源发展要求，应加快对相关能源法律的修订，将低碳发展理念有效地纳入其体系。另外，应进一步强化低碳发展的保障制度建设。例如，为扶持能源行业的低碳发展，推进绿色金融支持绿色低碳发展的保障制度建设，进一步完善融资结构[161]；结合各区域自身特点，因地制宜地建立高碳行业融资风险补偿机制、“奖补结合”的激励机制等[162]。

9.5.3 应加强对清洁能源的立法

要避免陷入能源综合法涵盖一切的误区，按照清洁能源自身的发展规律及市场需求，制定符合清洁能源长期发展的清洁能源单行法，以更好地发挥清洁能源法对清洁能源产业甚至整个能源产业的法律功能。

第10章　低碳经济下黑龙江省能源安全的政策选择

10.1　低碳经济下黑龙江省能源发展现状与挑战

黑龙江省是国家重要的能源基地，肩负着国家能源战略安全的使命，对碳中和目标的如期实现发挥着至关重要的作用。黑龙江石油储量位居全国第二，天然气储藏量丰富，探明总储量为1 391.39亿立方米。据测算，大庆油田伴生气产量将长期保持在10亿立方米以上。黑龙江省拥有丰富的风能资源，适宜建设大型风电场。全省风电开发尚处于起步阶段，发展空间广阔，潜力巨大。

近年来，在能源的消费方面呈现出波动下降的态势。具体的能源产量现状表现为：油田产量逐年减少，已经由2015年的年产量近4 000万吨下降到2020年的年产量3 000万吨。伴随煤炭城市转型以及淘汰落后产能，煤炭产量也呈现出持续下降的趋势。2015年黑龙江省的煤炭产量近6 000万吨，而2020年只有5 200万吨。但是天然气产量呈现出逐渐增加的态势：1961年的最初产量只有1.3亿立方米，而2020年已达46.8亿立方米。黑龙江省的风资源和水资源相对丰富。全省50米高风能技术可开发量约为2.3亿千瓦，位居全国第4位，是全国9个大型风电基地之一；水能理论蕴藏总量为987.8万千瓦，位居东北地区第1位；氢能也得到了一定的发展，黑龙江省目前已经拥有41家氢能企业，有效地推动了黑龙江省清洁能源的发展进程。

能源的消费能够促进经济的增长，但与此同时也加剧了碳排放。从能源消费情况来看，2006—2018年，煤炭消费量所占比重最大并且在总量上呈现出一种上升的态势。这与黑龙江省的能源消费结构密切相关，同时也表明黑龙江省的能源消费是以煤炭为主，见表10-1。

表10-1　黑龙江省煤炭、原油、天然气消费量及弹性系数

年份	煤炭消费量（万吨）	原油消费量（万吨）	天然气消费量（亿立方米）	能源消费弹性系数
2006	9 025.04	1 850.06	24.53	0.72
2007	9 852.64	1 886.02	30.70	0.63
2008	11 203.87	1 735.97	31.47	0.55
2009	11 050.13	2 065.13	30.00	0.41
2010	12 219.13	2 106.53	29.90	0.55
2011	13 200.00	2 200.93	31.00	0.67
2012	13 965.00	2 166.48	33.68	0.53
2013	13 266.81	2 127.02	34.77	0.41
2014	13 595.53	2 141.97	35.48	0.15
2015	13 432.85	1 637.88	35.82	0.25
2016	14 034.39	1 861.64	38.04	0.21
2017	14 468.99	1 670.07	40.56	0.33
2018	14 507.87	1 552.63	43.84	0.38

数据来源：黑龙江省统计年鉴。

如表10-1所示，能源消费弹性系数逐渐减小，说明黑龙江省采取了有效的低碳减排措施。作为曾经的煤炭资源大省，黑龙江能源利用效率低，以煤炭为主的能源消费结构，决定了黑龙江省的高碳特征。

长期以来，以煤炭、石油为主的能源工业一直是黑龙江省经济的主要组成部分。但近年来，能源工业占比不断降低，2006年全省能源工业占GDP比重为30%，2012年占20.1%，2016年降到不足10%，2017年降至8%。随着能源工业占比的不断下降，“去煤化”逐渐盛行，具体表现为：黑龙江省哈尔滨市于2016年出台了国内首个燃煤污染防治条例；在黑龙江省能源发展“十三五”规划目标中的能源消费目标提及：到2020年，能源消费结构中，非化石能源消费比重达到6.5%以上，天然气消费提高到8%左右；2018年黑龙江省出台《关于推进全省城镇清洁供暖的实施意见》，意见提出，城市城区，2019年清洁取暖率达到60%以上，2021年清洁取暖率达到80%以上，县城和城乡结合部，2019年清洁取暖率达到50%以上，2021年清洁取暖率达到70%以上；2018年黑龙江省城市城区全面取消散煤供暖。

然而，在黑龙江省煤炭资源型城市鸡西、鹤岗、双鸭山、七台河产业结构中，煤炭产业仍然是主要产业。2018年上半年，以煤炭开采等为主的第二产业占比鸡西为32.6%，七台河为42.5%。更为重要的是，煤炭产业为城市发展提供了大量的就业机会，对地方的财政收入贡献也较大。若这些资源型城市煤炭产业发展受阻，则黑龙江省煤炭资源型城市的经济社会发展必将受到很大的影响。

鉴于黑龙江省在煤炭产业发展中仍有很多理念、观点未达成共识，缺乏可持续发展举措。究竟如何转变观念，看待、认识煤炭的清洁属性，以及煤炭产业如何利用好技术及市场等可持续发展问题急需加以解决并实施。

“碳中和”背景下黑龙江省能源产业所面临的挑战：

第一，化石能源消费比例居高不下，碳减排压力巨大。目前，黑龙江省再生能源取代煤炭等化石能源的比例较低，电源结构中的燃煤比例仍高居全国前列，碳减排压力巨大。以伊春市为例，煤炭等消费量占全社会综合能源消费量比重从2015年的56.5%上升到了2019年的73.1%，不降反升。

第二，新能源储备和开发力度不协调。黑龙江省作为能源储备大省，风水资源丰富，但新能源开发力度尚不足。以齐齐哈尔市为例，虽然2020年规模以上工业节能降耗效果显著，但是生物燃料消费占比仍然相对较低。全市规模以上工业企业能源消费还是以原煤和电力为主，生物燃料的消费为32.7万吨标准煤，仅占能源消费总量的6%。另外，黑龙江省的氢能产业虽然取得了一定的进展，但是和全国平均水平相比还存在一定差距，位居全国倒数第8的位置。

第三，煤炭清洁利用水平有待进一步提升。国际能源署发布了《2050年净零排放：全球能源行业路线图》，在该报告中指出，到2050年化石燃料将从当今能源消耗总量的近4/5下降到略大于1/5的比重，这一战略目标无疑对黑龙江省的煤炭产业形成巨大挑战。尽管近年来黑龙江省煤炭清洁利用水平得到很大提高，但与美国、澳大利亚等发达国家90%以上原煤洗选率相比，仍存在较大的差距。

第四，能源利用效率不高。近年来全省节能降耗取得了很大的成效，但是仍存在着能源消费结构不尽合理、能源利用效率偏低、六大高耗能行业能耗占比逐年上升等问题，进而影响着黑龙江省经济社会的高质量发展。例如，在齐齐哈尔市，能源加工转换效率出现了下降的情况。2020年，全市35户有加工转换活动的规模以上工业企业能源加工转换投入587.8万吨标准煤，产出为323.4万吨标准煤，加工转换效率为55%，比上一年下降0.3个百分点。其中，火力发电效率为40%，下降了0.5个百分点；供热效率为75.1%，下降1.6个百分点；制气效率为63.9%，下降1.8个百分点。

10.2 低碳经济下黑龙江省传统能源发展的政策建议

2020年9月22日，习近平主席在第七十五届联合国大会上宣布，中国力争2060年前实现碳中和。这一目标的确立为我国应对气候变化以及绿色低碳发展提供了明确的方向和指引。2021年1月25日，习近平主席在世界经济论坛“达沃斯议程”对话会上致辞：“推进碳达峰碳中和是党中央经过深思熟虑作出的重大战略决策，是我们对国际社会的庄严承诺，也是推动高质量发展的内在要求。”

黑龙江省煤炭资源型城市产业必然需要在深刻领会和践行双碳目标的同时，在高质量发展的内涵和定位上进行谋划。在厘清黑龙江省煤炭资源型城市产业发展存在的问题及高质量发展的机理的基础上，提出黑龙江省煤炭资源型城市新兴“石墨烯”与传统“煤炭”产业高质量发展的相应策略，将有助于进一步促进黑龙江省煤炭资源型城市产业的高质量发展。

2018年，黑龙江省煤炭资源型城市鸡西、鹤岗、七台河、双鸭山的地区生产总值及增长率分别为530.0亿元、297.0亿元、250.3亿元、507亿元，4.0%、5.0%、5.6%、5.2%[①]。总体来看并不高，主要在于产业发展仍无法有效促进其经济增长。在产业发展方面存在的主要问题包括：一是作为近年来发展较快的第三产业的基础尚较差；二是第二产业中的煤炭行业尚未完全摆脱原有的粗放式发展模式，而新兴的石墨烯产业下游产业培育还未形成市场规模。其他项目大多为省外地区的转移、承接项目，科技含量不高，无法形成产业集群。究其原因，在于对高质量发展认识仍不到位，认为高质量发展的产业、项目落地较难，只要有产值、利润，能解决就业的项目、产业，就应积极发展。

对全国282个城市的研究结果表明，以环境规制等为要求的高质量发展对产业结构合理化和高级化趋于有利，可有效促进资源型城市的产业转型发展。而对于资源型城市特征指标资源禀赋而言，其却阻碍了我国资源型城市的产业转型发展。

近年来，黑龙江省能源工业占比不断下降，“去煤化”逐渐盛行。随着龙煤集团煤炭产量逐年下降，加之关停小煤矿的不断推进，黑龙江省煤炭产量已不能自给，在市场不能完全供应及煤炭资源型城市转型的迫切压力下，煤炭产业可持续发展至关重要。

① 鸡西、鹤岗数据源自政府工作报告；七台河数据源自市国民经济与社会发展公报；双鸭山数据源自市统计局。

10.2.1 黑龙江省煤炭产业可持续发展急需解决的问题

（1）对黑龙江省煤炭产业的地位和重要性的认识问题

一是仍认为黑龙江省是煤炭大省，是煤炭富余省份，是煤炭调出省。二是仍认为煤炭为非清洁能源。煤炭作为高碳资源，很多人将其界定为非清洁能源，进而提出“去煤化”的观点。另外，在雾霾的归因中，燃煤排放作为主因之一也在一定程度上佐证了煤炭的非清洁性。三是认为黑龙江省煤炭产业已不重要，从能源工业的占比可见一斑。

（2）去产能与保供应等问题

黑龙江省大型煤炭国有企业龙煤集团在去产能及煤炭接续资源减少的影响下，煤炭产量逐年减少，2017年龙煤集团煤炭产量仅为4 270万吨。近年来，在保安全、减少环境隐患和去产能行动中，大量小煤矿被关闭或整合。2018年6月以来，黑龙江省强力整顿关闭小煤矿，按照《黑龙江省煤炭行业淘汰落后产能化解过剩产能专项整治工作方案》的通知，黑龙江省将关闭或需整合的矿井达549家。其中，产能小于15万吨的煤矿433个，总生产能力2 341万吨；产能在15万吨与30万吨之间的煤矿69个，总生产能力1 111万吨；产能改变煤矿47个，原有产能717万吨，新增产能471万吨。随着关闭整顿小煤矿进程的不断推进，黑龙江省的煤炭供应将进一步减少，而释放的先进、科学产能有限，供需缺口将进一步增大。随之还会产生下岗工人的再就业及税收减少等问题。如何在完成国家去产能任务的前提下，充分地保障黑龙江省煤炭资源的稳定、及时供应已成为近期乃至今后较长时期需要重视及解决的问题。

（3）国有大型煤炭企业深化改革问题

龙煤集团作为黑龙江省最大的国有煤炭企业，在减员增效、安全生产等方面取得了长足的进步。但由于煤炭价格上涨所带来的盈利大幅提升也掩盖了国有大型煤炭企业深化改革的不足。目前，龙煤集团存在的诸如接续产能下降，转型发展困难，法人治理结构及市场化经营机制不灵活、高效，科技创新乏力等问题，急需深化改革，加以进一步改进。

（4）适用技术与前沿关键技术开发融入问题

随着黑龙江省煤炭资源的深度开发，国有大型煤矿大部分已进入深部开采，随着开采深度的增加，冲击地压、瓦斯等灾害隐患也在增加。目前，黑龙江省在应对煤炭深部开采灾害方面已取得了长足的进步，积累了较丰富的经验。但煤炭企业在前沿关键技术投入、开发上还略显不足，融入性也不够。例如，据我国煤炭工业协会统计，2011年以来，作为煤矿智能化创新主体的企业，共有118家企业获得了煤矿智能化领域奖项，而黑龙江省竟没有一家企业获奖。这从一个侧面说明黑龙江省煤炭相关企业在前沿关键技术上投入尚有较大差距。

通过进一步研究我们认为：急需倡导高质量发展倒逼黑龙江省煤炭资源型城市新兴产业如石墨烯的发展，规避石墨资源禀赋优势可能会带来的路径依赖、“资源诅咒效应”等阻碍作用。同时，按照习近平总书记在2020年两会上提出的“探索以生态优先、绿色发展为导向的高质量发展新路子”的理念，探寻黑龙江省传统煤炭产业高质量发展路径，以进一步促进产业转型与发展。

10.2.2 推动黑龙江省煤炭产业可持续发展的建议

（1）转变对黑龙江省煤炭产业的认识

一是转变黑龙江省为煤炭资源大省的观念。二是辩证、科学界定并认识煤炭的清洁属性。做好顶层设计，辩证认识煤炭的高碳属性，深入理解并贯彻落实习近平总书记所指出的“大力推进煤炭清洁高效利用”的要求。煤炭虽属高碳能源，但需从排放的角度度量，科学界定煤炭的清洁属性。若煤炭利用的排放符合要求、达到超低排放或近零排放标准，那么煤炭就达到了清洁能源的标准。近期，煤炭利用的排放标准可暂定为符合相关排放要求。虽然，达到再生能源的排放标准尚需一段时间，但依托较为清晰的技术创新路线图，实现超低排放或近零排放目标具有较大的可行性。三是煤炭产业仍是黑龙江省煤炭资源型城市的重要产业，较长时期内，仍将起到无法替代的作用。

（2）科学去产能，大力推进煤炭产业供给侧结构性改革

一是深入推动煤炭供给侧结构性改革，深入贯彻《黑龙江省煤炭行

业淘汰落后产能化解过剩产能专项整治工作方案》等文件精神，淘汰落后产能，加快处置“僵尸企业”，制定退出实施办法。发展先进产能，推动结构优化调整。煤炭去产能的思路应为发展先进产能、淘汰落后产能。如何科学界定先进产能是首先要解决的问题。先进产能可按钱鸣高、谢和平院士等专家提出并倡导的科学产能概念界定。二是在科学产能界定的基础上，遵照市场规律，特别是供需关系，并考虑地域及赋存条件，科学去产能。同时，用科学的评价倒逼煤炭企业按照科学产能的要求加大改革力度，从而推进煤炭产业供给侧结构性改革。三是在现有政策前提下，部分符合国家、省相关条件的小煤矿积极整合、改造，力争符合政策要求，以增加黑龙江省煤炭供给量。坚决贯彻落实省政府专题会议研究部署的煤炭保供工作，做好源运储调确保供暖用煤供需平衡等会议要求，为黑龙江省经济发展、民生改善提供强有力的能源支撑。

（3）深化国有大型煤炭企业改革

针对龙煤集团，一是要积极开发接续资源，采取灵活多样的合作开发方式，走出去开拓资源，以解决产能下降所产生的规模效益递减问题。二是高度重视转型发展工作，定方向、选产业、建团队、找项目，力争向新能源、新材料、物流、环保等产业转型；优化资产管理，建立、完善优质资产管理机制，探寻资产管理新路。建立黑龙江省煤炭生产、供应、消费大数据系统和供应保障系统，健全煤炭运输体系建设、管理与应急保障机制，提高黑龙江省煤炭稳定供应能力。

（4）抢抓机遇，加大投入，积极融入煤炭清洁开发利用的技术创新中

在已论证的革命性煤炭技术的发展与演进路线的基础上，抢抓机遇，探寻黑龙江省煤炭革命发展的技术创新空间。一是要树立煤炭革命发展理念，煤炭若不革命性发展，很可能将被其他可再生能源所逐渐替代甚至淘汰。二是加大研发投入，加大研发投入是实现企业可持续发展的必然选择。特别是煤炭企业的研发投入，要利用好近年煤炭价格上扬难得的机遇，设立由政府、煤炭企业、大专院校、研究机构、金融机构等单位共同设立的创新研发基金，进行相关煤炭清洁化

的关键技术研究。研究的关键技术要做到既不与国家层面的重复，同时又要争取融入国家层面。要遵从煤炭开采过程、利用过程、环境影响消除的煤炭资源全生命周期角度研究煤炭技术的发展与演进路线，即开发或融入从智能化无人开采、流态化开采、地下空间开发利用、煤炭清洁低碳利用等方面颠覆性地进行煤炭开发利用的理论、技术。三是积极争取国家投入，合理利用技术创新所产生的利润，加大对技术创新所带来的技术性失业的补偿。建立和完善煤炭资源开发、加工、使用的绿色发展体系。鼓励煤矿绿色开采、精细开采、保水开采、充填开采等技术发展，探寻机器人开采的研发应用，参与煤炭地下气化关键技术研究。鼓励原煤绿色加工，全部洗选。通过优化煤炭资源配套，降低煤化成本，在煤化产业链上形成集聚效应，加大煤化工技术研发与储备，适度发展现代煤化工产业，为未来大力发展煤化工产业聚力。加大力度支持燃煤电厂超低排放技术改造、高效煤粉型工业锅炉技术和低阶煤分级分质技术发展。

（5）大力支持煤炭产业延伸产业链

针对现代煤化工在技术、设备更新等方面存在的风险，要做好规划，加大政策、研发、金融、人才等方面支持，特别在研发层面要加大对现代煤化工基础研究和应用研究的投入，强化与高校、政府间的合作[163]。在自身研发、技术不足以支撑开发的条件下，要科学论证并引入先进、技术经济可行的现代煤化工技术，充分发挥企业家作用，延伸煤炭产业链。

（6）贯彻落实“龙江丝路带”战略，统筹用好煤炭的两个市场、两种资源

利用“龙江丝路带”建设契机，开发绿色煤炭资源。重点研究“一带一路”沿线国家资源条件、法律政策与人文环境，规避投资风险，促进煤炭资源开发合作。大力开发“两种资源、两个市场”。在煤炭资源的选择中，尤为重要的是尽可能选择绿色煤炭资源。贯彻落实“龙江丝路带”战略，充分调研论证“一带一路”沿线国家的煤炭资源赋存、开采及市场等现状，采取购并、参股、贸易等多种方式利用好国外煤炭市场和资源。

10.3 低碳经济下煤炭资源型城市产业拓展的政策建议

能源产业的低碳转型过程中，成本负担是不容忽视的重要挑战。在能源产业转型升级的同时，拓展其他产业方向，既能够帮助资源型城市挖掘新的经济增长点，同时又能够反哺传统能源产业，实现其产业链延伸和创新链的扩展。在充足的资金支持下，帮助煤炭等传统能源产业实现技术攻坚，推进更高水平的煤炭清洁转化，例如，形成高端煤基含氧化合物等多品种的原料化消费以及在石墨烯、碳基固体氧化物燃料电池等领域大规模的材料化应用，进而可实现能源产业真正的低碳高质量发展态势。

黑龙江省是我国乃至世界石墨储量最为丰富的地区，截至2017年底，黑龙江省累计查明晶质石墨资源储量2.02亿吨，占全国查明晶质石墨资源储量的半数以上，居全国之首。2018年全省规模以上石墨企业实现产值近40亿元。在产业发展引领上，黑龙江省编制了《石墨产业科技发展专项规划（2012—2020）》《黑龙江省石墨产业“十三五”发展规划》《黑龙江省石墨烯产业三年专项行动计划》。“十三五”期间，全力打造“一个中心和两大基地”，即打造“哈尔滨石墨新材料研发及高端产品制造交易中心”，建立“鹤岗、鸡西两大石墨生产加工基地”，目标是将黑龙江打造成为集石墨矿山采选、科研开发、石墨新材料制造为一体的国家重点产业集聚区，成为全国乃至全球石墨及石墨新材料产业发展的领跑者。2018年4月13日，鸡西、鹤岗被列为国家石墨新材料产业集聚区。在生产领域，现已建有鸡西、鹤岗两大石墨园区，全省石墨采选及加工企业96户，其中规模以上企业41户。全省石墨矿石年开采能力达到1 100万吨；石墨精粉年生产能力达到110万吨，占全国2/3以上。以哈尔滨万鑫石墨谷、黑龙江华升石墨股份有限公司、宝泰隆新材料股份有限公司为代表的石墨烯生产企业发展较快，已从石墨烯粉体上游原料生产不断向石墨烯导电浆料、防腐涂料、润滑油等下游应用产品拓展延续。哈尔滨万鑫石墨谷科技有限公司已建有两条“东北第一”的石墨烯产品生产线：一条是年产1 000吨石墨烯及导电液生产线，产能和技术水平均居我国前列；另一条是年产1 000吨碳纳米管导电液生产线，已安装达产。公司销售、产能和技术水平均居全国前列，并获得国内外多家主流动力锂离子电池制造企业的产品认证。

在研发领域，黑龙江省拥有国家级技术创新联盟1个，石墨产品质量检测中心2个。在“十二五”期间，黑龙江省就成立了石墨、石墨新能源材料、微（纳）米石墨等6个省级的工程技术研究中心和2个国家级石墨检测中心。“十三五”期间，黑龙江省对石墨研发的聚集力进一步增强，全国鳞片石墨分技术委员会落户黑龙江。哈尔滨工业大学、哈尔滨工程大学、黑龙江科技大学等多所高校从事石墨烯研发，研究领域主要集中在石墨烯绿色制备、大面积石墨烯薄膜、石墨烯吸波、石墨烯散热、石墨烯电极等。

在石墨烯产业发展中，黑龙江省虽取得了较快的发展。但在高端石墨烯制备、成本等方面不具备优势，下游产业应用不成熟等限制了石墨烯产业的高质量发展。黑龙江省作为石墨的储量大省，如何培育开发石墨烯下游产业应用已成为石墨烯产业发展的重中之重。

10.3.1 黑龙江省石墨烯下游产业应用发展存在的主要问题

（1）石墨烯下游产业多为应用较为成熟的低附加值产业

目前，黑龙江省石墨烯下游应用主要集中在化工涂料（宁波开发得较为成熟，已大规模产业应用）、电加热膜等较为成熟的低附加值产业。而需开发的高附加值产业诸如新能源、电子信息、航空航天、生物医药等领域成功应用较少。在手机散热新材料领域尚无突破（现只有华为公司成功研发并应用）。

（2）技术研发对下游产业应用支撑力度不足

黑龙江省研发机构在石墨烯研发领域做了大量工作，但在下游产业应用方面尚显不足，具体表现为：一是基础研究不深入，导致应用研究捉襟见肘；二是部分石墨烯下游产业应用研究尚处于实验室研究阶段，距离产业化应用尚有大量工作要做。

（3）下游企业产品创新动力不足

一是部分企业对石墨烯的应用持不信任或半信半疑的态度，导致其不想利用石墨烯进行诸如润滑油、橡胶轮胎、防腐涂料等产品创新。二是虽想利用石墨烯进行产品创新，但要求研发部门中试成功，再进行合作开发，自身投入资金主动研发的较少。三是部分石墨烯下游产业的中小企业受资金等因素困扰，无法投入扩大再生产进行产品创新。

10.3.2 培育开发石墨烯下游产业应用的措施及建议

在强化石墨烯中游产业发展方面，利用黑龙江省原材料丰富、工业基础雄厚、技术研发实力强、制备技术逐渐成熟及产业集聚效应明显等优势，继续做大做强石墨烯粉体、石墨烯薄膜等石墨烯中游产业。

在培育石墨烯下游应用产业发展方面，利用黑龙江省良好的产业政策环境、传统产业转型需求迫切、新兴应用市场空间巨大及弯道超车机会显现等机会，培育石墨烯下游应用产业发展，抢占石墨烯应用产业细分市场，培育一批石墨烯创新团队和优势企业，实现战略性新兴产业重点领域突破。一是借助黑龙江省冰雪产业特色，重点发展石墨烯在智能穿戴、智能家居及理疗护具等大健康领域的应用，如石墨烯智能发热服饰、电热毯、智暖护膝等产品。二是抓住传统汽车技术优化、新能源汽车加速扩张的战略机遇，基于黑龙江省汽车产业基础、科研优势和市场潜力，做大做强黑龙江省新能源汽车电池产业，加快石墨烯电池、电池正负极材料等新能源领域的研发生产，延长新能源汽车电池产业链。三是基于黑龙江省化工行业雄厚基础，借助我国消费升级与供给侧结构性改革的契机，开发石墨烯在化工领域巨大的应用市场，大力发展橡胶、塑料、防腐涂料以及润滑油/脂等领域。四是凭借黑龙江省在传感技术、集成电路、电子材料等电子信息产业的研发实力，重点发展石墨烯散热、石墨烯吸波等材料的产业化。

（1）处理好市场与政府关系

党的十九大报告中提出，“使市场在资源配置中起决定性作用，更好发挥政府作用”。要摒弃市场与政府彼此排斥、对立与相互替代的观念，事实上，二者是互补关系，要做到各司其职，又不越位。具体到作用发挥上，政府的职能主要为保护产权和消除信息的外部性。

在石墨烯下游产业领域政策层面，协同好市场与政府关系。一是建立以提供信息、建立市场秩序、增强市场竞争功能的石墨烯下游产业政策转型环境，产业政策由指定型向竞争政策方向转型。特别是通过保护产权和消除信息的外部性等促进石墨烯下游产业应用方面尚需精准发力。二是要按照党的十九大报告提出的“实施区域协调发展战略”，制定科学的全域规划。处理好中央、省与地市在选择石墨烯下游产业领域的关系，既要防止出现盲目跟风一窝上，进而出现产能过剩的局面；又要防止畏缩不前，丧失市场机会的问题。三是选择好政府培育石墨烯下游产业领域的手段及工具。

（2）加大对石墨烯领域的基础研究和转化应用的支持

一是按照党的十九大报告中提出的“强化基础研究，实现前瞻性基础研究、引领性原创成果重大突破”的要求，对石墨烯领域通过加大投入、加强创新人才培养、改进学术评价机制、激励机制等措施强化基础研究。上收并整合各地市的研发资源，如整合鸡西、鹤岗的石墨研发资源，加强对外合作，对国家级石墨烯产品质量监督检验中心（鸡西）加大建设力度，提升检验检测能力。吸引引进国内其他地区甚至国际上的研发资源及研究成果。对具有潜在比较优势领域的基础研究进行大力支持。二是按照“建立以企业为主体、市场为导向、产学研深度融合的技术创新体系”等要求，强化石墨烯基础研究成果在石墨烯下游产业的转化应用。鼓励实力强的企业与黑龙江省及国内外高等院校、科研机构及相关企业组建石墨烯下游产业应用技术创新联盟，支持高等院校、科研机构为石墨烯下游企业提供技术服务。要发挥好企业家及第三方机构的作用，深度挖掘潜在比较优势，在潜在比较优势明显的石墨烯下游产业领域发力。三是通过体制机制创新，大力发展军民融合，利用好“军转民”“民参军”等产业模式加大对石墨烯领域的基础研究和转化应用的支持。

（3）科学培育开发石墨烯下游产业领域

一是培育开发具有高附加值的石墨烯下游产业领域。鼓励引进石墨烯下游产业关键缺失项目，引进填补国家、省空白项目或替代进口项目。二是将增长潜力作为培育石墨烯下游产业的标准。如何来判定增长潜力呢？事实上，以人民对美好生活向往为目标的需求恰恰是具有增长潜力的领域，同时，深化供给侧结构性改革在一定程度上也会创造需求。三是将有利于石墨烯产业链延伸、整合作为培育行业的标准。积极扶持、支持石墨、石墨烯领域实力强的企业，以资源、资产、技术和产业链为纽带，通过并购、控股、参股等多种形式进行前向一体化整合，促进产业链向石墨烯下游产业领域延伸。四是对于石墨烯需开发的高端应用领域诸如新能源、电子信息、航空航天、生物信息等产业，要深入吸取深圳、无锡等地相关公司发展石墨烯下游产业的经验、教训，利用对口合作、飞地经济发展等契机，培育开发黑龙江省石墨烯下游高附加值应用领域。

（4）注重其他多种政策的组合应用

在实证分析的基础上，科学选择配套、补贴、财税、人才等手段及工具组合以更好地促进石墨烯下游产业领域发展。

一是积极争取国家石墨烯及石墨烯下游相关产业投资基金。对符合相关要求的石墨烯及石墨烯下游相关产业投资采取设备投资补助、财政贴息及奖励等多种方式予以支持。二是积极落实支持石墨烯及石墨烯下游相关产业发展的高新技术企业税收优惠政策。三是加大金融支持力度，按照石墨烯下游产业发展需求，创新金融服务。支持、鼓励、引导民间资本向石墨烯下游产业集聚。建立投资风险补偿机制，发展众创、众筹等新模式，鼓励石墨烯下游中小企业积极开展自主创新和引进消化吸收再创新。四是采取柔性引入等人才政策，用好石墨烯领域知名专家；利用好黑龙江省从事石墨烯相关研究的高校、研究机构，加大对石墨烯应用领域人才培养。

参考文献

[1] DOWNS, SRECKER E.China's quest for energy security [R]. California: RAND Corporation, 2000.

[2] YERGIN D.Ensuring energy security [J]. Foreign Affairs, 2006, 85 (2): 69-82.

[3] WIANWIWAT S, ASAFU-ADJAYE J.A CGE approach to the analysis of biofuels for promoting energy self sufficiency and security policy in Thailand—Results and discussion [J]. Procedia Engineering, 2012, 49 (1): 3-9.

[4] SINTONN J E, FRIDLEY D G, LOGAN J, et al. China energy, environment, and climate study [R]. Office of Scientific & Technical Information Technical Reports, 2000.

[5] CROMPTON P, WU Y.Energy consumption in China: Past trends and future directions [J]. Energy Economics, 2005, 27 (1): 195-208.

[6] AKIMOTO H, OHARA T, KUROKAWA J I, et al.Verification of energy consumption in China during 1996 - 2003 by using satellite observational data [J]. Atmospheric Environment, 2006, 40 (40): 7663-7667.

[7] ADAMS F G, SHACHMUROVE Y. Modeling and forecasting energy consumption in China: Implications for Chinese energy demand and imports in 2020 [J]. Energy Economics, 2008, 30 (3): 1263-1278.

[8] LARRY H.The four "R"s of energy security [J]. Energy Policy, 2009,

37 (6): 2459-2461.

[9] DORIAN J P, ABBASOVICH U T, TONPOKY M S, et al. Energy in central Asia and northwest China: Major trends and opportunities for regional cooperation [J]. Energy Policy, 1999, 27 (5): 281-297.

[10] ZOELLICK R B.CAFTA: A win-win case [R]. Businessweek, 2005-07-04.

[11] CHERNI J A, KENTISH J. Renewable energy policy and electricity market reforms in China [J]. Energy Policy, 2007, 35 (7): 3616-3629.

[12] LARSON E D, WU Z, DELAQUIL P, et al.Future implications of China's energy-technology choices [J]. Energy Policy, 2003, 31 (12): 1189-1204.

[13] GRACCEVA F, ZENIEWSKI P. A systemic approach to assessing energy security in a low-carbon EU energy system [J]. Applied Energy, 2014, 123 (12): 335-348.

[14] LIMA F, PORTUGAL-PEREIRA J, LUCENA A F P, et al. Analysis of energy security and sustainability in future low carbon scenarios for Brazil [J]. Natural Resources Forum, 2015, 39 (3-4): 175-190.

[15] SOVACOOL R J, HEFFRON D, MCCAULEY B. Energy decisions reframed as justice and ethical concerns [J]. Nature Energy, 2016, 1 (5): 16-30.

[16] KULOVESI K, OBERTHUR S.Assessing the EU's 2030 Climate and Energy Policy Framework: Incremental change toward radical transformation? [J]. Review of European, Comparative & International Environmental Law, 2020, 29 (2): 151-166.

[17] HOPPE T, MIEDEMA M. A governance approach to regional energy transition: Meaning, conceptualization and practice [J]. Sustainability 2020 (12), 915.

[18] ABRAHAM-DUKUMA M C.Dirty to clean energy: Exploring oil and gas majors transitioning [J]. The Extractive Industries and Society, 2021, 8 (3): 100936.

[19] 贾林娟. 低碳经济背景下俄罗斯能源效率问题探析 [J]. 西伯利亚研究, 2013 (4): 31-36.

[20] 孟新祺. 低碳经济背景下我国能源行业发展及创新 [J]. 商业经济研究, 2014 (14): 130-131.

[21] 许峰．低碳经济背景下的中国能源安全战略研究［D］．北京：中国地质大学，2015.
[22] 余家豪．后巴黎协议时代低碳转型的新能源安全观［J］．能源，2017（5）：58-60.
[23] 吴巍．“双碳”目标下的能源安全与低碳转型［J］．上海国资，2022（5）：14.
[24] 吕钦．中国能源消费及结构与经济增长的关系研究［J］．科技管理研究，2013（9）：179-182.
[25] 梁日忠．上海市经济增长与能源结构、产业结构关联状况的评价研究［J］．华东经济管理，2014（1）：42-46.
[26] 薛静静，沈镭，彭保发，等．中国能源生产和消费大省的能源供给安全综合评价及优化——以陕西省和广东省为例［J］．自然资源学报，2015（10）：1686-1697.
[27] 岳宏志，卢平．中国全要素能源效率时空分异特征研究——基于能源供给侧改革视角［J］．云南财经大学学报，2016（4）：35-45.
[28] 谢瑾，肖晔，张丽雪，等．“一带一路”沿线国家能源供给潜力与能源地缘政治格局分析［J］．世界地理研究，2017（6）：13-23.
[29] 赵领娣，吴栋．中国能源供给侧碳排放核算与空间分异格局［J］．中国人口·资源与环境，2018（2）：48-58.
[30] 胡德胜．德法英能源供给结构变革与制度演进及其对中国的启示［J］．西安交通大学学报（社会科学版），2022，42（4）：61-73.
[31] 胡小平．矿产资源供应安全评价［J］．中国国土资源经济，2005（7）：6-8.
[32] 王礼茂．我国资源安全战略——以石油为例［J］．资源科学，2002（1）：5-10.
[33] 葛家理，胡机豪，张宏民．中国石油经济安全与监测预警复杂战略系统研究［J］．中国工程科学，2002（1）：75-80.
[34] 刘立涛，沈镭，高天明，等．中国能源安全评价及时空演进特征［J］．地理学报，2012（12）：1634-1644.
[35] 陈兆荣，雷勋平，王亮，等．基于熵值法的区域资源环境承载力评价［J］．宜宾学院学报，2013（12）：88-91.
[36] 梁文群，张荣霞，赵国浩．基于系统科学视角的山西省能源安全综合评价［J］．系统科学学报，2014（1）：93-96.
[37] 陈兆荣，雷勋平．基于熵权可拓的中国能源安全评价模型［J］．系统工程，2015（7）：153-158.

［38］ 胡剑波，吴杭剑，胡潇．基于PSR模型的我国能源安全评价指标体系构建［J］．统计与决策，2016（8）：62-64.
［39］ 孙涵，聂飞飞，胡雪原．基于熵权TOPSIS法的中国区域能源安全评价及差异分析［J］．资源科学，2018（3）：477-485.
［40］ 王桂英．我国石油环境分析和石油安全战略研究［D］．北京：对外经济贸易大学，2003.
［41］ 白建华．我国石油进口风险及规避措施研究［D］．成都：西南石油大学，2005.
［42］ 刘雪飞．海上石油运输通道国际安全制度之构建［D］．青岛：中国海洋大学，2006.
［43］ 龙资雄．关于我国石油进口风险的研究［D］．成都：西南石油大学，2005.
［44］ 吴彬．我国石油资源安全问题研究［D］．郑州：中国人民解放军信息工程大学，2006.
［45］ 范秋芳．基于BP神经网络的我国石油安全预警研究［J］．运筹与管理，2007（5）：100-105.
［46］ 史丹，薛钦源．中国一次能源安全影响因素、评价与展望［J］．经济纵横，2021（1）：2，31-45.
［47］ 王礼茂．论我国石油储备体系［J］．资源科学，2003（1）：42-47.
［48］ 付亦重．关于建立国家战略石油储备的定量分析［D］．北京：对外经济贸易大学，2006.
［49］ 孙天晴．基于复合泊松过程战略石油储备天数的概率模型及其应用［J］．数理统计与管理，2007（5）：852-857.
［50］ 孟涛．浅议我国能源储备制度的完善［J］．法制与社会，2016（8）：31-33.
［51］ 吴磊．我国能源安全面临的战略形势与对策［J］．国际安全研究，2013（5）：62-75.
［52］ 余建华．韩国能源安全战略与中韩能源合作探析［J］．国际关系研究，2014（2）：50-63.
［53］ 吴俊强，陈长瑶，骆华松，等．中国-东盟自由贸易区的能源安全问题及对策［J］．世界地理研究，2014（2）：43-50.
［54］ 贡晓丽．“一带一路”引导下中俄能源合作保障能源安全［J］．能源研究与利用，2015（5）：14-15.
［55］ 刘建文，廖欣．中国-东盟能源合作及区域性能源安全体系的构建［J］．学术论坛，2016（11）：52-57，98.

［56］ 方创琳，毛汉英，鲍超，等．“丝绸之路经济带”中亚能源合作开发对我国能源安全的保障风险及防控建议［J］．中国科学院院刊，2018（6）：22-30.
［57］ 于文轩．美国能源安全立法及其对我国的借鉴意义［J］．中国政法大学学报，2011（6）：119-129.
［58］ 杨解君．当代我国能源立法面临的问题与瓶颈及其破解［J］．南京社会科学，2013（12）：92-99；106.
［59］ 马波，刘培良．我国能源安全保障法律问题探析［J］．西南石油大学学报（社会科学版），2015（3）：18-24.
［60］ 程荃．中国-欧盟能源合作的法律原则与发展趋势——以《可持续能源安全方案》为视角［J］．暨南学报（哲学社会科学版），2016（7）：30-39.
［61］ 谢卓君．美国单边制裁下我国能源安全保障法律问题研究［D］．重庆：西南政法大学，2019.
［62］ 张中祥．我国能源安全的政治化与去政治化［J］．探索与争鸣，2015（5）：20-25.
［63］ 刘志雄．新形势下我国能源安全分析及路径选择［J］．煤炭经济研究，2014，34（8）：27-34.
［64］ 李廷保．国家能源安全仍需依靠煤炭［N］．中国工业报，2011-10-13.
［65］ 谢克昌．树立新型能源安全观 加强能源安全保障［J］．中国经贸导刊，2014（3）：12-14.
［66］ 张雷．我国能源安全问题探讨［J］．中国软科学，2001（3）：10-14.
［67］ 国务院．国务院关于印发“十三五”控制温室气体排放工作方案的通知［EB/OL］．（2016-10-27）［2016-11-04］．http：//www. gov. cn/zhengce/content/2016-11/04/content_5128619.htm.
［68］ 张雷．国家能源供应时空协调——基本概念、理论与方法［J］．自然资源学报，2012（4）：529-539.
［69］ 孙永波，高帅．低碳经济下我国能源安全时空分异及影响因素研究［J］．中外企业家，2019（30）：67-68.
［70］ 国务院办公厅．能源发展战略行动计划（2014—2020年）［Z］．2014.
［71］ 何莉．甘肃省能源供求预测及清洁能源发展对策研究［D］．兰州：兰州大学，2019
［72］ 我国石油集团经济技术研究院．世界与我国能源展望（2019版）［R］．2019.
［73］ 孙要良．以系统观念引领新发展阶段生态文明建设［N］．中国环境报，2021-01-19.

[74] 田丰，包存宽．充分利用规划力量推动实现碳达峰碳中和目标［N］．中国环境报，2021-01-14.

[75] BLASING T J，BRONIAK C T，MARLAND G.The annual cycle of fossil-fuel carbon dioxide emissions in the United States［J］．Tellus Series B-Chemical & Physical Meteorology，2005，57（2）：107-115.

[76] KHAN M A. Modelling and forecasting the demand for natural gas in Pakistan［J］．Renewable & Sustainable Energy Reviews，2015（49）：1145-1159.

[77] GREGG J S，LOSEY L M，ANDRES R J，et al.The temporal and spatial distribution of carbon dioxide emissions from fossil-fuel use in North America［J］．Journal of Applied Meteorology & Climatology，2009，48（4）：2528-2542.

[78] DAGHER L. Natural gas demand at the utility level：An application of dynamic elasticities［J］．Economics，2012，34（4）：961-969.

[79] MIKETA A，MINDER P. Energy productivity across developed and developing countries in manufacturing sectors：Patterns of growth and convergence［J］．Energy Economics，2005，27（3）：429-53.

[80] DOWLATABADI H，ORAVETZ M A. US long-term energy intensity：Backcast and projection［J］．Energy Policy，2006，34（17）：3245-56.

[81] ZHANG X P，CHENG X M，YUAN J H，et al. Total-factor energy efficiency in developing countries［J］．Energy Policy，2011，39（2）：644-50.

[82] MULDER P，Henri L F. Structural change and convergence of energy intensity across OECD countries，1970-2005［J］．Energy Economics，2012，34（6）：1910-1921.

[83] DURO J A. The international distribution of energy intensities：Some synthetic results［J］．Energy Policy，2015，83：257-266.

[84] BURNETT J W，MADARIAGA J. The convergence of U. S. state-level energy intensity［J］．Energy Economics，2016（62）：357-370

[85] SADORSKY P. Do urbanization and industrialization affect energy intensity in developing countries?［J］．Energy Economics，2013（37）：52-9.

[86] FILIPOVIC S，VERBIC M，RADOVANOVIC M. Determinants of energy intensity in the European Union：A panel data analysis［J］．Energy，2015（92）：547-55

[87] PETROVIC P, FILIPOVIC S, RADOVANOVIC M. Underlying causal factors of the European Union energy intensity: Econometric evidence [J]. Renewable and Sustainable Energy Reviews, 2018 (89): 216-227.

[88] YANG S, SHI X. Intangible capital and sectoral energy intensity: Evidence from 40 economies between 1995 and 2007 [J]. Energy Policy, 2018 (122): 118-28.

[89] NEWLL R G, JAFFE A B, STAVINS R N.The energy-saving technological change [J]. Q J Econ, 1999, 114 (3): 941-975.

[90] REDDY B S, RAY B K. Decomposition of energy consumption and energy intensity in Indian manufacturing industries [J]. Energy for Sustainable Development, 2010, 14 (1): 35-47.

[91] HASANBEIGI A, SATHAYE J. Analysis and decomposition of the energy intensity of California industries [J]. Energy Policy, 2012 (46): 234-45.

[92] SHANHIDUZZAMLL M, ALAM K. Changes in energy efficiency in Australia: A decomposition of aggregate energy intensity using logarithmic mean divisia approach [J]. Energy Policy, 2013, 56 (3): 341-351.

[93] KHAZZOM J D. Economic implications of mandated efficiency in standards for household appliances [J]. The Energy Journal, 1980, 1 (4): 21-40.

[94] VOIGT S, DE CIAN E, SCHYMURA M, et al. Energy intensity developments in 40 major economies: Structural change or technology improvement? [J]. Energy Economics, 2014, 41 (1): 47-62.

[95] HUANG J, DU D, TAO Q. An analysis of technological factors and energy intensity in China [J]. Energy Policy, 2017 (109): 1-9.

[96] BARKHORDARI S, FATTAHI M. Reform of energy prices, energy intensity and technology: A case study of Iran (ARDL approach) [J]. Energy Strategy Reviews, 2017 (18): 18-23.

[97] PAN X, UDDIN M K; HAN C, et al. Dynamics of financial development, trade openness, technological innovation and energy intensity: Evidence from Bangladesh [J]. Energy, 2019 (171): 456-64.

[98] MIKETA A. Analysis of energy intensity developments in manufacturing sectors in industrialized and developing countries [J]. Energy Policy,

2001，29（10）：769-75.

［99］ VERBIC M， FILIPOVIC S， RADOVANOVIC M. Electricity prices and energy intensity in Europe［J］. Utilities Policy，2017（47）：58-68.

［100］ PETROVI C'P， FILIPOVE C'S， RADOVANOVIC M. Underlying causal factors of the European Union energy intensity：Econometric evidence［J］. Renewable & Sustainable Energy Reviews，2018（89）：216-227.

［101］ DARGAHI H， KHAMENEH K B. Energy intensity determinants in an energy-exporting developing economy：Case of Iran［J］. Energy，2019（168）：1031-44.

［102］ 李光全，聂华林，杨艳丽，等. 我国农村生活能源消费的空间格局变化［J］. 中国人口·资源与环境，2010，20（4）：29-34.

［103］ YU H.The influential factors of China's regional energy intensity and its spatial linkages：1988-2007［J］. Energy Policy，2012（45）：583-593.

［104］ 沈璐. 江苏省经济发展与能源消费关系的时空差异研究［D］. 南京：南京师范大学，2012.

［105］ 李治国，齐素素，姜舒中. 环渤海地区能源消费行为时空差异的实证研究［J］. 中外能源，2017（5）：8-13.

［106］ 张华明，王瑜鑫，张聪聪. 我国省域能源强度趋同俱乐部存在性及影响因素分析［J］. 长江流域资源与环境，2017，26（5）：657-666.

［107］ 周彦楠，何则，马丽，等. 我国能源消费结构地域分布的时空分异及影响因素［J］. 资源科学，2017，9（2）：2247-2257.

［108］ 范吉成. 我国能源强度的空间异质性及其影响因素研究［J］. 科技和产业，2019，19（2）：72-77.

［109］ 赵慧卿，郭晨阳. 我国省区能源强度的影响因素及其空间溢出性［J］. 河北地质大学学报，2020，43（1）：61-69.

［110］ 耿诺，王高尚. 我国能源效率分析［J］. 中国能源，2008（7）：32-36.

［111］ 张云伟，韩增林. 我国能源消费强度的时空差异研究［J］. 国土与自然资源研究，2009（3）：51-52.

［112］ 倪蓉. 江苏省区域能源效率差异与收敛分析［J］. 煤炭经济研究，2010，30（10）：41-44.

［113］ 孙学英. 我国能源消费地区差异的特征分析［J］. 统计与信息论坛，2011，26（4）：52-55.

［114］ WU J. Distribution dynamics of energy intensity in Chinese cities［A］. 清华大学经济学研究所，2015：35.

［115］ 李玉婷，孟翡，刘祥艳. 我国能源强度变化的轨迹及原因——基于省级面

板数据的分析 [J]. 城市问题，2016 (8): 67-72.

[116] JIANG L, FOLMER H, JI M, et al. Revisiting cross-province energy intensity convergence in China: A spatial panel analysis [J]. Energy Policy, 2018, 121: 252-263.

[117] 孙玉环，李倩，陈婷. 我国能源消费强度地区差异及影响因素分析——基于省份数据的空间计量模型 [J]. 东北财经大学学报，2015 (6): 71-77.

[118] 秦明，杨亚玲，王春明. 我国省域能源消费强度的空间溢出及其路径分析 [J]. 中国物价，2016 (9): 62-64.

[119] 刘阳. 我国石油消费强度收敛性及成因分析 [D]. 长春: 吉林大学，2015.

[120] 李肃. 城市化对能源消费强度的影响机制研究 [D]. 北京: 首都经济贸易大学，2016.

[121] 吕琦，张竞娴，梁松. 城镇化对能源强度的影响及区域差异分析——基于空间滞后模型研究 [J]. 生态经济，2019，35 (3): 87-94; 121.

[122] 李倩，于婧洋. 我国能源消费强度影响因素分析 [J]. 合作经济与科技，2015 (17): 5-9.

[123] 李虎威，孔晓妮，管伟明，等. 我国能源消费强度地区差异分解及影响因素分析 [J]. 中国矿业，2016，25 (8): 31-37.

[124] 王珂英，张鸿武. 城镇化与工业化对能源强度影响的实证研究——基于截面相关和异质性回归系数的非平衡面板数据模型 [J]. 中国人口·资源与环境，2016，26 (6): 122-129.

[125] 马晓微，石秀庆，王颖慧，等. 我国产业结构变化对能源强度的影响 [J]. 资源科学，2017，39 (12): 2299-2309.

[126] 杨彦红. 资源型经济产业结构变动对能源效率的影响研究 [D]. 太原: 山西财经大学，2018.

[127] 邬琼. 我国电力强度变化的影响因素研究 [J]. 中国能源，2018，40 (8): 38-42.

[128] 刘畅，孔宪丽，高铁梅. 我国工业行业能源消耗强度变动及影响因素的实证分析 [J]. 资源科学，2008 (9): 1290-1299.

[129] 刘亦文，张勇军，胡宗义. 能源技术空间溢出效应对省域能源消费强度差异的影响分析 [J]. 软科学，2016，30 (3): 46-49.

[130] 汪行，范中启. 技术进步、产业结构与能源强度关系研究——基于VAR模型的分析 [J]. 数学的实践与认识，2017，47 (16): 66-70.

[131] 赵芳菲，秦颖. 北京市能耗强度影响因素关系研究 [J]. 北京建筑大学学报，2018，34 (3): 70-72; 80.

[132] 姚小剑，党静．我国制造业集聚对能源强度的门槛效应研究［J］．当代经济，2019（2）：108-109.

[133] 周雨倩，李雪晴．我国区域能源消费强度调查、测度及影响因素分析［J］．经济研究导刊，2020（16）：41-44.

[134] HUANG J，HAO Y，LEI H. Indigenous versus foreign innovation and energy intensity in China［J］．Renewable and Sustainable Energy Reviews，2018（81）：1721-1729.

[135] 齐绍洲，方扬，李锴．FDI知识溢出效应对我国能源强度的区域性影响［J］．世界经济研究，2011（11）：69-74.

[136] 张宇，蒋殿春．FDI、环境监管与能源消耗：基于能耗强度分解的经验检验［J］．世界经济，2013（3）：103-123.

[137] 李双．外商直接投资与能源消耗强度［D］．南京：南京大学，2018.

[138] ZHAO X，Zhang Y，LI Y.The spillovers of foreign direct investment and the convergence of energy intensity［J］．Journal of Cleaner Production，2018（206）：611-621.

[139] 原毅军，郭丽丽，孙佳．结构、技术、管理与能源利用效率——基于2000—2010年我国省际面板数据的分析［J］．中国工业经济，2012（7）：18-30.

[140] 许娟娟，卫柯丞，郭杨锐，等．四川省能源强度影响因素分析［J］．科技和产业，2017，17（4）：31-34.

[141] 夏晨霞，王子龙．基于BP结构突变的我国能源强度及因素分解研究［J］．中国人口·资源与环境，2018，28（2）：28-35.

[142] 李崇岩，王富忠．能源价格、能源结构与工业能源强度关系研究［J］．价格理论与实践，2019（8）：56-59，63.

[143] YANG G，LI W，WANG J，et al. A comparative study on the influential factors of China's provincial energy intensity［J］．Energy Policy，2016（88）：74-85.

[144] 肖宏伟，易丹辉，周明勇．我国工业电力消费强度行业波动及差别电价政策效果［J］．山西财经大学学报，2013，35（2）：44-55.

[145] 徐建中，王曼曼．绿色技术创新、环境规制与能源强度——基于我国制造业的实证分析［J］．科学学研究，2018，36（4）：744-753.

[146] 姜颖，付明．区域高等教育资源配置效率比较研究［J］．经济研究导刊，2014（29）：169-170.

[147] 姜颖，付明．区域高等教育资源配置效率比较研究［J］．经济研究导刊，2014（29）：169-170.

[148] 孙永波，高帅．我国能源消费强度影响因素测度与效应研究［J］．煤炭经济研究，2021，41（12）：11-19.

[149] 孙永波，汪云甲．矿产资源安全评价指标体系与方法研究［J］．中国矿业，2005（04）：36-37；81.

[150] 孙永波，张悦．基于云模型的煤炭上市公司绿色发展评价研究［J］．中国矿业，2020，29（10）：79-85.

[151] 孙永波，王丽讷，刘继青．基于多级模糊综合评价法的我国石油运输安全评价［J］．东北农业大学学报（社会科学版），2015，13（3）：32-38.

[152] 孙永波．战略性矿产资源价格联动对国民经济的影响研究［J］．管理学报，2008（5）：737-740.

[153] 孙永波，郭鹏，汪云甲．煤炭资源专项储备量的确定［J］．煤炭学报，2005（5）：119-122.

[154] 孙永波，汪云甲．中国战略性矿产资源专项储备量的确定［J］．资源科学，2005（3）：15-19.

[155] 孙永波．我国能源转型与煤炭城市绿色发展评价［R］．第十五届全国矿业系统工程学术会议主题报告，2019-09-21.

[156] 孙永波．在双碳目标下促进煤炭产业高质量发展［J］．煤炭经济研究，2021，41（5）：1.

[157] 孙永波，韩巍，张振山．推进黑龙江省石墨产业发展的对策建议［R］．中共黑龙江省委宣传部智库专报，2021（29）．

[158] 张逸昕，林秀梅．我国省际绿色创新效率与系统协调度双演化研究［J］．当代经济研究，2015（3）：51-56.

[159] 胡彩梅，韦福雷，吴莹辉，等．我国能源产业技术创新效率对碳排放的影响研究［J］．资源开发与市场，2014，30（3）：300-304；370.

[160] JIANG Y，LUO T，WU Z D，et al.The driving factors in the corporate proactivity of carbon emissions abatement：Empirical evidence from China［J］．Journal of Cleaner Production，2021（288）：1-14．

[161] 姜颖．基于企业战略转型的资本运作与投融资能力提升研究［J］．企业改革与管理，2019（15）：121-122.

[162] 孙永波，孙璐，杨磊，等．关于绿色金融支持黑龙江省高碳行业低碳转型的建议［R］．黑龙江省社会科学界联合会：社科成果要报，2021（29）．

[163] 姜颖，孙永波，赵淑英．提升行业背景高校服务区域经济能力的对策研究——以黑龙江科技大学为例［J］．教育现代化，2018，5（10）：109-112.

索引